L'art de la discussion structurée

100 APPLICATIONS CONCRÈTES POUR UNE NOUVELLE GÉNÉRATION DE LEADERS

L'art de la discussion structurée

100 APPLICATIONS CONCRÈTES POUR UNE NOUVELLE GÉNÉRATION DE LEADERS

RÉDACTEUR-:

Brian Stanfield

SOUS LA DIRECTION-:

Marie-Noëlle Houzeau de Lehaie

Renaud Houzeau de Lehaie

L'art de la discussion structurée
100 applications concrètes pour une nouvelle génération de leaders
Cet ouvrage est disponible en anglais auprès de l'Institut canadien des affaires culturelles sous le titre «-The Art of Focused Conversation: 100 ways to access group wisdom in the workplace-»
Copyright © 1997, 2000 by The Canadian Institute of Cultural Affairs (ICA Canada)

Révision linguistique-: Geneviève Boutry
Traduit de l'anglais par l'Institut des Affaires Culturelles Belgique et ICA Associés Inc.
sous la direction de Marie-Noelle Houzeau de Lehaie et Renaud Houzeau de Lahaie.

Conception de la page de couverture : Ilona Staples
Infographie-: Ilona Staples

Dans cet ouvrage, les génériques masculins ont été utilisés, sans aucune discrimination, mais uniquement pour alléger le texte.

iUniverse books may be ordered through booksellers or by contacting:

iUniverse
1663 Liberty Drive
Bloomington, IN 47403
www.iuniverse.com
1-800-Authors (1-800-288-4677)

Because of the dynamic nature of the Internet, any web addresses or links contained in this book may have changed since publication and may no longer be valid. The views expressed in this work are solely those of the author and do not necessarily reflect the views of the publisher, and the publisher hereby disclaims any responsibility for them.
Any people depicted in stock imagery provided by Thinkstock are models, and such images are being used for illustrative purposes only. Certain stock imagery © Thinkstock.

ISBN: 978-1-5320-1118-4 (sc)
ISBN: 978-1-5320-1119-1 (e)

Print information available on the last page.

iUniverse rev. date: 18/11/2016

Remerciements

Nous tenons à remercier chaleureusement tous ceux et celles qui ont contribué à faire de ce projet une réussite. Nous soulignons également que la réalisation de cet ouvrage, dans sa traduction française, est un exemple extraordinaire des principes qui fondent cette méthode et les méthodes de ICA en général : la participation efficace, l'esprit d'équipe et le développement de soi au travers de la collaboration avec les autres.

Plus particulièrement, nous remercions :
- Nos collègues de ICA Associates Inc. à Toronto : Janis Clennet, Sheighlah Hickey, Duncan Holmes, Sheryl Leigh, Jo Nelson, Wayne Nelson, John Miller, Brian Stanfield, Jeanette Stanfield, Christine Wong, Bill Staples
- Nos collègues de ICA Belgique : Jim Campbell, Anna Stanley
- Notre réviseuse linguistique : Geneviève Boutry
- Notre correctrice-: Josée Miron
- Notre graphiste : Ilona Staples
- Les Éditions Nouvelles
- L'Institut Supérieur de Traduction et d'Interprétariat à Bruxelles, Belgique et ses stagiaires.

Préface

Nous avons décidé de publier ce livre en décembre 1997 en réponse à la demande d'un grand nombre de clients et collègues qui nous suggéraient de mettre par écrit le fruit de notre expérience. À cette époque, ICA Canada ne disposait pas encore de services en français. Nous avons cependant utilisé de façon intensive cet ouvrage dans notre travail à ICA Belgique et il s'est révélé être un outil essentiel qui nous permet d'intervenir efficacement auprès de nos clients. Il met en avant une méthode éprouvée, aussi efficace pour nous, dans notre travail de conseils personnalisé, que pour nos clients.

Lorsque nous avons étendu nos activités au Canada, ICA fut à même de faire les démarches pour offrir cet ouvrage en français. Grâce à la collaboration de nos collègues francophones qui sont répartis dans différents pays, nous sommes heureux de vous présenter cet outil de communication qui est utilisé avec succès depuis plus de 40 ans. Les processus énoncés dans cet ouvrage ont été validés par de nombreuses années de mise en application. Ils vous permettront de gagner un temps précieux dans toutes les réunions auxquelles vous participerez.

L'Art de la discussion structurée est véritablement centré sur la façon de retirer tout le bénéfice d'une communication saine et efficace, que ce soit en groupe ou en face-à-face. L'interaction entre deux personnes ou plus est une chose fort délicate. Il existe tellement de pièges à éviter qu'il est important de garder les éléments suivants à l'esprit.

LA COMMUNICATION ET LA DISCUSSION DOIVENT ÊTRE ENCADRÉES

Souvent, des personnes se rassemblent pour parler d'une idée brillante. Bon nombre de réunions suscitent de très intéressantes discussions mais, à la fin, les participants se demandent quel est le fruit de leurs réflexions. Aucune méthode et aucun processus structurés n'ont été suivis. La conversation suit son cours sans réelle direction. Le but reste flou. Pour obtenir un meilleur résultat lors d'une communication entre plusieurs personnes, il est nécessaire d'établir au préalable un objectif qui sera clairement défini et qui mènera au choix d'un processus qui permettra au groupe de penser clairement et d'accomplir ce pour quoi il s'est réuni.

LES DISCUSSIONS, POUR ÊTRE EFFICACES, EXIGENT UNE PARTICIPATION MAXIMALE DE LA PART DU GROUPE

Lorsque des personnes se réunissent pour aborder un sujet, elles ont assez rarement la possibilité d'intervenir. Les experts, ceux qui occupent une position d'autorité ou ceux qui ont l'habitude de s'imposer dans les réunions, monopolisent le temps de parole. Parfois, les individus peuvent poser des questions à ces experts, mais on ne voit généralement naître aucun véritable désir de partager les points de vue ou les idées ni aucun désir d'incorporer une variété d'opinions dans les débats.

Bien souvent, les potentiels individuels sont ignorés de façon plus ou moins directe. Lorsque cela se produit, les organisations se privent d'un immense réservoir de créativité et de connaissances. Les projets sont incomplets, les employés se posent la question suivante : « Pourquoi, avec mes 20 années d'expérience dans l'entreprise, ne m'a-t-on pas consulté ? »

UNE COMMUNICATION EFFICACE IMPLIQUE LA PRÉSENCE D'UN RESPONSABLE POUR DIRIGER LE PROCESSUS

Les discussions de groupe sont souvent frustrantes : elles se perdent en digressions et personne ne voit à faire avancer le groupe dans la direction qu'il a choisie. Les groupes considèrent généralement la personne responsable de l'avancée du travail comme un intrus plutôt que comme une ressource.

Nous croyons fermement que la plus grande richesse se situe au sein du groupe et qu'en l'absence d'un guide, d'un leader ou d'un responsable, la conversation devient vite oiseuse ou s'écarte de l'objet principal de la rencontre. C'est pourquoi l'intervention d'un facilitateur formé à différentes techniques est primordiale.

LE LEADER JOUE UN RÔLE DE FACILITATEUR

Une communication qui bénéficie d'un leadership et d'un processus approprié conduira à des résultats concrets et restera ciblée. Ce rôle, qui s'est avéré particulièrement utile pour les groupes, s'est développé au cours des 15 dernières années au point de devenir une véritable profession. Le facilitateur partage avec le groupe un processus qui est adapté au sujet et approprié au stade de développement du groupe. Il guidera le groupe et permettra aux individus de partager leurs meilleurs savoirs. Le facilitateur aide les organisations à puiser dans une richesse qui est déjà présente en leur sein.

La méthode de la discussion structurée est un outil particulièrement efficace qui vous permettra de mener des discussions de groupe de façon constructive et épanouissante et d'exercer un leadership rassurant et différent. Cet outil convient tant aux grands qu'aux petits groupes et permet de puiser dans la richesse qu'offrent les participants. Cette méthode facilite les mises en œuvre, car les personnes prennent part aux décisions-clés et, par conséquent, offrent une moindre résistance au changement.

Nous vous invitons à vous joindre à cette révolution touchant la communication et la participation, comme l'ont déjà fait avant vous des milliers de personnes de par le monde.

Marie-Noëlle Houzeau de Lehaie
Renaud Houzeau de Lehaie

Table des matières

Introduction : L'origine d'une méthode 1

Première Partie   **la théorie et la pratique**

CHAPITRE I : À QUOI SERT LA DISCUSSION ? ET EN QUOI CONCERNE-T-ELLE LE LIEU DE TRAVAIL ?

La fragmentation de la discussion. 7

    L'image de la discussion 7

    Les discussions creuses 8

Les habitudes mentales traditionnelles 8

    La culture du plaidoyer 9

    L'échec dans la compréhension mutuelle 9

    Les détenteurs de la vérité absolue 10

    La tyrannie du OU. 10

    Les critiques 11

    Le mode conflictuel. 12

Les changements sur le lieu de travail 13

    L'organisation à fonctionnement global 13

    L'organisation apprenante 14

    Lorsque les dirigeants posent des questions 14

Au-delà de la participation symbolique 15

Méthodologie de la vraie participation 16

CHAPITRE II : LA MÉTHODE DE DISCUSSION STRUCTURÉE : VUE D'ENSEMBLE

La discussion structurée 18

Un processus qui comprend quatre étapes 19

Et si les gouvernements utilisaient cette méthode de discussion structurée ? 20

Les réunions publiques 20

Le lieu de travail 21

Pas de bonnes ou mauvaises réponses 22

Les avantages 23

CHAPITRE III : FONDEMENT DE LA MÉTHODE DE DISCUSSION STRUCTURÉE

Un processus naturel et une méthode vivante 24

L'origine de la méthode 26

Les présuppositions sur la vie 26

Un processus de type global 27

Un schéma relationnel sous forme de flèches 27

L'application de la méthode pour structurer une discussion 27

Le niveau de l'observation 28

Le niveau de la réflexion 29

Le niveau de l'interprétation 30

Le niveau de la décision 31

Les pseudonymes de la discussion structurée 32

CHAPITRE IV : COMMENT MENER UNE DISCUSSION STRUCTURÉE

Comment mener une des discussions structurées présentées dans ce livre 34

1. Choisissez un lieu approprié 34

2. Accueillez les participants 35

3. Ouvrez la séance 35

4. Posez les premières questions 35

5. Posez les questions suivantes 36

6. On s'éloigne du sujet : Comment intervenez-vous ? 36

7. Les réponses sont trop longues ou trop abstraites : Que faites-vous ? 36

8. En cas de désaccord entre les participants, comment réagissez-vous ? 37

9. Si le groupe réagit aux réponses des autres intervenants, que faites-vous ? 37

10. Clôturez la discussion 37

Quelques éléments à garder à l'esprit 37

    1. Le facilitateur n'est pas un professeur 37

    2. La valeur propre au travail en groupe 38

    3. A questions abstraites, réponses abstraites 39

    4. Le groupe parfait 39

    5. La valeur intrinsèque des réponses 39

    Comment traiter les réponses objectivement fausses ou immorales ? 40

    6. La propriété commune des résultats de la discussion 41

    7. Les responsabilités du facilitateur 41

CHAPITRE V : LES ÉTAPES DE PRÉPARATION D'UNE DISCUSSION STRUCTURÉE

Les étapes de la préparation 43

    1. Ciblez la discussion 43

    2. Déterminez clairement le but de la discussion .43

    3. Trouvez un point de départ concret pour poser vos questions d'observation 44

    L'importance primordiale du ciblage 44

    4. Faites un remue-méninges pour trouver les questions en rapport
avec l'objectif rationnel et l'objectif d'évolution d'attitude 45

    5. Sélectionnez les questions pertinentes 45

    6. Jonglez avec les questions 45

    7. Préparez mentalement la discussion 46

    8. Préparez soigneusement votre introduction à la discussion 46

    Combien de questions par niveau ? 47

    9. Préparez soigneusement votre clôture 49

    10. Analysez la discussion, réfléchissez sur le groupe et sur vous-même 49

Pourquoi ma discussion ne s'est-elle pas déroulée comme prévu ?
Que puis-je faire pour y remédier ? 49

    1. Manque de concentration du groupe 50

    2. Le groupe ne réagit pas aux questions 50

    3. Le groupe donne de mauvaises réponses 51

    4. Le groupe ne donne pas de vraies réponses 51

    5. Certains participants dominent 51

    6. Le groupe s'écarte du sujet 52

    7. Les résultats obtenus ne sont pas pertinents 52

    8. Des disputes éclatent 52

    9. Le groupe prend le contre-pied du facilitateur .53

Deuxième Partie **les 100 discussions**

A. DISCUSSIONS D'ÉVALUATION ET D'ANALYSE

A1.   Analyser l'année écoulée 59

A2.   Réfléchir sur un atelier 61

A3.   Analyser l'exposé d'un consultant 62

A4.   Analyser une réunion de planification 63

A5.   Revenir sur les activités de la journée 64

A6.   Revenir sur le passé d'une organisation 65

A7.   Évaluer un séminaire 66

A8.   Évaluer le plan d'un cours 67

A9.   Évaluer le déroulement d'un projet 68

A10. Analyser un échec commercial 69

A11. Évaluer les activités de marketing 70

A12. Analyser un rapport très important 72

A13. Évaluer les pretations d'un service 73

A14. Faire le bilan d'une foire commerciale 74

A15. Évaluer un formulaire d'entreprise 75

B. DISCUSSIONS LIÉES À LA PRÉPARATION ET À LA PLANIFICATION

B1.   Capter l'attention d'un groupe avant un atelier 78

B2.   Présenter un nouveau sujet de formation 79

B3.   Préparer un petit exposé 80

B4.   Rassembler des idées pour faire la critique d'un livre 81

B5.   Préparer un groupe à rédiger un rapport 82

B6.   Trouver un symbole et un slogan 83

B7.   Mettre sur pied un groupe de travail pour un atelier 84

B8.   Préparer le programme d'une réunion 86

B9.   Créer une organisation interne de services .87

B10. Organiser une réception pour le personnel .88

B11. Travailler sur une brochure 89

B12. Préparer un budget 90

B13. Concevoir des nouveaux bureaux 91

B14. Imaginer un nouveau décor 92

B15. Choisir le sujet d'une conférence 93

B16. Concevoir un manuel pour le service à la clientèle 94

B17. Dresser un plan de marketing 95

B18. Préparer une présentation stratégique pour un nouveau produit 96

C. DISCUSSIONS POUR LE MONITEUR ET LE MENTOR

C1. Encadrer un collègue 101

C2. Entretien pour définir un emploi 102

C3. Rapporter des faits aux instructeurs. 103

C4. Engager la responsabilité d'un employé 104

C5. Élaborer une série de directives à soumettre à l'employé 105

C6. Se pencher sur une situation délicate. 106

C7. Aider un employé a résoudre une crise familiale qui influe sur son travail #1 107

C8. Aider un employé a résoudre une crise familiale qui influe sur son travail #2 109

C9. Contrôler le travail d'un nouvel employé 111

C10. Mettre fin à un malentendu de longue date 112

C11. Répondre à une plainte personnelle. 114

C12. Ramener à la raison un client mécontent. 115

DISCUSSIONS POUR L'INTERPRÉTATION DE L'INFORMATION

D1. Interpréter une histoire. 119

D2. Partager la lecture d'un article. 120

D3. Discuter d'une cassette vidéo de formation. 121

D4. Discuter d'un film 122

D5. Évaluer des tendances sociales 123

D6. Mener une discussion d'actualité. 125

D7. Étudier les changements des organisations 127

D8. Évaluer une offre commerciale 129

D9. Adapter vos services aux besoins du client 130

D10. Interpréter une évaluation du système de contrôle 131

D11. Analyser les exécutions du budget 132

D12. Méditer sur une réunion qui a été chaotique 133

D13. Analyser l'impact de nouvelles lois concernant un produit. 134

D14. Réfléchir sur une proposition pour la réorganisation d'un service 135

DISCUSSIONS PERMETTANT LA PRISE DE DÉCISION

E1. Aider un collègue à prendre une décision 138

E2. Assigner des tâches à une équipe. 139

E3. Décider des priorités de travail 141

E4. Discuter de la réponse que le personnel a faite à un document stratégique 142

E5. Régler une impasse décisionnelle au sein d'un groupe 143

E6. Décider d'une stratégie pour une foire commerciale........................144

E7. Revoir la mission d'une équipe 146

E8. Appliquer une nouvelle politique du conseil d'administration 147

E9. Déterminer les priorités d'un programme 148

E10. Définir le mandat pour l'évaluation d'un important projet 150

E11. Élaborer le budget annuel 151

E12. Régler des problèmes d'ergonomie dans le milieu du travail 153

E13. Revoir un protocole de bureau......................................154

COMMENT GÉRER ET SUPERVISER UNE DISCUSSION

F1. Solliciter l'avis des employés 157

F2. Revoir les descriptions de tâches....................................158

F3. Mener un entretien d'embauche 159

F4. Méditer sur une réunion irritante....................................160

F5. Réaliser une évaluation de la performance 161

F6. Évaluer les besoins du personnel....................................162

F7. Intervenir pour débloquer un projet 163

F8. Interpréter un grief à l'usine 165

F9. Déterminer les influences du marché 166

F10. Évaluer les statistiques de vente 167

F11. Traiter des problèmes de délégation 168

F12. Collaborer pour régler un problème de fourniture......................170

F13. Réfléchir sur une transition 171

F14. Dresser le profil de deux entreprises et les comparer 172

F15. Établir le calendrier des activités du personnel en vue d'une restructuration 174

F16. Amener de nouveaux directeurs à réfléchir sur leur rôle de chef 175

F17. Évaluer l'impact d'un stage de formation 177

F18. Fixer les lignes directrices en matière de participation 179

DISCUSSIONS PERSONNELLES ET DISCUSSIONS DE FÊTE

G1. Réfléchir à sa journée 183

G2. Tirer des leçons d'un événement de la vie............................184

G3. Favoriser son épanouissement personnel.............................185

G4. Effectuer une réflexion interne lorsqu'on est facilitateur de groupe 187

G5. Peser le pour et le contre d'une responsabilité supplémentaire.............188

G6.   Fêter une grande victoire 189

G7.   Fêter le départ à la retraite #1 190

G8.   Fêter le départ à la retraite #2 192

G9.   Célébrer l'anniversaire d'un membre du personnel. 193

G10. Interviewer l'employé du mois 194

Troisième Partie   **Annexes**

A.   Séries de questions de réflexion et d'interprétation. 196

B.   La méthode dialogique de Bohm. 200

C.   Le pouvoir de la conversation dans le domaine des arts 204

D.   Le Prince Cinq-armes 207

E.   Comment mener une discussion informelle 209

F.   ICA : sa mission et sa bureau. 211

G.   Qui peut m'aider à concevoir une discussion ? 215

H.   Comment mener une discussion structurée : Résumé 217

I.   Comment préparer une discussion structurée 220

BIBLIOGRAPHIE. 221

TABLEAUX ET ENCADRÉS

Un schéma relationnel sous forme de flèches 27

Le niveau de l'observation : résumé 29

Le niveau de la réflexion : résumé. 30

Le niveau de l'interprétation : résumé. 31

Le niveau de la décision : résumé 31

Comment traiter les réponses qui sont objectivement fausses ou immorales ?. 40

L'importance primordiale du ciblage. 44

Combien de questions par niveau ? 47

Modèle de préparation de discussion structurée 48

Pourquoi ma conversation ne s'est-elle pas déroulée comme prévu ? 49

Comment préparer une discussion structurée 220

L'origine d'une méthode

Lorsqu'une société perd cette capacité [au dialogue], il ne subsiste plus qu'une caco-phonie de voix, et c'est à celui qui criera le plus fort. Alors disparaît la capacité à aller plus loin, à trouver un sens plus profond qui puisse transcender les vues individuelles et l'intérêt personnel. Nous pouvons raisonnablement nous demander si la plupart des pro-blèmes sérieux que nous rencontrons aujourd'hui pour vivre ensemble, ce que l'on appelle « l'embouteillage » et la perte d'attention et de respect mutuels ne résultent pas de cette capacité perdue à dialoguer, à penser ensemble en tant que membres d'une communauté.
Peter M. Senge, « A New View of Institutional Leadership » dans *Reflections on Leadership*

Le plus gros échec du dialogue de l'Histoire, la Seconde Guerre mondiale, a eu lieu à notre époque moderne et technologique. Des gens voués à la compréhension, qu'ils soient artistes, théologiens ou mères, ont été les témoins horrifiés de la tentative de destruction systématique et mutuelle de sociétés entières. Aussi le groupe social le plus profondément marqué a sans doute été celui des soldats survivants qui, à leur retour de la guerre, étaient souvent incapables de raconter ce qu'ils avaient vu. Dans la mesure du possible, ils ont tenté de saisir cette effrayante défaite de la civilisation. Ils ont cherché le moyen de com-prendre l'incompréhensible qu'ils avaient vécu.

L'un d'eux était un aumônier de l'armée, Joseph Mathews, qui s'était joint aux Marines américains lors des débarquements dans les îles du Pacifique de Tarawa, Saipan,

Iwo Jima et Okinawa. Lorsqu'il revint de la guerre et reprit son activité d'enseignant à l'université, l'envie lui brûla d'aider les gens à décoder les événements de leur vie.

Mais comment les gens pouvaient-ils retirer un sens personnel de leurs propres épreuves-? Et comment réaliser cela ensemble-?

Une personne qui fut d'un grand secours à Mathews fut une professeure d'art. Elle lui démontra que n'importe quelle rencontre avec l'art impliquait un « trialogue »-—-ou discussion à trois voies-—-entre l'art, l'artiste et l'observateur. Ainsi, il est relativement inutile de demander à un pianiste, par exemple, quel est le sens d'une composition donnée. Le musicien peut seulement répéter l'expérience en la jouant encore et encore, et en y laissant réagir l'auditeur.

La professeure alla plus loin : « Premièrement, vous devez considérer le travail artistique avec sérieux, en observant attentivement ce qu'il contient, ce qu'il ne contient pas. Puis il vous faut constater tout aussi sérieusement ce qui se passe en vous tandis que vous vous concentrez sur l'art, afin de savoir comment vous réagissez, ce qui vous inspire de la répulsion, du ravissement. Vous devez vous détacher de votre conscience afin de pouvoir ensuite vous demander ce qu'il signifie pour vous. » L'art, expliqua la professeure, est comme l'écoute. Vous devez vous appliquer à tirer votre propre sens d'une œuvre artistique ou d'une discussion.

C'est alors que la professeure acquit une conscience éclairée. Elle vit le lien avec certains passages d'un philosophe danois du XIXe siècle, Søren Kierkegaard, et avec certains penseurs européens du XXe siècle. Kierkegaard et les phénoménologues décrivaient le moi comme une série de relations ou de consciences qui observaient ce qui se passait dans la vie, réagissaient intérieurement à ces observations et, de là, en retiraient un sens ou une idée, puis les implications ou les décisions implicites à cette idée ou à ce sens.

Mathews décida de créer un schéma de discussion en se servant de cette approche et d'expérimenter des discussions sur différentes formes d'art dans sa communauté universitaire. Il fit sa première tentative avec un tableau de Van Gogh, *Nuit Étoilée*. Par la suite, il fit appel à des réflexions qui avaient été faites en groupe sur E.E. Cummings et sur un film contemporain, *On The Waterfront*. Il intitula dès lors sa méthode « Discussion basée sur la forme artistique. »

Lors d'une discussion sur le *Guernica* de Picasso, Mathews demanda à ses étudiants de décrire les objets du tableau. Il les invita ensuite à considérer leur réaction intérieure. «-D'accord », dit-il, « je voudrais à présent que vous réfléchissiez aux sons qui, selon vous, pourraient provenir du tableau. Je vais compter jusqu'à trois, et ensuite vous produirez les sons que vous entendez. Faites beaucoup ou peu de bruit selon ce que vous ressentez. Prêts ? Un, deux, trois ! »-—-des hurlements de douleur ou de rage retentirent dans la pièce. La porte s'ouvrit d'un seul coup et deux étudiants venant du couloir s'introduisirent dans la pièce avec une expression semblable à celle qui était gravée sur les visages du tableau. Dans un silence de stupeur, ils entendirent le professeur demander : « Où situeriez-vous ce tableau dans votre vie ? »

Le résultat fut saisissant. Les étudiants qui, auparavant, considéraient l'art comme «-une chose culturelle » ou comme « un objet décoratif » se rendaient compte à présent que leur vie se reflétait dans l'art et qu'elle y était intimement liée. Ils voyaient la forme artistique comme une force défiant leur position habituelle par rapport à la vie. Un participant déclara : « Soudain, j'ai compris que ces formes d'art voulaient me livrer un message. Elles me disaient : « Réveille-toi ! Vis ta vie comme tu veux la vivre. »

À l'université, les pairs de Mathews adoptèrent son approche pédagogique expérimentale. Ils essayèrent divers types de réflexion participative dans différents cours. Finalement, ils élaborèrent un plan suffisamment fluide pour s'adapter à de nombreux sujets, tout en étant assez structuré pour être défini comme une méthode. Voilà comment naquit la discussion basée sur la forme artistique.

Cinq ans plus tard, dans les années 60, Mathews et quelques-uns de ses collègues s'installèrent dans une zone urbaine pauvre de Chicago pour travailler avec les dirigeants des communautés locales. Là, ils entamèrent l'utilisation intensive de la discussion basée sur la forme artistique, permettant ainsi aux gens d'un même voisinage de réfléchir ensemble. Cela constitua une partie essentielle des efforts de construction communautaire de l'Institut des Affaires Culturelles dans le monde.

Trente ans plus tard, dans les années 90, des organisations et des départements ministériels se sont trouvés au cœur du changement. Les gens se sont demandé : «-Comment peut-on traiter ce qui se passe dans notre vie, comment peut-on traverser les crises, unir notre sagesse, créer de nouvelles formes ? Il nous faut trouver un moyen pour participer à ce changement, pour prendre nos propres décisions de groupe, et faire avancer les choses. Nous en avons assez des coups bas et autres manigances au bureau. Il nous faut trouver des solutions pour dialoguer avec nos directeurs et avec nos pairs, et régler les conflits d'une manière ouverte. Pouvez-vous nous aider à résoudre ces problèmes ? Nous avons besoin d'un outil. »

Ce qui suit s'est passé dans une salle de conférence de la Generic Corporation. À l'avant de la pièce, un facilitateur demande : « Quels sont les principaux problèmes auxquels vous êtes confrontés ? Qu'est-ce qui semble vous empêcher de traiter réellement ces problèmes ? Quelles sont, d'après vous, les prochaines étapes à envisager ? »

Les questions ont légèrement changé, mais la méthode reste la même. Il s'agit toujours de la méthode basée sur la forme artistique, mais on lui a donné un nouveau titre : *La discussion structurée*. Cette façon de réfléchir ensemble est utilisée par des organisations dans beaucoup d'endroits dans le monde.

Les lecteurs noteront que les termes « facilitateur », « animateur de conversation » et « animateur de discussion » sont employés de manière interchangeable tout au long de cet ouvrage.

Première partie

La théorie et la pratique

CHAPITRE I

À quoi sert la discussion-? et en quoi concerne-t-elle le lieu de travail-?

Par essence, toute organisation est le produit de la pensée et de l'interaction de ses membres.
Senge, Kleiner, Roberts, Ross et Smith : *The Fifth Discipline Fieldbook*

Assaillis par une surcharge de données et séduits par la connaissance contenue dans les livres et dans les cassettes, nombreux sont ceux qui semblent avoir oublié la valeur de la sagesse que l'on acquiert grâce aux discussions ordinaires. Néanmoins, il y a encore des gens qui croient que l'on gère une situation concrète en parlant réellement avec les gens. Alors qu'il existe de nombreuses façons de transmettre de l'information, il semble que le savoir-faire et le discernement véritables soient créés par l'échange avec les autres.

Discuter avec une personne peut permettre de résoudre un problème ou de soulager une blessure. Discuter à plusieurs peut donner naissance à un engagement, unir une équipe, générer de nouvelles décisions ou élaborer une vision. Les discussions permettent de modifier les schémas de travail habituels, d'établir des liens amicaux, de créer un centre d'intérêt, de donner une nouvelle énergie et de renforcer la détermination.

Dès lors, pourquoi le fait de partager une discussion à plusieurs constitue-t-il l'un des plus grands défis que rencontrent les organisations-? Pourquoi les gens éprouvent-ils tant de difficultés à communiquer les uns avec les autres-? Pourquoi écoutons-nous si mal les autres-? Pourquoi les discussions se transforment-elles le plus souvent en disputes ou en futilités ?

Pourquoi jugeons-nous d'un œil si critique ce que nous disent nos collègues ? Pourquoi craignons-nous que le ciel nous tombe sur la tête si nous ne nous empressons pas de contester l'opinion des autres ? Comment est-il possible qu'autant de gens soient suffisamment arrogants pour se sentir infaillibles et omniscients ?

Les raisons sont multiples : la fragmentation de la communication qui accompagne l'ère de la télévision ; les habitudes mentales traditionnelles qu'on nous a inculquées et que nous continuons à utiliser, peu importe leur manque d'efficacité ; et enfin, les nouvelles tendances qui émergent sur le lieu de travail lui-même. Ces diverses raisons sont reprises dans la section suivante.

La fragmentation de la discussion

Le monde connaît un surplus d'information. L'information était jadis une ressource essentielle nous permettant de surmonter les problèmes technologiques et sociaux, mais c'est précisément notre intelligence hautement technologique qui a transformé les données en rebut. Alors qu'une quantité toujours plus grande d'information non traitée s'amoncelle dans nos ordinateurs et dans nos dossiers, nous devenons des collectionneurs de rebut, pour reprendre les termes de Neil Postman. Tandis que l'industrie de l'information met les bouchées doubles pour élaborer des ordinateurs plus performants et que les cédéroms peuvent contenir une quantité d'information qui se rapproche du giga-octet, le monde n'en est pas plus efficace lorsqu'il s'agit de retirer une réelle sagesse de cette information afin de mieux vivre et de résoudre plus efficacement les vrais problèmes sociaux, écologiques, politiques ou même économiques. L'enseignement tient à insuffler un nombre croissant de faits dans la tête des étudiants avec, pour conséquence, une connexion de plus en plus faible avec ces données. Nous reproduisons ces schémas lors de nos discussions avec d'autres personnes. La plupart d'entre nous considèrent la discussion comme un simple bavardage. L'art de tenir une discussion sérieuse semble disparaître. À l'ère de la télévision, où l'on peut mesurer les phrases toutes faites en secondes et en fractions de seconde, nombreuses sont les discussions qui se font également à la hâte dans la vie réelle. Les échanges sont rapides, saccadés, et permettent rarement de développer des idées. Nous nous mettons à imiter le style d'un présentateur de télévision, chez qui l'opinion précède la question. Probablement, nous accordons-nous presque tous sur le fait que nous supprimons le processus de réflexion tout en pensant que nous n'avons pas de temps à consacrer à une réelle réflexion.

L'IMAGE DE LA DISCUSSION

L'image de la discussion qui prévaut est la causette que se font les gens quand ils se croisent au coin de la rue, autour du distributeur d'eau ou à la pause-café. Ce genre de discussion se constitue généralement d'une séquence ou d'une énonciation de faits disparates. « Hier, je suis allée voir *Gargantua* au cinéma ; c'était génial ! » « Aujourd'hui, je vais me faire couper les cheveux après mon travail ; j'ai le meilleur coiffeur au monde.-» « As-tu vu le rapport qu'Angela a rendu ? Terrible !-—-elle s'est vraiment donné un mal de chien-—-je me demande pourquoi ! » Fin de la discussion. On reprend le travail.

Si une personne, lors de cette pause-café, attachait une grande valeur aux discussions sérieuses, celle-ci poserait des questions relatives à chacune des énonciations émises ci-dessus. À la première personne, elle demanderait : « Qu'est-ce qui rendait le film génial ? Pourquoi l'avez-vous apprécié ? » À la deuxième : « Pourquoi votre coiffeur est-il le meilleur au monde ? » À la troisième : « Qu'est-ce que le rapport d'Angela avait de spécial ? Pourquoi était-il si important à ses yeux, au point de la pousser à se donner "un mal de chien" ? » En d'autres termes, il faudrait que, dans chaque discussion, une personne puisse, d'une manière ou d'une autre, être là pour demander : « Pouvez-vous m'en dire un peu plus à ce sujet ? »

LES DISCUSSIONS CREUSES

La vie évolue si vite, chaque journée est tellement remplie, qu'une règle tacite apparaît : si vous avez quelque chose à dire, soyez bref. Les gens prennent l'habitude de réduire ce qu'ils disent. S'il s'agit de remplir un questionnaire pour un sondage, l'économie de mots dont ils font preuve est digne d'Harpagon, l'avare de Molière : « Fantastique ! Super ! M'a beaucoup aidé. » ou « Demande encore du travail. » Un enseignant aurait envie d'écrire en rouge : «-Développez le sujet S'IL VOUS PLAÎT ! » Comment un apprentissage peut-il avoir lieu avec une communication aussi limitée ?

Avec de telles restrictions à l'expression, la réflexion s'appauvrit. N'est-ce pas Socrate qui a dit : « N'est pas digne d'être vécue une vie sans réflexion…»-? Nous passons tous d'une activité à une autre sans nous arrêter pour nous demander : « Que s'est-il passé ici ? En quoi cela était-il important à mes yeux ? » ou « Pourquoi me suis-je mis dans une telle colère à cette réunion ? » Et nous nous demandons rarement quelles implications à long terme auront les décisions que nous venons de prendre.

Les habitudes mentales traditionnelles

Une autre série de modèles restreignant la discussion provient de la manière dont les gens ont appris à penser, du moins dans le style d'éducation occidentale. Dans l'un de ses ouvrages, *Hints toward an Essay on Conversation*, Jonathan Swift a décrit les éternels abus de la discussion en tête-à-tête et l'horrible sexisme présent dans la discussion à son époque. Bon nombre de ses observations s'appliquent également aux discussions actuelles. Il déplorait le fait que « un plaisir aussi utile et innocent que celui de discuter ensemble…-soit si négligé et propice aux abus. » Il soutient son affirmation à l'aide d'exemples : «-l'impatience d'interrompre son interlocuteur, le malaise que l'on ressent lorsqu'on est interrompu à son tour, la masse de gens qui interviennent dans la discussion pour y parler de leurs problèmes, qui font de l'esprit à outrance, utilisant un jargon pour se faire remarquer, et cette habitude de ne pas prêter attention aux femmes lors de discussions importantes. » (Swift, *A Complete Collection of Polite and Ingenious Conversations*). Les observations de Swift visent à attirer l'attention sur un type bien plus sérieux de discussions intelligemment menées.

LA CULTURE DU PLAIDOYER

Le défenseur est celui qui plaide, recommande, soutient une idée, une proposition, un point de vue ou un produit précis. Le défenseur est persuadé que sa position est juste et recherche des personnes qui puissent le soutenir. L'investigateur, en revanche, envisage un thème de manière ouverte et recherche une option créative ou viable, ou les faits se rapportant à un sujet particulier. Il tente de développer un nouveau domaine, ou de remettre en question une « vérité établie ».

Entre défenseur et investigateur, nous trouvons difficilement notre équilibre. La plupart des gens ont été éduqués pour être de bons défenseurs. Si la persuasion n'est pas un mal en soi, la prise de position induite par le plaidoyer revêt souvent la forme d'une confrontation, au cours de laquelle les idées s'entrechoquent au lieu d'informer.

Rick Ross et Charlotte Roberts font remarquer que les directeurs d'entreprises occidentales sont conditionnés tout au long de leur vie à demeurer des défenseurs puissants et sachant s'exprimer. Ils savent comment présenter et défendre parfaitement leur point de vue. Cependant, lorsqu'une personne gravit les échelons du pouvoir dans une organisation, elle se voit contrainte de traiter des problèmes plus complexes et interdépendants, pour lesquels une seule personne ne peut trouver la solution. Dans cette situation plus compliquée, la seule option efficace est de faire appel à un groupe d'individus informés et dévoués qui vont réfléchir afin d'aboutir à de nouvelles idées. À ce stade, il importe qu'ils apprennent à trouver un équilibre entre plaidoyer et investigation. (Ross et Roberts dans *The Fifth Discipline Fieldbook*, p. 253-259)

L'ÉCHEC DANS LA COMPRÉHENSION MUTUELLE

Notre ego est souvent si désireux d'exprimer nos idées que nous attendons difficilement que les autres aient fini de parler. Ce que disent les autres devient une insoutenable interruption à ce que nous essayons de dire nous-mêmes. Dans ce processus, non seulement nous n'arrivons pas à comprendre ce que les autres disent mais, de plus, nous ne les écoutons même pas jusqu'au bout. La description faite par de Bono de la pensée parallèle montre pertinemment le genre d'échange que peut susciter une discussion où diverses idées sont exprimées et encouragées :

« Au lieu d'une discussion qui ressemble plus à un débat où les opinions s'entrechoquent et où le meilleur gagne, une bonne discussion fait appel à un genre de pensée parallèle par le biais de laquelle les idées sont exposées les unes à côté des autres, sans aucune interaction entre les différentes interventions. Il n'y a pas de heurt, pas de dispute, pas de jugement vrai ou faux, mais plutôt un approfondissement réel du sujet dont on peut ensuite tirer des conclusions et des décisions. » (de Bono, *Parallel Thinking*, p. 36)

Dans son ouvrage sur la culture aborigène, Ross parle du poids énorme dont il est soulagé lorsqu'il va vivre durant un certain temps avec un groupe d'aborigènes, sachant qu'il n'aura pas à juger tout ce que chacun dit ou fait (et encore moins d'émettre des jugements). Il parle de ce poids que portent tant d'anglophones : « le poids de cette obligation d'exprimer ses opinions sans arrêt et sur n'importe quoi. » (Ross, *Returning to the Teachings*, p. 108)

LES DÉTENTEURS DE LA VÉRITÉ ABSOLUE

Certains préfèrent avoir raison plutôt que d'être heureux. Des discussions qui se déroulent en douceur sont soudain anéanties lorsque quelqu'un déclare : « Cette affirmation est tout simplement fausse ! » La réplique qui s'ensuit est évidemment : « Et qu'est-ce qui vous fait croire que vous êtes le détenteur absolu de la vérité ? » Les personnes dont les réflexions ont été discréditées par une critique y réfléchiront à deux fois avant de prendre part à une nouvelle discussion. Un grand nombre de gens sont réellement excités par l'idée qu'ils détiennent la vérité. Tel que le dit de Bono, « défendre la vérité absolue outrepasse la réalité d'interactions fonctionnelles complexes, encourage l'analyse plutôt que la conception, mène à la suffisance, à la complaisance et à l'arrogance, préserve les paradigmes au lieu de les modifier. » De Bono suggère que nous apprenions des mots merveilleux tels que « probablement », « peut-être », « on peut l'envisager ainsi », « oui et non », « il semblerait que oui », et « parfois. »-(de Bono, *Parallel Thinking*, p. 66)

Il est ici utile de s'intéresser au système judiciaire aborigène. Les aborigènes contestent souvent la détermination des Blancs à avoir recours à des épreuves de confrontation afin « d'aboutir à la vérité ». Les enseignements aborigènes traditionnels semblent suggérer que les individus auront toujours des perceptions différentes de ce qui s'est passé entre eux. Dès lors, le centre du débat n'est plus réellement la recherche de « la vérité », mais plutôt la recherche-—-et le respect-—-des différentes optiques que nous soutenons. Envisagée sous cet angle, la vérité se rapporte alors à celle liée à la réaction et à l'engagement de chacun face aux événements en question, car c'est là ce qui est vraiment réel à leurs yeux.

LA TYRANNIE DU **OU**

Lorsque 10 personnes discutent autour d'une table, la vérité ne réside pas dans l'une d'elles en particulier, mais bien au centre de la table, quelque part entre et parmi les points de vue de chacune des 10 personnes. Elles conçoivent ensemble ce qui est vrai (ou réel) dans leur situation propre. Ceci n'est pas une bonne nouvelle pour les plus dogmatiques d'entre nous. James Collins et Jerry Porras parlent de « la tyrannie du OU ». Cette forme particulière de tyrannie pousse les gens à croire que les choses sont blanches OU noires, jamais grises. Par exemple, « Vous pouvez progresser de manière méthodique OU par le biais d'un tâtonnement opportuniste. » « Vous pouvez faire preuve d'une autonomie créative OU de discipline et de cohérence. » (Collins et Porras, *Built to Last*, p. 43-45)

Au lieu de se laisser opprimer par « la tyrannie du OU », les organisations visionnaires se libèrent grâce au « génie du ET », c'est-à-dire la capacité d'englober plusieurs dimensions en même temps.

LES CRITIQUES

Vers 1900, à l'apogée de la pensée empirique britannique, le jeune mathématicien Bertrand Russel déclarait que le but de la discussion était de distinguer la vérité de l'erreur. Aujourd'hui, nombreux sont ceux qui le croient encore, ne ratant jamais une occasion de reprendre un collègue ou un être cher. Beaucoup ont appris, dans leur enfance, à ne «-jamais contredire leurs aînés ». Mais personne ne leur a appris à ne pas contredire leurs pairs. En fait, ceux qui ont appris l'art du débat savent comment démolir les arguments des autres. Rupert Ross explique comment les différences de langue nous font réagir de manière très différente aux événements de la vie courante : « Je n'avais jamais réalisé à quel point la langue anglaise est rude ni combien elle nous incite à porter des jugements catégoriques et à argumenter. Je n'avais jamais imaginé que des gens puissent vivre autrement, c'est-à-dire sans avoir à répondre à tous ceux qui les entourent par l'attaque ou le jugement. » Ross énonce ensuite le nombre incroyable d'adjectifs tels qu'horrible, édifiant, ennuyeux et inspirant qui ne sont pas réellement des descriptions de choses, mais correspondent plutôt à des conclusions sur ces choses. Il mentionne également le nombre presque infini de noms péjoratifs que nous employons régulièrement pour nous décrire mutuellement : voleur, lâche, délinquant, drôle d'oiseau et crétin pour n'en citer qu'une poignée. Par opposition, les aborigènes portent rarement de tels jugements dans leur conversation courante, même lorsqu'ils parlent anglais. Il semble que cela n'engendre aucune lacune dans la communication. (Ross, Rupert, *Returning to the Teachings*, p. 107)

Dans son ouvrage, *Parallel Thinking*, Edward de Bono écrit que la culture occidentale a toujours mis la pensée critique sur un piédestal. Les enseignants incitent toujours les étudiants à « réagir » de manière critique à ce qu'on leur présente. La critique négative est la plus facile à émettre. Au cours d'une réunion ou d'une discussion, toute personne qui veut s'impliquer ou se distinguer doit dire quelque chose. La contribution négative est la forme de contribution la plus facile à apporter. La critique est également attirante et satisfaisante sur le plan émotionnel. Lorsque j'attaque une idée, je deviens instantanément supérieur à cette idée ou à celui qui l'a émise. La critique est aussi l'une des rares manières de réaliser quelque chose et de prendre de l'importance lorsqu'on manque de créativité.

De plus, constate de Bono, critiquer ne demande que très peu d'effort. Il vous suffit de choisir un type de jugement qui diffère de celui de quelqu'un d'autre et votre bombardement intellectuel peut alors commencer. Si la discussion est centrée sur l'architecture et que quelqu'un admire les œuvres réalisées dans le style Bauhaus, alors que vous préférez l'imitation classique, il vous suffit de faire remarquer que le Bauhaus est austère, peu gracieux et franchement ennuyeux. Si quelqu'un est en faveur de l'apprentissage de la lecture par mots entiers, vous pouvez dénoncer le peu d'importance que l'on accorde à la phonétique. Si la discussion s'arrête là (c'est généralement le cas), vous ne comprendrez jamais le sens du beau qui pousse votre ami à admirer le style Bauhaus. Vous n'entendrez jamais l'histoire de ce professeur qui a procédé par tâtonnements pour tenter d'aider des enfants à surmonter leur blocage intérieur face à l'apprentissage.

Voici, en bref, le problème qui se pose-: entamer une discussion par la critique bloque la discussion et est donc généralement la dernière étape à envisager. Les choses sont totalement différentes lorsque vous écoutez d'abord l'autre, tentez de comprendre ce qu'il essaye de faire et discutez ensuite avec lui afin de trouver ensemble des solutions. De Bono fait remarquer que la critique est une part utile et essentielle de la réflexion, mais qu'elle est totalement inadéquate à elle seule. (de Bono, *Parallel Thinking,* p. 27 et 28)

La critique est un outil intellectuel que les idéologues vénèrent. Un détracteur invétéré peut être secoué lorsqu'il réalise quelle est sa réelle façon de penser. Après avoir vécu des expériences insatisfaisantes pendant des années, ce genre de personne en vient lentement à prendre conscience de ce qu'il fait :

• Je concentre toute mon attention à trouver des défauts chez les autres.
• Je veux discréditer leurs dires.
• J'instaure une relation conflictuelle avec mes collègues.

LE MODE CONFLICTUEL

Comme l'a dit un jour quelqu'un, l'opposé d'une grande vérité est simplement une autre grande vérité. Cependant, les archétypes de la culture occidentale ne permettent pas aisément aux idées opposées de s'aligner côte à côte. Lorsque deux points de vue sont exposés, on considère souvent qu'ils s'excluent l'un l'autre, comme si la pensée était une lutte darwinienne ne permettant que la survie du mieux adapté. À l'idée d'un tel combat mental, les gens ont tendance à lutter, à fuir ou à se figer. Certains d'entre nous sont tellement préparés à considérer les autres comme des adversaires qu'ils se contiennent difficilement durant une discussion. Ils sentent monter en eux de vieux élans guerriers. Il se peut alors qu'ils s'opposent à une idée en discréditant la personne qui la présente, ou qu'ils décrètent son sujet négatif et ses motifs suspects. Si le but de la manœuvre est d'éliminer les autres de la course, c'est efficace. Après avoir été traités ne serait-ce qu'une fois comme des adversaires indésirables, les gens ont tendance à se retirer ou à se taire. Ils se retranchent dans un camp ennemi et deviennent des rivaux plutôt que des interlocuteurs qui auraient pu faire de la discussion un échange.

Peut-être est-ce notre mentalité elle-même qu'il faut revoir-?, une conception basée sur l'esprit cartésien et autres dualismes qui tiennent à diviser le monde entre nous et eux, le bien et le mal, ceux qui sont au diapason et ceux qui ne le sont pas. Bien sûr, nous appartenons toujours au premier groupe, celui du bien, celui de ceux qui ont raison et qui sont au diapason. Changer cette mentalité nous permettrait de mieux nous adapter à des idées opposées.

Les changements sur le lieu de travail

Sur le lieu de travail, une série de changements, parfois reprise sous d'autres termes-—-«-révolution organisationnelle » ou « nouveau paradigme du lieu de travail »-—-consiste à encourager l'accroissement de la communication, de la discussion et de la participation. Ces changements, même s'ils ne s'opèrent que partiellement au début, demandent une nouvelle humanité au sein des relations professionnelles et à tous ses niveaux.

L'ORGANISATION À FONCTIONNEMENT GLOBAL

À l'ère où l'information prime, le flux d'information est encore descendant dans de nombreuses organisations. Un écrivain a dit que le seul moment où l'information remontait tous les maillons de la chaîne était lorsque quelqu'un annonçait une bonne nouvelle ou lorsque quelque chose avait très mal tourné et qu'il n'était pas possible de le cacher. Cependant, l'insatisfaction engendrée par ce genre d'affaire augmente, et de nombreux dirigeants organisationnels réagissent pour tenter d'y remédier. Grâce au travail de Peter Senge et de bien d'autres encore, l'organisation est de plus en plus souvent considérée comme un système complet plutôt que comme une hiérarchie verticale ou une machine conduite par un seul chauffeur. (Senge, *The Fifth Discipline : The Art and Practice of the Learning Organization*, p. 57-67)

Les auteurs spécialisés en affaires parlent aujourd'hui de ce changement : on évolue en allant du modèle organisationnel pyramidal vers un modèle circulaire. L' « organisation apprenante » de Peter Senge, l'œuvre de Russell Ackhoff sur les systèmes holistiques et les exemples de direction déférente font partie des mentors et des modèles de cette nouvelle forme d'organisation.

Pour qu'un système global soit efficace, l'information doit circuler en tous sens : vers le haut et vers le bas, de côté et en diagonale. Selon le principe de subsidiarité, les décisions qui relèvent d'un certain niveau de l'organisation doivent donc être prises à ce niveau.

Autrement, les gens se permettent soit de se soustraire à toute responsabilité ou, au contraire, de tout gérer. La capacité de mettre les choses au clair tous ensemble est primordiale.

L'ORGANISATION APPRENANTE

L'organisation apprenante est apparue lorsqu'on a pris conscience que le changement nécessitait un apprentissage et un réapprentissage constants. Ce concept suggère que les organisations elles-mêmes passent par une phase de développement durant laquelle elles évoluent et s'agrandissent. Brian Hall décrit les sept stades de développement d'une organisation. Durant cette période, l'organisation se démène, chancelle ou passe par diverses étapes de maturité. Elle a tendance à passer d'un mode opérationnel réactif ou bureaucratique à des stades de développement plus actifs que Hall nomme stade interpersonnel, réalisé en commun, d'apprentissage et prophétique. Au cours des derniers stades, on constate une harmonie mutuelle et une capacité croissante à retirer une expérience de chaque rencontre. (Hall, *Values Shift*, p. 121) Selon Hall, il est évident que le développement d'une organisation dépend de la qualité des échanges et des réflexions de groupe au sein du personnel.

La clé de l'apprentissage réside dans le fait que, à l'intérieur de l'organisation, les individus et les groupes restreints transforment constamment leur expérience brute en concept et permettent à leur style personnel d'évoluer à travers elle. Ici, la discussion structurée aide le groupe à entamer une réflexion sur le déroulement des événements, sur ce qui a bien ou mal fonctionné et sur les raisons qui ont amené cet état de chose. Ce genre de discussion peut tout aussi bien signifier la vie ou la mort de l'organisation apprenante.

LORSQUE LES DIRIGEANTS POSENT DES QUESTIONS

Cette évolution vers une organisation apprenante s'accompagne d'un changement dans la compréhension individuelle des PDG et des chefs d'entreprise. Après avoir été des chefs charismatiques et des patrons infaillibles, ils facilitent le questionnement, aident à définir une optique et contribuent à résoudre les problèmes. Le principe participatif demande une habileté à poser des questions. Pendant trop longtemps, on a exigé des directeurs qu'ils puissent trouver une réponse à chaque question. On réalise, à présent, que la puissance réside dans le fait de savoir poser les questions, et qu'un directeur doit absolument être capable de poser des questions et d'obtenir des réponses.

Les dirigeants et les chefs d'entreprise réalisent que réunir simplement les employés pour leur dire ce qu'ils ont à faire s'avère inefficace à long terme, compte tenu que le fait de recevoir des ordres ne contribue ni à stimuler la créativité, ni à encourager la participation ou l'investissement, ni à respecter le talent intellectuel de chacun. On comprend aisément le changement de ton qui s'opère lorsqu'un directeur entre dans la salle et dit : «-Nous avons un problème. Examinons ensemble comment nous pouvons le traiter. »

Un nombre croissant de dirigeants considèrent la facilitation comme un outil de gestion absolument primordial. Pourquoi ? Parce qu'aujourd'hui, tout le monde veut participer à tout, et ceux qui savent faciliter une discussion profitable ont une longueur d'avance.

AU-DELÀ DE LA PARTICIPATION SYMBOLIQUE

La vraie participation ne s'apprend pas en un jour. Les directeurs et leurs employés ont de nombreuses vieilles habitudes ancrées en eux. Duncan Holmes fait remarquer que, bien qu'il y ait à présent beaucoup de discussions sérieuses lors de réunions sur les lieux de travail, l'assemblée est malheureusement souvent convoquée de manière à ce que quelqu'un puisse affirmer que « les travailleurs ont été consultés ». Les travailleurs eux-mêmes sont las de cette politique symbolique. Une présentation a lieu, et l'on demande finalement au personnel si « tout le monde est d'accord sur ce point ». Il se peut que deux ou trois personnes soient suffisamment rapides et courageuses pour élever leur voix, tout en sachant que cette contribution sera vite avalée par le trou noir bureaucratique. Ce genre de « participation » est fondamentalement réducteur de pouvoir. Année après année, la rétroaction n'est pas respectée, et les personnes adoptent une attitude cynique face à la participation. Même si la rétroaction en rapport avec leurs idées est désagréable à entendre, les gens veulent tout de même savoir la vérité. Ils diront : « Même si vous avez repoussé notre proposition, dites-nous ce que vous en pensez. Mais dites-nous aussi pourquoi, et quelles sont ses limites afin que nous puissions y retravailler. » (Holmes, « Proactive Public Meetings », *Edges*, janvier 1996)

Les directeurs sont souvent sceptiques à l'égard du genre de participation du personnel. Lorsqu'une assemblée est convoquée pour résoudre un problème de plaintes émises par les clients, certains employés peuvent saisir l'occasion pour faire part de leurs propres doléances. Plusieurs représentants syndicaux donnent priorité aux requêtes unilatérales tandis qu'ils semblent refuser la discussion sur les problèmes environnants. Aucun de ces cas ne contribue à donner une belle image de la « participation ». D'autres travailleurs semblent penser que le but de la discussion est d'attribuer un blâme-—à quelqu'un d'autre. De nombreuses organisations pourraient afficher au mur une pancarte reprenant cette phrase audacieuse : SE PLAINDRE SANS EN ASSUMER LA RESPONSABILITÉ, C'EST COMME FEINDRE DE PARTICIPER.

De nos jours, la plupart des gens sont fatigués d'accuser et de réclamer ; ils veulent résoudre les problèmes. Ils veulent également aller au-delà d'une contribution et innover, tout en assumant la responsabilité de ce changement qu'ils ont désiré.

Les PDG et les chefs d'entreprise vigilants ont compris que la participation n'était pas une recette permettant d'améliorer rapidement le moral ou le rendement des travailleurs, mais une manière totalement différente d'agir avec les gens. Cette nouvelle approche reconnaît le puits de sagesse que possède chaque travailleur. Une partie du travail réalisé dans une organisation consiste à exploiter et à partager cette sagesse.

MÉTHODOLOGIE DE LA VRAIE PARTICIPATION

Si la participation symbolique affaiblit les participants, les réunions chaotiques où chacun participe de manière incontrôlée ne rendent pas non plus justice au principe participatif. Ces réunions où l'on saute d'un sujet à un autre constituent une perte de temps évidente. Ces mêmes organisations dont la fierté réside dans leur stratégie de marketing ou dans leur «-Juste à temps » ou dans leur « Gestion parfaitement au point » sont souvent inconscientes du préjudice que peuvent causer leurs réunions inefficaces. Demander à participer est certes une bonne chose. Toutefois, en l'absence d'une méthodologie, le manque de participation est souvent préférable à une participation douloureuse. Le résultat est le chaos, un sentiment de malaise et l'impression de subir les conséquences néfastes de cette participation. En parlant des défis de la communication qui existent au sein des sociétés, Chris Argyris soutient que les méthodes utilisées par les cadres pour s'attaquer à des problèmes relativement simples les empêchent de recevoir des éléments d'information importants, de faire preuve de discernement et d'opérer un changement productif, choses nécessaires s'ils veulent faire face au problème beaucoup plus complexe du changement organisationnel :

> Au temps où les sociétés désiraient encore que leurs employés fassent uniquement ce qu'on leur avait dit de faire, les enquêtes sur les employés et les tours de ronde de la direction constituaient des outils appropriés et efficaces. Ils peuvent encore fournir des renseignements utiles sur des problèmes anodins tels que le service de la cafétéria et les privilèges de stationnement... Mais ils ne permettent pas aux gens de réfléchir sur leur travail et sur leur comportement. Ils n'encouragent pas la responsabilité personnelle. Et ils ne font pas remonter à la surface le genre d'information sérieuse et potentiellement menaçante ou embarrassante qui peut motiver l'apprentissage et produire un réel changement. (Argyris, « Good Communication that Blocks Learning », *Harvard Business Review*, juillet-août 1994, p. 77)

Aujourd'hui, les organisations ont besoin de réunions qui puissent aider les gens à se concentrer activement sur les solutions envisageables et non plus de façon réactive. Autant que possible, ces réunions doivent permettre aux gens de s'exprimer sur les problèmes qui touchent leur vie et leur travail. Ce genre de réunion est nécessaire à chaque niveau organisationnel, et il est donc évident que la contribution et l'engagement de chacun sont importants, et que les méthodes éprouvées vont permettre d'exécuter un programme, d'optimiser la participation et de veiller à ce que le travail soit fait. Cet ouvrage traite d'une méthode de ce genre-—-une modeste méthode qui est à l'origine d'une révolution discrète et que de nombreuses organisations utilisent à présent. Il s'agit d'une approche qui traite de la manière dont les gens s'expriment. Elle vise à modifier les habitudes inefficaces mentionnées dans la première partie de ce chapitre en encourageant des orientations plus positives sur le lieu de travail. Il s'agit de la discussion structurée.

Chapitre 2

La méthode de discussion structurée : vue d'ensemble

Au sein de votre organisation, la discussion est l'outil d'apprentissage le plus fantastique qui soit - plus important que les ordinateurs ou les outils de recherche sophistiqués. Appartenant à une société, nous connaissons l'art du papotage ; nous pouvons discuter des Red Sox ou de nos dernières vacances. Cependant, lorsque nous sommes confrontés à des sujets plus litigieux, tel un sujet traitant de nos droits ou de deux principes de valeur en conflit l'un avec l'autre, nous déclenchons tant de mécanismes de défense qui bloquent la communication que nous devenons épouvantables.

William O'Brien, ancien directeur général de la compagnie d'assurance Hanover

À première vue, discuter n'a rien d'extraordinaire. Cela nous arrive tout le temps : à table, avec d'autres voyageurs dans l'autobus ou en voiture, au distributeur d'eau sur notre lieu de travail.

Nombreux sont ceux qui pensent qu'il est urgent de créer un type de discussion plus structurée qui leur permettrait de gérer eux-mêmes la situation, sans devoir compter sur quelqu'un d'autre leur disant ce qu'ils doivent faire et comment s'y prendre. Peter Senge constate que cela vaut la peine de méditer sur le mot « discussion », qui peut sembler quelconque à première vue. Il fait remarquer que Bouddha a probablement passé une bonne partie de sa vie à méditer et à écrire sur la discussion, et qu'elle constitue un aspect de l'existence d'une très grande valeur. Il note que l'expression « l'art de la discussion » avait encore du sens il y a seulement 100 ans dans notre culture. En bref, dit Senge, « les gens considéraient la capacité à discuter comme un aspect primordial de l'évolution d'une personne tout au long de sa vie. » (Senge, *Reflections on Leadership*, p. 225). Cette reconnaissance des possibilités plus complexes qu'offre la discussion refait surface de temps à autre à travers l'histoire : dans la culture de la Grèce antique, dans les salons français ou dans les cafés de Londres au XVIIIe siècle. De nos jours, elle réapparaît dans les groupes de discussion (tels que ceux inspirés par *The Utne Reader*) ou dans le travail sur le dialogue associé au physicien David Bohm. (*Voir l'annexe B*.)

Si on leur posait la question, la plupart des gens estimeraient sans doute qu'ils sont de bons interlocuteurs lorsqu'il s'agit d'entretenir une discussion non structurée avec le voisin ou à table. Cependant, si la plupart de ces discussions sont agréables et même utiles, elles ne sont pas ciblées, et tendent à partir dans toutes les directions selon l'inspiration de l'individu à ce moment. Que se passerait-il si une discussion était menée de telle manière à être centrée sur un thème durant une demi-heure ? Que serait-il possible de faire ? Entamer une discussion structurée.

LA DISCUSSION STRUCTURÉE

L'une des nombreuses méthodes qui permettent d'améliorer la discussion est l'approche développée à l'Institut des Affaires Culturelles (ICA) et qui s'inscrit dans la Technologie de Participation (ToP™). Cette méthode consiste à faire passer les participants par différentes phases de réflexion, en leur permettant de vivre une expérience de groupe. De nombreux spécialistes de référence en matière d'éducation ou de relations interpersonnelles ont décrit l'importance de ce genre de procédé. Dans *Thinking Together*, Howard et Barton, du centre de recherche d'Harvard pour la philosophie et l'éducation, décrivent ce qu'ils appellent « la discussion rationnelle ».

> La discussion rationnelle est un *dialogue de découverte* fait en collaboration, ouvert, ciblé et sérieux au cours duquel vous parlez *de manière à entendre*. En exprimant votre opinion, *vous invitez les autres à ne pas la partager*. *Vous écoutez leurs opinions divergentes* et proposez alors plusieurs points de vue qui diffèrent du vôtre ; de plus, vous ne vous contentez pas d'un simple *échange de points de vue* avec les autres : vous allez plutôt *changer* les vôtres. Vous émettez votre opinion à titre d'expérience, pour mettre votre réflexion à l'épreuve et développer votre compréhension. (Howard et Barton : *Thinking Together*, p. 20. Les mots en italique sont l'œuvre des auteurs.)

Ces découvertes sur la discussion efficace aident à comprendre comment la méthode de discussion permet aux gens d'entrer en contact. Aussi la méthode implique un processus constitué de plusieurs étapes visant à approfondir la réflexion.

UN PROCESSUS QUI COMPREND QUATRE ÉTAPES

La méthode de discussion structurée conçue par l'ICA peut aider les gens à réfléchir ensemble sur n'importe quel sujet. Il peut s'agir de résoudre une dispute de bureau, de mettre en place une stratégie de marketing solide, de partager une réflexion à la fête d'anniversaire d'un ami ou de discuter d'un film. La discussion structurée est un processus relativement simple composé de quatre étapes. L'animateur/facilitateur mène la discussion en posant une série de questions visant à obtenir des réponses qui permettront aux membres du groupe de ne pas rester à la surface d'un sujet, mais bien d'envisager leurs implications profondes vis-à-vis de leur vie et de leur travail.

Savoir poser des questions constitue un outil puissant dans de nombreuses professions. Plus loin dans cet ouvrage, une citation dit qu'il est plus facile de donner les réponses que de poser les bonnes questions. Avant même que Socrate n'établisse la question socratique, des professeurs avisés luttaient déjà pour dévier les humains du chemin des réponses faciles et pour les inciter à poser des questions intelligentes. Certains, il est vrai, résistent aux questions. Ils ne les aiment pas, et traitent de « fouineurs » ceux qui les posent. Socrate lui-même fut contraint de s'empoisonner pour avoir posé trop de questions subversives. Face à cette méthode, certains diront : « Oh, ils ne répondront jamais à toutes vos questions : ils penseront qu'ils sont revenus à l'école ! » Il arrive effectivement que quelqu'un dise : « Pourquoi ne vous contentez-vous pas d'énoncer le thème et de laisser la discussion suivre son cours ? » Le premier chapitre donne quelques raisons pour lesquelles cela ne se passe pas comme ça. Une discussion non guidée aura tendance à aller en tous sens, comme les vaches de Brown, sans aboutir nulle part.

La discussion structurée utilise quatre niveaux de questions :

1. *Le niveau de l'observation* : questions qui font ressortir les faits et la réalité extérieure.
2. *Le niveau de la réflexion* : questions qui provoquent une réaction personnelle immédiate aux données, une réaction interne, parfois des émotions ou des sentiments, des images ou des associations cachées par rapport aux faits. Lorsque nous nous trouvons face à une réalité externe (données/objectif), nous y réagissons intérieurement.
3. *Le niveau de l'interprétation* : questions qui permettent de tirer un sens, des valeurs, une signification, des implications.
4. *Le niveau de la décision* : questions qui permettent d'aboutir à une résolution, de clôturer la discussion, d'amener le groupe à faire un choix pour l'avenir.

On posera en premier lieu les questions d'observation. Ce sont principalement des questions du genre : « Quelles sont les données ? » Ensuite viennent les questions de réflexion qui encouragent les réactions personnelles, les réponses, les associations ou les sentiments intérieurs. Les questions d'interprétation incitent le groupe à creuser plus en profondeur — pour trouver des idées, un savoir, un type de signification. Les questions de décision appellent des réactions comme « Alors quoi ? » qui permettent de dégager les implications, les décisions et les prochaines étapes à franchir.

Ces quatre niveaux de pensée constituent une base ou un modèle sur lesquels pourront s'appuyer d'innombrables discussions. Les chapitres qui suivent présentent la méthode de manière beaucoup plus détaillée. Toutefois, la prochaine étape consiste à envisager la forme que peut prendre cette méthode dans diverses situations courantes.

ET SI LES GOUVERNEMENTS UTILISAIENT CETTE MÉTHODE DE DISCUSSION STRUCTURÉE ?

Que se passerait-il si les assemblées de législateurs adoptaient la discussion structurée ? Et si le Parlement ou la Chambre des députés se divisait en groupes de 8 à 10 membres menés par un facilitateur compétent, afin d'entamer une discussion structurée sur un projet de loi particulier ? Essayez d'imaginer comment la discussion pourrait tourner, et comment les politiciens pourraient répondre aux questions suivantes :

A. *Questions d'observation :*

1. Que contient ce projet de loi ?
2. Que propose-t-il exactement ?
3. Que ne propose-t-il pas ?

B. *Questions de réflexion :*

4. Quelles sont vos premières réactions à la lecture des recommandations de ce projet de loi ?
5. Quelles en sont les sections qui vous donnent envie d'applaudir ?
6. Quelles en sont les sections qui vous rendent furieux ?

C. *Questions d'interprétation :*

7. Quel est le but réel de ce projet de loi ?
8. Le projet de loi va-t-il remplir sa mission sous cette forme ?
9. Quelles modifications pourrait-on y apporter ?

D. *Questions de décision :*

10. Quel genre de priorité ce projet de loi devrait-il avoir ? Quelle est son importance par rapport à d'autres projets en cours ?
11. Quelles sont les recommandations du groupe sur ce projet de loi ?
12. Quelqu'un a lu à haute voix la décision que nous venons de prendre. Une fois de plus, est-ce là ce que nous voulons recommander ?

Imaginez la différence ! Imaginez comment la presse pourrait réagir à cette nouvelle façon de délibérer.

LES RÉUNIONS PUBLIQUES

Pour envisager les choses sous un autre angle, pensez à ces terribles réunions ou conférences publiques durant lesquelles une personne parle à l'assemblée depuis une estrade à l'avant de la salle. Au terme de la discussion, les questions émanent « de l'assemblée ». Et si, à la fin de l'exposé, l'architecture de la pièce permettait aux gens de se diviser en groupes pour discuter de la présentation pendant 15 minutes, en s'aidant de questions telles que celles-ci :

Questions d'observation :

1. Quels sont les mots ou les phrases prononcés dans cette présentation dont vous vous souvenez ?
2. Quelles sont les images ou les idées-clés de cette présentation ?

Questions de réflexion :

3. À quel moment avez-vous été surpris ?
4. Quel point était très important à vos yeux ?

Questions d'interprétation :

5. De quoi parlait-on dans cette présentation ?
6. Selon vous, quels sont les problèmes soulevés dans cet exposé ?
7. Quelles sont les questions plus profondes que nous pourrions poser au présentateur ou explorer nous-mêmes ?

Questions de décision :

8. Que pouvons-nous faire par rapport à ces problèmes ? Quelles actions pouvons-nous entreprendre ?
9. Quel serait notre premier pas ?

Ensuite, chaque groupe pourrait rapporter ses réflexions et ce qu'il a l'intention de faire aux autres groupes. Ce degré de participation serait très différent, et favoriserait l'action.

LE LIEU DE TRAVAIL

C'est notre lieu de travail qui nous offre le plus souvent l'occasion d'améliorer la discussion. Les nombreux problèmes quotidiens doivent en effet nous permettre de mettre nos idées en commun, de partager une sagesse commune ou de découvrir de nouvelles solutions. On pourrait s'attendre à ce que ce genre de discussion soit vitale aux yeux de n'importe quel groupe qui pense représenter une organisation apprenante. La discussion structurée fournit un outil permettant au capital intellectuel de l'organisation d'émaner de tous côtés et de tous les départements plutôt que d'être conservé dans l'esprit d'une poignée d' « experts ». Ce sont les experts sur le terrain qui sont le plus directement concernés par un problème. Bien souvent, ils peuvent régler directement leurs problèmes.

Les usages de la discussion structurée sont légion. Dans un milieu d'affaires, il est crucial de savoir orchestrer les discussions pour obtenir un consensus, résoudre les problèmes, régler une crise, former le personnel et faire de la recherche, acquérir de la sagesse et analyser toutes sortes de données. Des comptes rendus provenant d'organisations qui ont recours à la discussion structurée indiquent que plus une méthode portée sur le dialogue est utilisée, plus on découvre de nouvelles occasions de l'utiliser. Elle est applicable à des évaluations de travail, à la négociation de contrats et aux conflits personnels. Elle sert également à traiter les altercations de bureau, à passer en revue la journée, le trimestre ou l'année, à évaluer des projets, à amener un groupe à prendre une décision, et même à fêter les anniversaires et les départs à la retraite.

PRÉPARER LE PROGRAMME D'UNE RÉUNION

Situation : Vous menez une petite équipe qui doit préparer le contenu de la réunion mensuelle qui va regrouper tout le personnel.

A. *Questions d'observation :*
1. Quels sont les éléments du programme de la dernière réunion qui ont été reportés ?
2. Quels sont les autres éléments dont nous avons entendu parler ?

B. *Questions de réflexion :*
3. Quels sont les éléments que vous trouvez faciles à traiter ?
4. Quels sont les éléments que vous trouvez difficiles à traiter ?

C. *Questions d'interprétation :*
5. Quels sont les éléments qu'il est fondamental de traiter lors de cette réunion ?
6. Quels sont ceux que l'on pourrait aborder ou présenter autrement ?
7. Quels sont ceux qui devraient d'abord être abordés avant de passer aux suivants-?
8. Quel sera le temps approximatif nécessaire pour traiter chaque élément ?

D. *Questions de décision :*
9. Comment pouvons-nous organiser cette liste d'éléments de façon à s'assurer que les tâches nécessaires seront accomplies ?
10. Qui va animer la réunion ?

PAS DE BONNES OU DE MAUVAISES RÉPONSES

La discussion structurée ne désigne aucune notion spécifique. Elle est, comme son nom l'indique précisément, une discussion. Il n'y a pas de bonnes ou de mauvaises réponses. L'animateur ne nous réserve aucune mauvaise surprise, seulement une liste de questions visant à traiter le sujet en profondeur. À cette fin, les questions posées au cours de la discussion structurée sont ouvertes et commencent par des mots comme « comment », «-que-», «-quel », « pourquoi ». Des questions auxquelles on répond par oui ou par non, ou qui n'ont qu'une seule réponse correcte, ne permettent pas une discussion vivante.

LES AVANTAGES

Utiliser cette méthode sur le lieu de travail présente de nombreux avantages.

- Elle est extrêmement adaptable, ce qui signifie que la discussion structurée fonctionne aussi bien avec des groupes de personnes qui ne se connaissent pas qu'avec un groupe de collègues. Elle fonctionne également avec des gens de tous âges et de tous milieux, de même qu'avec un groupe homogène.

- Elle fournit un excellent moyen d'amener un groupe à se concentrer sur un thème suffisamment longtemps pour qu'il détermine ensuite l'optique à adopter. Ceci permet de gagner du temps et souvent de l'énergie sur le plan psychologique.

- Le procédé permet d'écarter la politique politicienne et les jeux de pouvoir. Il incite à la créativité plutôt qu'à la critique.

- La méthode permet une écoute réelle. Les gens n'ont pas à hurler et à se battre pour qu'on les entende.

- Elle écarte les réflexions négatives. Les remarques de chacun sont prises en compte, et aucune n'est éliminée ou rayée de la liste.

- La méthode soumet une structure au processus de réflexion, ce qui empêche la discussion de dériver sans but. Le caractère discipliné du processus de réflexion du groupe permet une économie de temps en réduisant la durée des réunions.

- Elle incite à l'honnêteté : quelqu'un qui sait que l'on va accepter ses réactions au même titre que celles des autres se sentira libre de dire ce qu'il pense ou ce qu'il ressent réellement. Faire cette expérience est souvent relaxant, étonnant et rafraîchissant.

Les trois prochains chapitres décrivent en détail la manière pratique d'animer une discussion structurée.

Chapitre 3

Fondement de la méthode
de discussion structurée

Un professeur d'art de mon université fut la première personne à attirer mon attention sur le fait qu'il fallait vivre sa propre expérience. Des années plus tard, j'ai réalisé que faire sa propre expérience signifiait qu'il fallait retirer la signification spirituelle de chaque situation vécue ; il s'agissait de transformer le matériel en spirituel. C'est en méditant sur cette phrase que j'ai commencé à réaliser à quel point la journée d'une personne est irrémédiablement fichue à l'eau parce qu'elle n'a pas été suffisamment dis-ciplinée pour vivre son expérience, pour être tout ouïe face à la vie.

Joseph Mathews : *Experiencing Your Experience*, cédérom Golden Pathways

« Attention ! Attention !
Ici et maintenant, les gars !
Ici et maintenant ! »
Aldous Huxley : *Île*

Un processus naturel et une méthode vivante

La méthode constituée de quatre stades qui va être analysée dans ce chapitre n'est pas une invention nouvelle. Elle découle simplement d'un processus intérieur et naturel

24

de perception, de réaction, de jugement et de décision. Par exemple, un chauffeur de taxi met son pied sur l'accélérateur, et remarque alors que le feu devient orange devant lui (niveau de l'observation). « Sapristi ! » s'écrie-t-il (niveau de la réflexion). Il fait un rapide calcul mental pour estimer ses chances de passer avant que le feu ne devienne rouge (niveau de l'interprétation). Ensuite, en se fondant sur ce même calcul, il écrase la pédale de frein, et la voiture s'arrête dans un terrible grincement (niveau de la décision). Cette méthode de réflexion comprenant quatre étapes suit le processus de l'esprit humain dont nous n'avons généralement pas conscience. Lorsque nous réfléchissons sur des événements ou sur des expériences vécues, nous ne nous contentons pas d'enregistrer les données et de les classer. Nous les « tâtons », décidons de les accepter ou de les rejeter et déterminons à quoi elles pourront nous servir. Par le biais de ce processus, nous donnons un sens à nos expériences et nous délimitons notre réaction.

Un second exemple sera utile. Un dimanche après-midi, je roule à vélo le long de l'une des plages du lac Ontario à Toronto, en empruntant une piste cyclable. Tandis que je pédale tranquillement, la circulation devient plus dense sur le chemin. Nous sommes dimanche et c'est l'heure de pointe en direction de la plage. Un grand nombre de gens font du patin à roulettes, et deux patineurs me font presque dévier de la piste. Des familles avec des jeunes enfants et des grands-mères semblent tenir à bavarder en plein milieu du chemin. Des pique-niques s'étendent jusque sur la piste. Afin d'éviter les gens, je suis contraint de m'arrêter et de redémarrer sans cesse. Légèrement frustré, je tente de m'engager sur un chemin transversal lorsqu'un patineur me fait une queue de poisson par la droite. « Il y en a marre ! »

Je commence à m'énerver : « Pourquoi les gens ne peuvent-ils pas rester de leur côté du chemin ? » me dis-je en ronchonnant. Un adolescent à vélo vérifie son pneu en plein milieu du chemin, ce qui m'oblige à m'arrêter complètement. « Excuse-moi ! » lui dis-je, « pourrais-tu t'écarter de mon chemin s'il te plaît ? « À voix basse, je m'exclame-: « Imbécile ! » À présent, je suis vraiment furieux.

Le soleil brille haut et le lac scintille de mille éclats semblables à des diamants. Les yachts veulent faire partie de la scène et s'avancent vers la plage. Les jeunes salivent devant de gigantesques cornets de crème glacée. Je me dis intérieurement-: « Que se passe-t-il ? Pourquoi ces gens s'amusent-ils autant ? Pourquoi suis-je aussi furieux contre tout ? Et qui a dit que je roulais sur ma piste cyclable personnelle ? Tout le monde passe dessus, et j'en fais partie. Tous ces gens-—-les familles, les pique-niqueurs, les patineurs, les gamins, les autres cyclistes-—-sont bien dans leur peau. Et bien, à toi d'en faire autant! »

Je réalise soudain que je peux me détendre, laisser aller les choses et suivre le mouvement, à mon propre rythme. Je peux apprécier cet heureux chaos. Je peux vivre pleinement cette vie que je détiens.

Une fois encore, ma capacité naturelle à la réflexion au travers de quatre stades m'a permis de recadrer cette expérience du dimanche après-midi, et d'être en harmonie avec la situation plutôt que de la combattre jusqu'au bout.

L'ORIGINE DE LA MÉTHODE

La méthode en quatre étapes trouve son origine dans les modes de compréhension les plus holistiques du processus humain, et que l'on doit à des personnages tels que Jean-Paul Sartre, Edmund Husserl et Søren Kierkegaard. Ils reconnurent que lorsque l'être humain pensait, réfléchissait ou prenait une décision, cela impliquait la mise en œuvre de processus complexes. Comme le fait remarquer Edgar Schein, notre système nerveux permet à la fois de rassembler des données, de gérer des émotions, de créer du sens et d'engendrer une décision ou une mise en pratique. (Schein, *Process Consultation Part II*, page 63). Nous observons ce qui se passe autour de nous, nous y réagissons intérieurement, nous faisons appel à nos capacités cognitives pour y donner un sens et pour en retirer les implications à l'égard de l'action à mener. À chaque niveau, nous forgeons les liens de cette chaîne de prise de conscience et de relations cognitives afin de décoder notre vie.

LES PRÉSUPPOSITIONS SUR LA VIE

Il est important de saisir les présuppositions induites par cette méthode. D'abord, la méthode admet que nous trouvons la réalité de la vie dans le monde palpable, observable, sensoriel. Nous le découvrons par le biais de l'expérience empirique, pas en nous enfermant dans l'abstraction ni même dans la réalité virtuelle.

En second lieu, elle admet que les sentiments et les émotions authentiques dérivent de cette expérience empirique, quoi que nous puissions vivre. Ces données intérieures fondées sur les sentiments, les émotions et les associations sont tout aussi réelles que les données observables de l'extérieur, et l'on doit en tenir compte sérieusement dans la prise de décision. Parfois, certains élèvent des objections par rapport au niveau de l'observation, disant qu'il touche à des choses délicates et prétendant qu'on ne devrait pas demander aux gens de faire partager leurs sentiments intérieurs. L'ouvrage de Daniel Goleman, *Emotional Intelligence,* nous rappelle qu'il est important de réapprendre aux gens que les sentiments et les émotions font partie intégrante de l'être humain.

La troisième présupposition est que le sens n'est pas quelque chose que l'on puisse trouver après avoir vécu de grandes expériences ou parcouru toute la littérature ésotérique ; le sens est plutôt créé à partir de rencontres banales au cours de sa vie. Le sens est une chose à laquelle nous devons constamment travailler, en développant la véritable vie que nous possédons.

Quatrièmement, en ce qui concerne le stade de la décision, la méthode suppose que développer une idée par rapport à la vie implique que l'on projette cette idée dans l'avenir. Si nous ne décidons pas des implications à l'égard de l'action à mener, notre réflexion se réduit à examiner les réactions intérieures, qui restent déconnectées du monde. Elles deviennent une forme supplémentaire d'égocentrisme.

UN PROCESSUS DE TYPE GLOBAL

Ces quatre étapes constituent un processus global et forment un outil qui utilise toutes les ressources du corps pour accepter l'objet : les sens, les souvenirs et les sensations. Il fait appel à la partie droite et à la partie gauche du cerveau, à l'intuition et à la raison. Il implique la faculté volontaire d'amener le processus jusqu'à la prise de décision. C'est pourquoi la discussion structurée est un outil de type global. Pour emprunter un concept de Susan Langer, la méthode « rend l'extérieur subjectif et l'intérieur objectif ». Elle imprègne de sens et de sentiment ce qui est au dehors du moi. Elle fait ressortir en surface les émotions et les idées intérieures qui, normalement, n'auraient pas dû voir le jour.

UN SCHÉMA RELATIONNEL SOUS FORME DE FLÈCHES

Les quatre étapes ou les quatres types relationnels sont repris sous forme de diagramme.

Ce schéma se fonde sur une vision postmoderne qui veut que le fait d'être humain et l'individualité n'existent pas en substance, mais constituent un ensemble de relations. Les quatre barres verticales représentent cet ensemble de relations. Ceci n'est qu'une seule image, pas quatre.

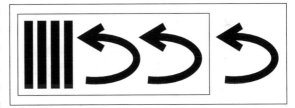

Envisagez-la sous la forme d'un film d'animation, qui apparaît de gauche à droite. Chaque niveau fonde ses données sur celles des niveaux précédents. Ce schéma s'appuie sur une citation de Søren Kierkegaard. «-Le moi est une relation [quatre barres verticales] qui, en se rapportant à elle-même [première flèche], et en désirant être elle-même [deuxième flèche], se fonde manifestement elle-même sur la force qui la met en place [troisième flèche]. » (Kierkegaard, *The Sickness Unto Death*, p. 13 et 14)

L'APPLICATION DE LA MÉTHODE POUR STRUCTURER UNE DISCUSSION

La méthode de discussion structurée utilise simplement ce processus à quatre niveaux pour fournir un cadre à la création de questions qui vont permettre au groupe d'engager un dialogue. L'expérience du feu rouge et celle de la promenade à vélo qui ont été données comme exemples étaient des situations vécues par une personne seule. Néanmoins, ces expériences privées peuvent donner matière à réflexion pour un groupe, si elles sont traitées de manière structurée. Certains se demanderont sans doute pourquoi un processus de réflexion si naturel requiert une structure de discussion. Laura Spencer en donne l'explication suivante :

La plus grande partie de notre éducation et de notre formation est consacrée à nous enseigner comment couper court à ce processus de réflexion et à évaluer directement des choses telles qu'un poème, un système politique, les capacités professionnelles d'une personne ou la source d'un problème sans penser d'abord à rassembler toutes les données objectives disponibles. Nous apprenons également que les réactions émotives sont hors de propos ou devraient être évitées et refoulées. Nous nous arrêtons souvent au niveau de l'interprétation, sans jamais formuler une réponse qui puisse mener à l'action. (Spencer, *Winning Through Participation*, p. 48)

Ces quatre étapes permettent à la méthode de discussion structurée d'étendre le champ de ses activités en allant de la réflexion individuelle sur la vie au partage d'un point de vue. La discussion est centrée sur un sujet particulier. Elle a recours à des questions qui permettent d'atteindre la dimension concrète de la situation, des réactions émotives, de son interprétation, et de la décision à prendre. Analysons plus en détail ces quatre niveaux.

LE NIVEAU DE L'OBSERVATION

Dans cette acception, le terme « observation » se rapporte à ce qui est extérieur à l'esprit, qui concerne l'aspect extérieur ou des faits qui ne sont pas emprunts d'émotions ou d'opinions. Ce terme est donc lié aux données, aux faits et à la réalité extérieure ou à ce que quelqu'un a appelé « D D O » : Données Directement Observables.

Sans passer par le niveau de l'observation, le groupe ne peut s'assurer que tous ses participants parlent de la même chose. Comme des aveugles passant à côté d'un éléphant sans le savoir, il se peut qu'ils passent à côté de cette optique visant à réunir leurs différentes perspectives.

La discussion est lancée dans un certain contexte ou à l'aide de quelques mots d'ouverture qui permettent d'expliquer au groupe à quoi elle va se rapporter et pourquoi elle est importante. Si le groupe ne connaît pas encore cette méthode, le contexte consistera à donner quelques notions au sujet de la méthode — assez pour inviter le groupe à y participer.

Les premières questions de la discussion font ressortir les faits. Il s'agit généralement de questions sensorielles : Que voyez-vous, qu'entendez-vous, que sentez-vous, que goûtez-vous ? Selon le sujet, certains sens, surtout ceux de la vue et de l'ouïe, entrent plus en ligne de compte que d'autres. Une réflexion sur un banquet va comprendre plus de questions sur les odeurs et sur les goûts, tandis qu'une discussion au sujet d'une sculpture comprendra certainement une question sur le toucher ou sur les sensations relatives à la surface de cette œuvre. Les questions se feront à partir d'une base de données appropriées. Il y a parfois des questions au sujet d'un fait historique, comme : Qu'a réellement dit Pierre ?

Étant donné que les questions d'observation demandent des réponses simples, le facilitateur ou un groupe de personnes trop empressées ou trop sophistiquées pourrait être tenté de minimiser leur importance ou de les oublier. C'est seulement plus tard qu'ils découvriront qu'ils ne parlent pas de la même chose. Cependant, le courage dont doit faire preuve le facilitateur en posant les questions d'un ton ferme malgré cette résistance initiale permettra au groupe de dépasser celle-ci et de participer réellement.

LE NIVEAU DE L'OBSERVATION : RÉSUMÉ

Questions centrées sur :	les données, les « faits » liés au sujet, la réalité extérieure.
Ce qu'il apporte au groupe :	permet de s'assurer que tout le monde traite les mêmes données et tous leurs aspects.
Questions en rapport avec :	les sens : ce que l'on voit, entend, touche, etc.
Questions-clés :	Quels objets voyez-vous ? Que s'est-il passé ? Quels sont les mots ou les phrases qui vous frappent ?
Erreurs à ne pas commettre :	poser des questions fermées ou trop vagues : le sujet n'est pas assez clair, ignorer les questions d'observation parce qu'elles sont « trop simples ».
Si l'on omet ce niveau :	tout le groupe ne partagera pas la même image du sujet de la discussion ; les différents commentaires sembleront ne pas avoir de liens.

LE NIVEAU DE LA RÉFLEXION

Vient ensuite le stade de la réflexion, durant lequel le participant acquiert sa propre relation au sujet. Les questions relatives à ce niveau impliquent les sentiments, les humeurs, les souvenirs ou les associations d'idées. Par associations d'idées, nous entendons le genre de pensée qui commence par : « Cela me rappelle… ». Ce type de donnée interne est tout aussi réel et important que les données objectives. Si quelque chose m'inquiète, il est important que je puisse l'exprimer. Une bonne interprétation et une bonne décision doivent s'appuyer sur les données internes et externes.

Ce niveau admet que toute personne réagit face à une situation donnée. Cette réaction est fondée sur toute la sagesse acquise grâce à des années d'expérience. Elle peut aussi se fonder sur un souvenir précis, que la situation ou qu'une réaction spontanée et instinctive fait soudain remonter à la surface.

À ce stade, les questions posées aux participants leur demandent de faire appel à leurs facultés affectives. On les invite à réfléchir activement sur ce qu'ils n'avaient dû que reconnaître passivement au stade précédent. Les questions de réflexion permettent de faire la lumière sur ce que les gens ressentent par rapport à un thème, s'ils l'apprécient, s'il les met en colère, les intrigue, les effraie ou leur plaît. Ce sont des questions telles que-: À quelles expériences pouvez-vous associer ceci ? Quand avez-vous été confronté à une situation semblable ? Qu'est-ce qui vous a surpris ? Qu'est-ce qui vous a plu ? Où avez-vous rencontré des difficultés ?

La philosophie et la psychologie occidentales ont voulu subordonner le monde des réactions intérieures à celui de la perception et de la pensée. L'empirisme l'a considéré comme une version moindre de la perception ; le rationalisme l'a tenu pour dégénéré. Daniel Goleman, cependant, fait remarquer qu'un QI élevé (qui n'évalue que l'intelligence rationnelle) ne garantit pas la prospérité ou le bonheur, et que l' « intelligence émotionnelle » intervient de façon majeure dans le destin de chacun. (Goleman, *Emotional Intelligence*, p. 36)

Sans faire appel aux questions de réflexion, les images, les associations d'idées ou les humeurs cachées ne sont pas partagées. Si on ne pose aucune question de réflexion, le monde essentiel des intuitions, des souvenirs, des émotions et de l'imagination n'est jamais évoqué. Si on ne leur donne pas l'occasion de passer par ce niveau, certains participants vont ressentir une certaine frustration. Ils auront sans doute l'impression que leurs sentiments ne sont pas jugés dignes d'intérêt. Après la réunion, ils feront connaître ces sentiments qui les animent mais, en l'absence d'une structure permettant de les traiter plus en profondeur, cela ne servira à rien.

LE NIVEAU DE LA RÉFLEXION : RÉSUMÉ

Questions centrées sur :	la relation interne aux données.
Ce qu'il apporte au groupe :	révèle ses premières réactions.
Questions en rapport avec :	les sentiments, les humeurs, les émotions, les souvenirs ou les associations d'idées.
Questions-clés :	À quoi ceci vous fait-il penser ? Que ressentez-vous ? Qu'est-ce qui vous a surpris ? Qu'est-ce qui vous a plu ? Où avez-vous rencontré des difficultés ?
Erreurs à ne pas commettre :	limiter la discussion en ne demandant que ce qui a plu ou que ce qui a déplu.
Si l'on omet ce niveau :	le monde des intuitions, des souvenirs, des émotions et de l'imagination est oublié.

LE NIVEAU DE L'INTERPRÉTATION

Le troisième type de questions appartient au niveau de l'interprétation qui, par le travail en profondeur qu'il permet, aide à saisir le sens du sujet. Au niveau de l'interprétation, les réactions se fondent sur les données objectives, de même que sur les associations d'idées et les sentiments générés par le niveau de la réflexion. Les questions d'interprétation mettent en valeur les différents niveaux de signification et d'objectifs que les gens attribuent à une situation ou à une réaction. Elles invitent le groupe à donner un sens ou une importance à un événement. Un mot-clé à ce niveau est « pourquoi ». Les questions d'interprétation aident les individus à élaborer une « histoire » de ce qui a lieu. Une question portée sur les valeurs peut être posée, comme : « Quelles sont les valeurs qui apparaissent ici ? »

À moins que le groupe ait fait l'expérience de la dynamique voulue au niveau de l'observation et à celui de la réflexion, l'efficacité du troisième niveau sera réduite.

Cette étape peut demander plus de temps que les autres étant donné que les questions posées poussent à de plus intenses réactions. *(Voir Ensemble de questions de réflexion et d'interprétation, Annexe A.)*

LE NIVEAU DE L'INTERPRÉTATION : RÉSUMÉ

Questions centrées sur :	la signification profonde du sujet.
Ce qu'il apporte au groupe :	lui permet de définir une signification à partir des données.
Questions en rapport avec :	les niveaux de signification, les objectifs, le sens, les implications, les «-histoires-» et les valeurs. — la possibilité d'envisager d'autres solutions, d'autres options.
Questions-clés :	Que se passe-t-il ici ? De quoi s'agit-il ? Qu'est-ce que cela signifie à mes yeux ? Comment cela va-t-il influer sur mon travail ? Que puis-je en retirer ? Quelle est l'idée ?
Erreurs à ne pas commettre :	biaiser les données en leur donnant un sens préétabli ; engager un débat trop intellectuel ou abstrait.-—juger les réponses en les considérant bonnes ou mauvaises.
Si l'on omet ce niveau :	le groupe n'a aucune chance de saisir un sens à partir des deux premiers niveaux uniquement.-—-aucune réflexion d'un niveau supérieur ne va s'inscrire dans la prise de décision.

LE NIVEAU DE LA DÉCISION

Le niveau de la décision est la quatrième étape de la discussion structurée et on y traite des implications et des nouvelles directions possibles. Ici, un certain type de décision permet de clôturer la discussion. Les questions aident les participants à reprendre les données des niveaux précédents et à les utiliser de manière à faire des choix volontaires. Les réponses peuvent comprendre des décisions à court ou à long terme. Elles peuvent impliquer des actions ou des promesses. Si la prise de décision ne se fait pas, la discussion a été dans une large mesure une perte de temps.

Les questions de décision permettent aux gens de choisir leur propre relation à la situation en lui donnant un nom. Les noms et les titres que les gens attribuent aux événements ou aux choses reflètent leur choix à leur égard.

LE NIVEAU DE LA DÉCISION : RÉSUMÉ

Questions centrées sur :	les résolutions, les implications, les nouvelles directions.
Ce qu'il apporte au groupe :	rend la discussion utile pour l'avenir.
Questions en rapport avec-:	le consensus, la mise en pratique, l'action.
Questions-clés :	Quelle est notre réaction ? Quelle décision pourrait-on prendre ? Quelles seront les prochaines étapes ?
Erreurs à ne pas commettre :	forcer le groupe à prendre une décision alors qu'il n'est pas prêt, ou au contraire permettre au groupe de repousser sans cesse la prise de décision.
Si l'on omet ce niveau :	les réponses engendrées par les trois premiers niveaux ne sont pas appliquées ou mises à l'épreuve dans la vie réelle.

LES PSEUDONYMES DE LA DISCUSSION STRUCTURÉE

La méthode de discussion structurée a été reprise sous différents termes au cours des années. On l'a d'abord intitulée « méthode fondée sur la forme artistique », puis «-méthode de discussion ». Certains l'ont appelée « méthode de base de la discussion » ou «-discussion guidée ». Les utilisateurs les plus anciens de la méthode y font le plus souvent allusion sous le terme de « méthode O-R-I-D », d'après les quatre étapes de la discussion structurée. Dans cet ouvrage, nous avons tenté de nous en tenir à l'expression «-discussion structurée ».

Comment mener une discussion structurée

Ô mon âme, prépare-toi à l'arrivée de l'Étranger,
Prépare-toi pour celui qui te questionnera justement.
T.S. Eliot : *The Rock* (traduction libre)

Le génie collectif n'est pas spontané. La méthode importe.
Mirja Hanson dans *Beyond Prince and Merchant* (Ed. John Bubridge)

Le travail d'un animateur de discussion consiste à faire éclore tout le génie, toute la sagacité et toute l'expérience de vie d'un groupe sur un sujet et à amener ensuite celui-ci à prendre une décision pondérée.

Néanmoins, les discussions en groupe sont loin d'être simples, et elles s'apparentent bien plus souvent à un exercice de navigation en eaux troubles qu'à une paisible promenade sur une mer tranquille : à tout moment, la fragile embarcation qu'est la discussion risque d'aller se fracasser sur des écueils. Certains, désireux de dominer la discussion, ne laissent à d'autres que peu d'occasions de s'exprimer. Si la discussion traîne en longueur ou tourne en rond, les participants se lassent et peuvent même quitter la séance. Parfois, alors que le navire a le vent en poupe et file droit vers son cap, quelqu'un le sabordera par une déclaration sans appel telle que : « Oui, mais on a déjà essayé ça il y a deux ans et ça n'a rien donné. » Il se peut aussi que le groupe arrive à une conclusion si simpliste qu'elle fasse sourire ou ricaner.

Malgré toutes ces embûches, les discussions de groupe valent la peine d'être menées, et sont à maints égards plus constructives que les discussions en tête à tête. En effet, plusieurs têtes valent mieux qu'une. Elles permettent de rassembler en un minimum de temps des points de vue différents et, bien souvent, de régler des problèmes sur-le-champ, ou du moins de faire avancer le travail suffisamment pour qu'il puisse être ensuite terminé par une équipe de travail plus restreinte.

Comment mener une des discussions structurées présentées dans ce livre

Peut-être vous demandez-vous pourquoi ces discussions doivent suivre un procédé préétabli. Toute l'essence de la discussion ne réside-t-elle pas dans sa spontanéité ? Ne risque-t-on pas, en voulant « mener » la discussion, d'étouffer la spontanéité naturelle des participants et de rendre les choses terriblement ennuyeuses ? Si nous étions tous des femmes et des hommes parfaits, vous auriez probablement raison ; mais comme c'est visiblement loin d'être le cas, puisque chaque jour nous apporte encore son lot d'enseignements, une aide adroite et subtile nous sera encore souvent d'un grand secours. Si lors d'une discussion, chaque intervenant s'efforçait toujours d'aller encore plus profondément dans le vif du sujet, si personne n'essayait de se mettre en évidence, d'argumenter pour le plaisir, de faire de l'humour déplacé ou d'avoir toujours raison, alors nous n'aurions pas besoin de meneur. Toutefois l'expérience a démontré que si l'un des participants décide de se consacrer entièrement à la discussion, de prendre le groupe en main, d'orchestrer la discussion et de la mener à terme, les choses se passent en général beaucoup mieux. Les animateurs de discussions peuvent guider le navire pour le soustraire aux sirènes de la plaisanterie, aux eaux bouillonnantes de la querelle et aux brumes de l'abstraction à outrance. Lorsque tous ces écueils sont évités, le navire tient son cap et arrive à bon port : la discussion se passe mieux, chacun y participe plus librement et les apports de tous viennent se compléter harmonieusement.

Dès lors, comment, en pratique, mener une telle discussion ?

1. Choisissez un lieu approprié

Un animateur de discussion avisé ne laisse pas le lieu de la réunion au hasard. Il faut choisir un environnement favorable : une pièce ni trop grande ni trop petite, dans laquelle les participants s'assiéront autour d'une table, dans un endroit idéal. Il est important qu'ils puissent se voir les uns les autres et croiser leurs regards. Il faut donc les faire asseoir autour de tables disposées en rectangle ou sur des chaises formant un cercle. Assurez-vous également que rien ni personne ne viendra interrompre le cours de la discussion. Un réfectoire dans lequel des dizaines d'autres conversations ont lieu en même temps n'est certainement pas un lieu à conseiller. Il est probable que vous deviez momentanément décrocher le téléphone ou demander qu'on ne vous dérange pas. Si vous savez qu'il vous faudra, dans le courant de la discussion, utiliser un chevalet de conférence, vérifiez que celui-ci est bien en place. Si la discussion porte sur un document, placez-en un exemplaire à la place de chaque participant avant le début de la réunion. Tout dans l'aménagement de l'espace doit indiquer que la réunion est importante. Le lieu de réunion doit inviter à la discussion de la même manière que la table d'un bon restaurant invite à savourer un repas.

2. Accueillez les participants

Invitez les membres du groupe à prendre leur place. Vous occupez la place « du président-» et attendez que tout le monde se soit installé.

3. Ouvrez la séance

Commencez par quelques remarques « d'ouverture » que vous aurez préparées. Si les participants sont occupés à parler, il vaudra mieux attendre que la conversation s'interrompe d'elle-même pour commencer à faire vos remarques que de débuter immédiatement et essayer de couvrir le groupe. Il vous suffira la plupart du temps de dire «-commençons-!-» pour que les personnes présentes vous accordent leur attention. Prononcez alors quelques mots d'introduction sur la raison de la réunion, sur le sujet qui sera traité, et, si besoin est, rappelez plus en détails le contexte général.

4. Posez les premières questions

Il est en règle générale utile que chaque participant réponde à la première question, car cela a pour effet de rompre la glace. Posez donc une question suffisamment simple pour que personne n'éprouve de difficultés à y répondre. Si votre première question est : «-À la lecture du rapport, quels passages ont particulièrement retenu votre attention ?-», commencez par quelque chose de convivial comme : « Jacques, si tu veux bien, nous entamerons le premier tour de table avec toi. Dis-nous quels passages du rapport ont particulièrement retenu ton attention. » Une fois la réponse de Jacques achevée, posez les yeux sur la personne suivante et attendez sa réponse. Pour bien faire, les réponses devraient se succéder naturellement et être brèves. Tâchez de dissuader quiconque de se mettre en évidence ou de faire tout un discours ; dites à ceux ou à celles qui essayeraient de le faire que les débats portant sur les réactions de chacun et sur les recommandations viendront plus tard. Si vous soupçonnez que le silence de certains participants s'explique par leur timidité ou leur peur de faire une erreur, mettez-les à l'aise, par exemple en disant-: « Il n'existe pas de mauvaises réponses aux questions que je pose. »

Donner des réponses à des questions objectives peut être la chose la plus simple ou la plus difficile à faire lors d'une discussion. Certains considèrent en effet comme une perte de temps de partager des observations évidentes. Ils souhaiteraient brûler les étapes et donner sans plus attendre leur opinion sur le sujet, leur avis sur ce qui devrait être fait, ou mentionner des idées connexes au sujet qui leur viennent à l'esprit. Il se peut que vous ayez à aider le groupe à traiter les questions qui semblent évidentes. Si les participants à la réunion passent tout de suite à des réflexions abstraites, vous pouvez répéter la question ou la préciser. Vous pouvez également, à titre d'exemple, répondre vous-même à la question (« En ce qui me concerne, j'ai été frappé par le passage sur les droits des travailleurs à temps partiel.-»).

Vous aurez peut-être aussi à rappeler aux participants qu'ils doivent parler suffisamment fort pour que chacun dans la pièce puisse les entendre. En répondant, les participants s'adresseront à vous personnellement, puisque c'est vous qui menez la discussion, ou se tourneront vers le centre de la table, siège-symbole du consensus. Mais le plus important reste que toutes les personnes présentes puissent entendre les réponses de chacun.

5. Posez les questions suivantes

Adressez les questions suivantes au groupe dans son ensemble. En posant la deuxième question, précisez que chacun peut y répondre en disant par exemple : « Maintenant, question ouverte…-». Tout le monde comprendra ainsi que vous n'allez pas refaire un tour de table, mais que la question suivante s'adressera à tout le groupe.

6. On s'éloigne du sujet : Comment intervenez-vous ?

Si les intervenants s'éloignent du sujet, cela ne révèle pas pour autant un manque de discipline : l'esprit humain fonctionne par associations et ce type de dérapage n'est donc que tout naturel. Néanmoins, votre tâche étant de mener une discussion ciblée, vous ne pouvez pas vous permettre de tolérer des digressions en tous genres. Dès lors, si vous remarquez qu'un participant s'écarte trop du sujet, assurez-le de toute la valeur ou de toute l'importance de ses propos et récapitulez brièvement les réponses qui ont déjà été fournies par le groupe à votre question. Vous pouvez, si vous le désirez, répéter la question. La digression peut parfois être le signe qu'il est temps de passer à la question suivante.

7. Les réponses sont trop longues ou trop abstraites : Que faites-vous ?

Si un intervenant se lance dans une réponse trop longue ou trop abstraite, demandez-lui d'illustrer ce qu'il veut dire en donnant un exemple précis (« Pierre, pourrais-tu nous redire cela en d'autres termes ? » ou « Pierre, pourrais-tu nous donner un exemple concret ? »). De telles questions ont pour effet d'aider l'intervenant à clarifier et à préciser son idée. Ce serait rendre un mauvais service à l'orateur comme au groupe dans son ensemble que de ne pas demander à ce que l'on éclaircisse les interventions trop vagues. Assurez l'orateur que votre seul but est que tout le monde le comprenne.

8. En cas de désaccord entre les participants, comment réagissez-vous ?

Si une querelle éclate entre les participants, rappelez au groupe que tous les avis doivent être acceptés, que chacun détient une part de la vérité et a sa pierre à apporter à la construction de l'édifice. Demandez ensuite s'il y a d'autres points de vue à ce sujet. Dès que quelqu'un interrompt une réponse pour la contredire, le facilitateur peut lui proposer d'attendre que le premier intervenant ait fini sa réponse pour réagir à son tour (un bon animateur de discussion apprendra à intervenir rapidement dans de telles situations) ; ensuite, lorsque la première personne a fini, invitez la seconde à faire part au groupe de son objection. Vous pouvez alors répéter la question et laisser le temps à d'autres de répondre, ou passer immédiatement à la question suivante. Il n'y a cependant pas de réelles disputes lors d'une discussion structurée, car le facilitateur laissera cohabiter les différents points de vue et les considérera comme autant de réponses de valeur égale à sa question.

9. Si le groupe réagit aux réponses des autres intervenants, que faites-vous ?

Lors de toute discussion, il se trouvera toujours deux ou trois personnes bien décidées à ne rien laisser dire qui aille à l'encontre de leurs convictions. Si cela devait arriver, tâchez de vous en sortir comme ceci : « Je comprends votre réaction, mais je ne vois pas réellement en quoi vous répondez à la question. Je constate que vous n'êtes pas d'accord avec Michel ; dites-nous donc comment vous répondriez à la question. » Laissez ensuite la personne répondre, puis poursuivez la discussion.

10. Clôturez la discussion

Mettez un terme à la discussion à l'aide de quelques phrases qui résumeront les conclusions du groupe et remerciez les participants. Vous pouvez utiliser des expressions semblables à celles qui ont été données dans les modèles de discussion de ce livre ou composer vos propres formules. Si des notes ont été prises dans le courant de la discussion, faites savoir au groupe de quelle manière elles seront utilisées et assurez-le que vous mettrez des copies de ces notes à la disposition de tous les participants.

Quelques éléments à garder à l'esprit

En plus des instructions générales que nous venons de passer en revue, un meneur de discussion se doit de garder à l'esprit certaines priorités et certaines valeurs. Ces valeurs, qui sont exposées ci-dessous, découlent de la méthode elle-même.

1. Le facilitateur n'est pas un professeur

La qualité première du facilitateur, lorsqu'il pose ses questions, est, selon John Kloepfer, son ouverture d'esprit, ou encore ce que Socrate appelait *docta ignorantia*. Même si le facilitateur maîtrise parfaitement la méthode qu'il emploie (c'est le « docta » de la célèbre citation), il professe une « ignorance » (« ignorantia »), une extrême ouverture d'esprit par rapport à tout ce qui survient dans le courant de la discussion. En ce qui concerne les fausses discussions, qui font usage des échanges de vue simplement pour arriver à prouver la justesse d'une opinion préétablie, elles manqueront toujours de la réelle ouverture d'esprit nécessaire pour laisser s'exprimer les différents points de vue sur le sujet. (Kloepfer *The Art of Formative Questioning : A Way to Foster Self-Disclosure*, p. 146)

Cela signifie donc que la personne qui pose les questions doit se trouver dans la situation « d'ignorance » requise pour garder toute son ouverture d'esprit. Un facilitateur qui « connaît déjà les réponses » ne peut mener une discussion ouverte. Dès lors, une partie du travail de préparation du facilitateur consiste à développer chez lui une curiosité sincère quant à ce que les membres du groupe pourraient savoir – état d'esprit aux antipodes de l'espoir que, contre toute espérance, ils pourraient donner les « bonnes » réponses, c'est-à-dire celles qui correspondent à son point de vue personnel.

Les enseignants qui, au cours de leur carrière, ont développé « le réflexe de l'intervention », ont pris l'habitude de corriger, de compléter ou de nuancer les propos de leurs élèves, devront se rappeler que dans le contexte d'une discussion structurée, ils n'ont rien à apprendre aux participants. La seule erreur est ici de ne pas savoir réserver un bon accueil aux avis, aux impressions et aux désirs des membres du groupe.

Il arrive bien sûr que l'animateur de discussion dispose de renseignements que le groupe n'a pas. Dans ce cas, le meilleur moyen de faire partager cette information avec les autres membres du groupe est de les leur exposer. Si le facilitateur travaille, disons, dans le secteur des soins de santé à domicile, il peut commencer par poser au groupe quelques questions pour déterminer ce qu'il sait et ne sait pas sur ce domaine et ce qui l'intéresse plus particulièrement. Il pourra ensuite adapter son exposé en conséquence. Dans notre exemple, l'orateur mènera donc d'abord une discussion structurée, puis fera un exposé « sur mesure » pour répondre aux attentes et aux besoins du groupe, et enfin, il pourra mener une seconde discussion ciblée pour déterminer avec le groupe les points positifs et négatifs de son exposé, ou organiser un atelier de résolution de problèmes sur la base des éléments qu'il a fournis au groupe. Dans une telle situation, où réflexion et exposé sont liés, il est important de séparer clairement les rôles de facilitateur, d'une part, et d'expert, d'autre part. Si ces deux rôles devaient être tenus par un seul et même orateur, il est alors très important que celui-ci reste cantonné dans sa fonction de facilitateur tant qu'il est occupé à mener la discussion ciblée.

2. *La valeur propre au travail en groupe*

Un bon animateur de discussion croit aux vertus du travail en groupe. Il part du principe que, à moins que les faits ne viennent lui démontrer le contraire, le groupe dans son ensemble en sait plus que n'importe lequel de ses membres pris individuellement, lui-même y compris. En effet, lorsque tous les avis ont été entendus, une image beaucoup plus complète de la réalité apparaît, comparable à un diamant à multiples facettes. Le but de la discussion est donc d'arriver à mettre en lumière toutes les facettes du diamant.

3. À questions abstraites, réponses abstraites

C'est en posant des questions précises que l'on évite en majeure partie des réponses trop abstraites. Tout le monde connaît bien la formule populaire « à question idiote, réponse idiote ». Cette formule vaut également dans le contexte de la discussion structurée : si le facilitateur pose des questions trop générales ou trop abstraites, il n'obtiendra que des réponses tout aussi générales et abstraites. On a beaucoup plus de chances de recevoir des réponses précises si l'on pose des questions précises. « De quoi avons-nous besoin pour communiquer plus efficacement ? » est une question assez vague. On remarquera les différences qui la séparent de cette autre question, plus précise : « Quels sont les éléments constitutifs d'un système de communication efficace ? » Plus la question sera précise, meilleur sera le résultat. Pour donner un second exemple, « Quels résultats observez-vous ? » est plus précis que « Qu'observez-vous ? »

4. Le groupe parfait

Quand le facilitateur ne croit pas en son groupe, cela se remarque à de petits détails. Il acceptera les réponses du groupe sans conviction, ne tentera pas de faire éclaircir les réponses abstraites. Il acceptera sans réfléchir toutes les réponses qui viennent en pensant que de toute façon « ça ou autre chose, ça ne fera pas grande différence ». Ou alors, il marquera trop d'empressement, essayera d'en finir au plus vite pour pouvoir aller parler avec « des gens plus intelligents », qui ont des réponses plus intéressantes à lui donner. Un groupe sent toujours quand le facilitateur ne croit pas en lui ou ne le prend pas au sérieux, et quand c'est le cas, il ne fera plus jamais vraiment confiance au facilitateur.

Le facilitateur a le devoir de croire en son groupe, même lorsque cela s'avère difficile. Une facilitatrice raconte que, pour se mettre en condition avant toute discussion, elle se répète quelques phrases pour se convaincre que le groupe qu'elle va diriger est le groupe parfait pour régler les problèmes qui se posent à lui, qu'il est vraiment à sa place, qu'il a toutes les capacités requises pour effectuer ce travail. Cela lui est, dit-elle, d'une grande aide psychologique.

5. La valeur intrinsèque des réponses

Quand un participant apporte sa contribution à une discussion, on part normalement du principe que ce qu'il dit a un intérêt et qu'il se fonde sur une expérience de vie authentique. L'animateur de discussion ne doit pas nécessairement être d'accord avec toutes les réponses à ses questions, mais il ou elle doit néanmoins être capable de les comprendre afin d'aider le groupe à envisager toutes les possibilités et à en débattre. Si les opinions d'un intervenant semblent étranges aux yeux des autres membres du groupe, c'est probablement qu'elles trouvent leur source dans une expérience de vie particulière de cet intervenant. En définitive, nous continuons tous à grandir de par l'effort constant que nous faisons pour comprendre les points de vue et les idées des autres, car cette démarche implique souvent que nous devons abandonner nos propres préjugés.

Cependant, si toutes les données fournies par les participants sont considérées comme dignes d'intérêt, aucune de celles-ci ne peut, à elle seule, fournir un tableau complet de la situation. Chacun voit un aspect de la réalité, mais cette réalité ne peut être perçue dans son ensemble que si tous les points de vue sont pris en considération. Bien sûr, il y aura toujours des situations conflictuelles, résultant de l'incapacité des gens à comprendre le point de vue et l'expérience de l'autre. Aussi, ce livre est fondé sur la certitude qu'il est possible, pour tout groupe, d'arriver à une position commune sur un sujet. Cette position est-elle pour autant « la bonne » ? ; l'image que le groupe a de la réalité est-elle complète ? Cela est laissé à l'appréciation de chacun. Cette position sera, pour ce groupe et à ce moment, « la bonne ». Ce sera temporairement sa vérité. Mais il faut garder à l'esprit que la vérité n'est pas immuable, qu'elle n'est pas coulée dans le béton. Au contraire, c'est une cible mouvante, un édifice toujours en construction. Quoi qu'il en soit, le groupe doit toujours arriver à trouver sa propre position sur son propre problème.

Comment traiter les réponses qui sont objectivement fausses ou immorales ?

Il peut arriver que la réponse d'un intervenant soit immorale ou objectivement fausse. La réponse peut être raciste, sexiste, politiquement ou religieusement orientée, cynique, ou fausse d'un point de vue historique ou géographique, créant ainsi un malaise dans l'assemblée. (Il peut aussi s'agir là de la stratégie d'un participant qui tient à amener le sujet qui le préoccupe dans la discussion.) Si la réponse est objectivement fausse, il est important de faire attention au ton sur lequel elle est donnée. Le facilitateur ne peut la laisser passer, mais sa réaction dépendra de la situation.

Le facilitateur peut répondre à l'intervenant : « Pourquoi dites-vous cela ? » ou « Cela ne correspond pas à ce que je connais, mais je peux toujours me tromper. Voulez-vous bien préciser votre pensée ? » ou il peut lui demander : « Quelle expérience dans votre vie vous fait dire cela ? »

Il est important de réserver bon accueil à l'intervenant, mais les propos tenus par celui-ci ne peuvent devenir le sujet de la conversation. C'est pourquoi, si le facilitateur estime que le groupe peut passer au-dessus de ces propos, il peut se permettre de les ignorer et de poursuivre la discussion. S'il constate au contraire que le groupe est visiblement choqué et attend de lui qu'il réagisse, il peut se rabattre sur l'une des approches exposées ci-haut.

Le facilitateur doit également faire attention à ce que ses préoccupations ne prennent pas le dessus. Par exemple, un facilitateur qui aurait combattu le racisme toute sa vie et serait un grand défenseur de l'égalité raciale pourrait être tenté de faire dévier toute la discussion sur ce sujet, il ferait ainsi un mauvais usage de la méthode de discussion présentée ici et des capacités du groupe qu'il dirige.

6. La propriété commune des résultats de la discussion

Si le facilitateur pose les questions, le groupe est en revanche propriétaire du sujet de la discussion. Les participants vivent pleinement la discussion et s'impliquent dans les décisions qu'ils prennent. C'est pourquoi ils se sentent propriétaires de leurs réponses et marquent un intérêt légitime quant à l'utilisation qui sera faite de leurs apports. C'est un aspect des choses que certains directeurs ont tendance à oublier : ils réunissent un groupe pour discuter d'un problème, puis emportent avec eux les notes prises au cours de la réunion et ne disent jamais à personne ce qu'ils en ont fait. Évidemment, les membres du groupe pensent alors que leurs réflexions se sont perdues au fond d'un tiroir. Il est donc très important de faire savoir au groupe ce qu'il adviendra de ses apports et l'utilisation qui en sera faite.

7. Les responsabilités du facilitateur

Suivre simplement un plan de discussion et prendre toute la responsabilité de la manière dont la discussion se développe sont deux démarches totalement différentes. Un animateur de discussion qui se contente de lire une série de questions préparées et prend note, sans commentaire aucun, des réponses qui lui sont données, n'accorde pas à son groupe toute l'attention qu'il mérite. Personne n'aime être traité comme un numéro.

Le facilitateur doit faire plus qu'élaborer un plan et brancher le pilotage automatique. Pour que la discussion soit efficace, il faut qu'il y ait un réel échange entre les questions et les réponses. Vous pouvez, au beau milieu de la discussion, vous rendre compte que les questions que vous avez préparées sont mal adaptées à la situation. Il se peut qu'un niveau comporte trop peu de questions pour permettre d'aller au bout de la réflexion. Le ton des questions peut s'avérer trop formel par rapport à l'humeur du groupe. Dans ce cas, vous devriez être capable, en quelques instants de réflexion, d'inventer de nouvelles questions, d'en supprimer d'autres, ou de reformuler. Cela implique une attention de tous les instants, pour être en mesure d'interpréter les réponses sur-le-champ et d'inventer immédiatement de nouvelles questions qui forceront le groupe à pousser plus loin sa réflexion.

CHAPITRE 5

Les étapes de préparation
d'une discussion structurée

La clé du développement d'une organisation tient dans la qualité des échanges
interpersonnels et des réflexions de groupe qui ont lieu en son sein.
Brian Hall, *Values Shift*

Les discussions présentées dans cet ouvrage sont déjà rédigées, pour ainsi dire prêtes à l'emploi. Une grande partie de celles-ci pourraient en effet être utilisées telles quelles. Les situations pour lesquelles elles ont été prévues ne sont peut-être pas exactement les situations auxquelles vous serez confronté, et vous aurez sans doute à les adapter à votre groupe et à votre problème. Et si la discussion que vous devez mener n'avait pas été prévue dans ce livre ? Il vous faudrait alors préparer votre propre discussion, de A à Z.

Une bonne discussion commence par une bonne préparation. Le facilitateur doit vraiment pouvoir prendre le temps de préparer. Après plusieurs années d'expérience de la méthode, il devient certes possible de l'appliquer spontanément. Néanmoins, les meilleures discussions restent celles qui ont été préparées à l'avance. Et cette préparation, qui permet en fait de gagner du temps au moment de la réunion, consiste elle aussi en un processus qui comprend plusieurs étapes.

La toute première étape est peut-être de déterminer si la discussion ciblée est bien l'outil dont vous avez besoin dans la situation où vous vous trouvez. Il se peut en effet que ce ne soit pas le cas. Un atelier, une séance de planification, ou un exercice pratique pourrait être plus approprié. Si votre personnel s'inquiète des changements à venir dans son mode de travail, il pourrait être plus judicieux de passer immédiatement à la réalisation d'un plan d'action. Si vous dirigez un groupe débordant d'enthousiasme, il vaudrait peut-être mieux organiser un atelier pour laisser éclore toutes les idées, puis les ordonner.

C'est seulement après avoir envisagé un éventail de possibilités et après avoir déterminé qu'une discussion ciblée était bien l'outil qu'il vous fallait que vous devriez passer aux étapes successives de la préparation. Ce chapitre passe en revue, un à un, les différents stades de la préparation d'une bonne discussion. Ces stades sont repris dans un tableau de l'annexe I.

LES ÉTAPES DE LA PRÉPARATION

1. Ciblez la discussion

Cibler une discussion implique qu'il faut définir un objectif. Admettons, par exemple, qu'un rapport d'analyse de marché particulièrement touffu vienne de sortir et que le directeur du marketing veuille en discuter avec son équipe. Le rapport est le sujet général de la discussion, mais il faut en trouver un plus précis. C'est comme si le directeur voyait le sujet de la conversation à travers un microscope, mais que l'image était brouillée. Il faut donc d'abord faire une mise au point pour voir avec netteté quel sera le sujet. Après avoir bien réfléchi au problème, le directeur arrive à la conclusion que ce dont il doit débattre avec son équipe est l'implication du rapport pour la structure de prix du dernier modèle d'aéroglisseur de l'entreprise. Lorsque tous les membres de son équipe se seront penchés sur la section consacrée aux aéroglisseurs, il les invitera donc à parler de ce qu'ils ont découvert quant à la structure de prix pour l'aéroglisseur.

Il faut prendre le temps de réfléchir pour arriver à voir les choses avec tant de clarté. La personne qui prépare la discussion doit pouvoir combiner harmonieusement le sujet et les besoins du groupe. Si la discussion n'est pas ciblée, les membres du groupe ne parleront que de généralités et ne verront pas où ils vont. Et après quelques discussions infructueuses de ce type, ils tâcheront d'éviter les réunions, car au lieu de voir leur créativité fonctionner en synergie pour traiter de questions importantes, ils auront le sentiment de perdre dans les discussions de groupe trop de leur précieux temps. Ils sauront pertinemment quand ils parlent dans le vide au lieu de faire vraiment avancer les choses.

2. Déterminez clairement le but de la discussion

Beaucoup de discussions potentiellement fructueuses ne vont nulle part : telles des navires à la dérive, elles errent sans but ou tournent en rond. C'est pourquoi il faut dans toute discussion un gouvernail – l'objectif ciblé – et un timonier – le facilitateur. Sans ces deux éléments, pas de bonne discussion. Il est utile d'écrire clairement avant la discussion quel en sera le but, et ce, de deux points de vue :

1) Il faut tout d'abord définir *l'objectif rationnel* de la discussion, son but pratique. Il s'agira peut être d'éclaircir un malentendu, de résoudre des problèmes d'horaire, ou de tirer les leçons du travail de l'année écoulée.

2) *L'objectif d'évolution d'attitude* désigne lui l'impact interne que le facilitateur veut provoquer dans le groupe de par la discussion. Il peut s'agir de rétablir la confiance de l'équipe dans un projet, de guérir les blessures du passé ou de rétablir la communication. L'animateur de discussion devrait également réfléchir à ces buts internes et en prendre note.

3. Trouvez un point de départ concret pour poser vos questions d'observation

Si, lors d'une discussion, votre but est d'améliorer le travail d'équipe, il vaut mieux ne pas commencer à brûle-pourpoint avec une question portant justement sur le travail en équipe. Démarrez plutôt avec une question très concrète, comme : « Quels événements de notre réunion de la semaine dernière vous reviennent à l'esprit ? » Cela a pour effet de faire

---

L'importance primordiale du ciblage

Il peut arriver qu'il soit d'une importance capitale de bien cibler le sujet d'une discussion. Un jour, une directrice de département s'adressa à l'ICA pour demander de l'aide : il fallait l'aider à cibler une discussion. C'était le mois de novembre et, depuis six mois, les congés de tout le personnel avaient étés reportés, car un projet urgent était en chantier.

« Je ne peux décemment pas mener une discussion sur la question "Comment allons-nous nous débrouiller à Noël ?" J'ai reçu de mes supérieurs des ordres inhumains m'obligeant à poursuivre le travail sur ce projet pendant six mois de plus, ce qui implique qu'il faudra à nouveau reporter les congés. Comment donc puis-je faire une discussion là-dessus ? »

Nous lui avons alors demandé quelles étaient les questions dont pouvait traiter le groupe, quel était son réel pouvoir décisionnel, où se situaient ses limites. Pouvait-il décider de reporter encore les congés ? Pouvait-il se fixer une date butoir pour l'aboutissement du projet ?

Elle répondit que le groupe était libre de gérer son temps de manière à pouvoir mener le projet à terme.

Au début de la discussion, elle s'adressa donc au groupe en ces mots : « Je viens de recevoir des ordres de la direction nous imposant de travailler sans relâche pendant encore six mois pour mener ce projet à bien. La question est donc de savoir comment nous pouvons nous organiser au mieux pour y arriver dans les meilleures conditions de travail possible. » Ils en discutèrent ensemble et décidèrent de faire des heures supplémentaires et de travailler pendant le week-end pour pouvoir quand même prendre des vacances.

---

réfléchir les gens sur la base d'une situation vécue, et non à partir d'une valeur absolue trop théorique. Après avoir confronté leurs points de vue sur la réunion de la semaine précédente, les membres du groupe disposeront d'une base pour réfléchir à la manière dont ils fonctionnent en tant qu'équipe. Le meneur de discussion peut alors poser des questions telles que : « Quelle ambiance régnait dans la salle ? » ou « Quels sentiments ressentiez-vous ? » Au niveau de l'interprétation, il peut demander : « De quoi est-ce révélateur quant à notre travail en équipe-? » ou « Qu'avons-nous appris sur la manière dont nous fonctionnons ensemble ? » Enfin, une fois arrivé au stade de la décision, le groupe peut poser les questions suivantes-: «-Comment pourrions-nous fonctionner différemment-? » et «-Qu'est-ce que cela exigera comme effort de notre part ? » Toutes ces questions ne peuvent être traitées que lorsque la discussion fait partie d'une expérience commune concrète. La discussion aurait certainement été totalement différente si la question de départ avait été : « Que savez-vous des relations au sein d'une équipe ? »

4. Faites un remue-méninges pour trouver les questions en rapport avec l'objectif rationnel et l'objectif d'évolution d'attitude

Il s'agit ici de laisser libre cours à votre imagination pour écrire toutes les questions possibles en rapport avec le sujet.

Il ne faut pas nécessairement composer les questions dans l'ordre O-R-I-D. Passez juste le sujet en revue, gardez bien à l'esprit votre objectif rationnel et votre objectif d'évolution d'attitude, puis commencez le remue-méninges. Écrivez les questions dans l'ordre où elles vous viennent. Écrivez au crayon, car vous voudrez effacer et corriger. Laissez votre créativité s'exprimer. Supprimer certaines questions ou commencer prématurément à les classer interromprait le flux de vos idées ; laissez tout simplement les questions venir.

5. Sélectionnez les questions pertinentes

Vous n'aurez pas besoin de toutes les questions que vous avez notées, et toutes ne vous seront pas d'égale utilité. Vous devrez donc sélectionner les meilleures. À la lumière de votre objectif rationnel et de votre objectif d'évolution d'attitude, choisissez uniquement les questions qui vous donneront l'information dont vous avez besoin, et éliminez les autres.

Copiez ensuite les questions dans quatre colonnes intitulées O-R-I-D, comme dans le tableau ci-dessous. En écrivant les questions sur des petits bouts de papier adhésifs, il vous sera plus facile de les reclasser par la suite.

OBSERVATION	RÉFLEXION	INTERPRÉTATION	DÉCISION

6. Jonglez avec les questions

À chaque niveau, réarrangez l'ordre des questions jusqu'à ce qu'elles découlent naturellement les unes des autres.

7. Préparez mentalement la discussion

Faites la discussion pour vous-même, en vous posant chacune des questions. Voyez comment les questions vous interpellent, et demandez-vous comment vous y répondriez. Cet exercice vous donne le point de vue du participant sur les questions, et après l'avoir fait, vous voudrez probablement modifier certaines questions parce que vous vous serez rendu compte qu'elles n'expriment pas vraiment ce que vous, vous voulez demander. En faisant tout d'abord la discussion pour vous-même, vous découvrez les points faibles de votre préparation, vous pouvez corriger le tir avant la réunion. Certaines questions devront peut-être être reformulées plus simplement, sans doute faudra-t-il ajouter des sous-questions à certains endroits, d'autres questions paraîtront peut-être trop formelles. Pour chaque modification, tâchez de vous mettre dans la peau d'un participant.

Collez vos papiers adhésifs dans les quatre colonnes et classez-les de manière à obtenir les meilleures séquences. Le processus de la discussion est en fait plus comparable à un flux qu'à une succession d'étapes. Travailler l'enchaînement des questions aide donc les membres du groupe à ressentir une impression de conversation ininterrompue où les réponses surgissent en fonction du flux de leur conscience.

8. Préparez soigneusement votre introduction à la discussion

L'ouverture remplit plusieurs des fonctions suivantes :
- *Invitation* : Le groupe est invité à participer à la discussion. Par exemple : « Bonjour ! Je suis content que tout le monde ait pu se libérer quelques heures pour assister à la réunion de ce matin. Nous aurons besoin des idées de chacun de vous pour cette discussion, car il nous faudra abattre un maximum de travail pour arriver à terminer notre brochure. »
- *Ciblage* : Le facilitateur présente le but de la discussion. Par exemple : « Nous allons discuter de questions de marketing en relation avec le descriptif de nos produits

dans notre brochure publicitaire. Vous vous souviendrez que vendredi dernier, quand nous avions lu ensemble les descriptifs, nous les avions trouvés lourds et inélégants. »

- *Consensus* : Vous aurez sans doute besoin ici d'une phrase rappelant un consensus entre les membres du groupe. Par exemple : « Nous avions donc décidé de nous revoir ce lundi matin pour discuter des modifications à apporter dans ces descriptifs de produits. »

- *Contexte* : Replacer la réunion dans son contexte en quelques mots vous permettra de dire pourquoi il est important qu'elle se tienne maintenant, en quoi elle est nécessaire et comment elle est liée au travail du groupe. Par exemple : « Je pense qu'il est évident pour chacun d'entre nous qu'il est impensable de sortir la nouvelle brochure tant que ce problème de descriptifs des produits ne sera pas réglé. »

- *Prévenez toute objection* : Écartez d'emblée toute raison de remettre à plus tard la réunion. Par exemple : « Je sais bien que le lundi matin n'est pas vraiment le meilleur moment de la semaine pour ce genre de réunion, mais je suppose que vous serez d'accord avec moi pour dire qu'il faut faire avancer cette brochure dès cet après-midi. »

Vous pouvez combiner plusieurs de ces fonctions dans un petit discours d'introduction. Par exemple, une discussion consacrée à l'aménagement de l'espace de travail d'une équipe pourrait commencer comme suit :

Combien de questions par niveau ?

Il arrive qu'on nous demande : « Comment peut-on déterminer le nombre de questions à poser à chaque niveau ? » S'il y en a quatre par niveau dans le tableau présenté ci-dessous, c'est plus pour des raisons de symétrie qu'autre chose. Les situations et les besoins du facilitateur sont variables. Néanmoins, on peut dire en général que le niveau de l'observation doit comporter suffisamment de questions pour que le facilitateur puisse recueillir assez d'avis pour tirer des conclusions. Dans la même logique, chaque niveau doit être assez complet pour fournir l'information nécessaire de façon à pouvoir passer au niveau suivant.

Soyons précis : le nombre minimal de questions doit être de quatre (une question par niveau). Cependant, même une discussion très courte exige généralement deux questions au niveau de la réflexion – une positive, l'autre négative – pour laisser aux participants l'occasion de s'exprimer en toute sincérité.

Au stade de l'interprétation, les réponses peuvent appeler plusieurs sous-questions, qui serviront à faire réfléchir les participants plus concrètement ou plus en profondeur sur la base des réponses qu'ils fournissent. Il faudra parfois explorer chaque option avec une série de questions O-R-I-D, et donc créer des discussions précises dans la discussion ciblée, ce qui requiert une bonne maîtrise de la méthode.

Lorsqu'on passe à la décision, il peut être utile d'avoir deux ou trois questions, selon le type de discussion : la première question sert à déterminer clairement quelle est la décision prise, la deuxième sert à décider quelles sont les mesures à prendre et une troisième pourrait éventuellement servir à mettre au point la répartition des tâches.

« Nous serons tous d'accord pour dire que nous avions besoin d'une discussion sur l'aménagement de notre espace de travail pour arriver à faire ensemble, dans cette pièce, un travail plus efficace. Il nous faut garder à l'esprit que chacun d'entre nous a des besoins en espace différents. Nul besoin de faire de la morale à ce sujet. Le but de cette réunion est donc de discuter de nos besoins en espace et de travailler ensemble à l'élaboration d'une solution commune acceptable pour tous. Cela ne sera probablement pas la solution parfaite, mais somme toute, les solutions parfaites sont rares. Le plus important est que nous arrivions à un compromis et que la situation soit vivable pour tous. Mais venons-en au vif du sujet : Quels sont nos besoins en matière d'espace ? Je remercie José qui a accepté de prendre des notes pendant qu'il participe à la discussion. »

Ici, la première phrase rappelle aux membres du groupe qu'ils étaient d'accord pour parler de l'aménagement de leur espace de travail. Les deuxième et troisième phrases représentent pour tous que chacun est différent et a des besoins différents. Le facilitateur précise ensuite le but de la discussion : déterminer les besoins en espace de chacun. Il signifie aussi au groupe qu'il faudra fournir un travail ultérieur après la discussion pour élaborer un modèle qui prendra en compte les besoins de chacun. Il coupe l'herbe sous le pied aux éventuels perfectionnistes en précisant que le but est d' « arriver à un compromis et à une situation qui soit vivable pour tous ». Les dernières phrases sont une invitation à participer. En faisant remarquer que des notes seront saisies dans le courant de la discussion, le facilitateur montre aux participants que leurs contributions au débat seront prises au sérieux.

Certains animateurs de discussion sont tentés d'improviser sur place l'ouverture de la réunion, estimant que ce sont les questions qui constituent le réel « plat de résistance », mais une introduction bien réfléchie, phrase par phrase, reste pour le facilitateur le meilleur moyen de focaliser l'attention du groupe et de lui donner l'envie de discuter du sujet.

MODÈLE DE PRÉPARATION DE DISCUSSION STRUCTURÉE			
Objectif rationnel		Objectif d'évolution d'attitude	
Ouverture			
Questions d'observation	Questions de réflexion	Questions d'interprétation	Questions de décision
Durée (min)			
Clôture			

9. Préparez soigneusement votre clôture

De la même manière que vous apportez un soin tout particulier à l'ouverture, préparez les phrases que vous comptez utiliser pour clôturer la discussion. Vous éviterez ainsi de vous retrouver coincé, ne sachant pas de quelle manière prendre congé de l'assemblée.

La clôture permet également de mettre les points sur les i. Il est possible que la discussion ait résolu certains problèmes, mais que d'autres subsistent. N'essayez pas de les éluder, mais dites plutôt quelque chose comme : « Nous savons tous que cette discussion n'a pas tout à fait répondu aux questions soulevées par Paul et Catherine. Ce sont des points importants qui seront à l'ordre du jour de la réunion du personnel qui aura lieu la semaine prochaine. »

N'oubliez pas d'insister sur les avancées effectuées par le groupe ; remerciez les participants pour le temps qu'ils ont consacré à la réunion et indiquez-leur comment vous leur ferez parvenir les notes de la réunion.

10. Analysez la discussion, réfléchissez sur le groupe et sur vous-même

Après avoir préparé toutes les parties de la discussion, relisez en entier votre préparation, pour avoir une impression d'ensemble. Assurez-vous bien que les questions se succèdent avec logique et harmonie, sans sauter d'une question à l'autre. Il se peut que vous vouliez encore reformuler l'une ou l'autre question, en ajouter ou en supprimer.

Prenez maintenant quelques instants pour réfléchir sur le groupe et sur son évolution récente. Demandez-vous quel type de style sera le plus approprié pour traiter du sujet de la discussion. Concentrez-vous ensuite sur vous-même : demandez-vous quelles sont en ce moment vos motivations, vos faiblesses et vos forces. Passez en revue toute la conversation, analysez la manière dont elle s'est passée.

Le processus complet de la préparation est repris sous forme de tableau dans l'annexe I.

Le tableau que vous trouvez ci-dessus vous donne un modèle vierge où vous pouvez écrire les buts de la conversation (objectif rationnel et objectif d'évolution d'attitude), vos phrases d'ouverture et de clôture, et plusieurs questions en rapport avec chaque niveau de la discussion. Des cases sont prévues pour indiquer le temps que vous comptez consacrer à chaque étape de la discussion ; une addition vous permettra d'avoir une idée de la longueur totale de la discussion.

POURQUOI MA DISCUSSION NE S'EST-ELLE PAS DÉROULÉE COMME PRÉVU ?
QUE PUIS-JE FAIRE POUR Y REMÉDIER ?

Il est inévitable que les lecteurs qui appliquent les modèles de discussion présentés dans ce livre ou qui créent leurs propres discussions soient, à un moment ou à un autre, confrontés à des problèmes. La discussion peut très bien dérailler, aboutir à une impasse, tourner au vinaigre ou aller nulle part. Plutôt que de faire une croix sur cette expérience malheureuse et de classer la discussion structurée au rang des choses « qu'il est incapable de faire », le facilitateur se lancera plus utilement dans une analyse des difficultés rencontrées et de leurs causes. Cette réflexion transformera l'échec d'un jour en expérience pour l'avenir.

Le tableau suivant, compilation d'expériences multiples, est un guide général des problèmes qui peuvent surgir lors d'une discussion. Il ne peut bien sûr couvrir l'ensemble des problèmes de communication possibles. Chaque situation est unique puisque à chaque fois les participants à la discussion, les sujets et les enjeux sont différents. Menez une discussion avec vous-même en vous aidant du tableau ci-dessous pour vous entraîner à régler les problèmes qui se posent à vous.

Problèmes courants	Raisons possibles	Solutions possibles
1. Manque de concentration du groupe.	Lieu de réunion mal choisi ou en désordre.	Réorganisez l'espace et placez les participants de manière à ce qu'ils puissent se voir les uns les autres.
	Vous n'arrivez jamais vraiment à capter l'attention du groupe.	Prévoyez un laps de temps limité pour laisser aux participants le temps d'arriver. Demandez calmement l'attention du groupe avant d'entamer la discussion. Commencez à l'heure pour inciter les participants au respect mutuel.
	Le contexte n'est pas clair.	Lors de votre ouverture, soyez suffisamment explicite sur le but de la réunion et sa méthode pour mettre tout le monde à l'aise.
	Le sujet n'intéresse pas le groupe.	Lors de la planification de la discussion, consultez plusieurs personnes pour avoir une idée plus juste des besoins du groupe.
2. Le groupe ne réagit pas aux questions.	Le courant ne passe pas entre le facilitateur et son groupe ; le groupe ne fait pas confiance au facilitateur.	Accueillez les participants avec chaleur et respect. Regardez les intervenants dans les yeux et écoutez-les avec attention. Dans votre ouverture, expliquez que votre rôle consiste à aider le groupe à réfléchir, mais que vous n'avez pas de solutions. Commencez par une conversation d'introduction où vous demandez aux participants de se présenter et de dire ce qu'ils attendent de la réunion. Demandez ensuite au groupe quel mandat il vous donne.

Problèmes courants	Raisons possibles	Solutions possibles
3. Le groupe donne de mauvaises réponses.	Vous avez un objectif inavoué – vous pensez qu'il y a une bonne réponse.	Rappelez-vous quel est votre rôle de facilitateur et laissez le groupe s'exprimer *ou* arrêtez de poser des questions et faites un exposé.
	Les questions ne sont pas dans le bon ordre.	Vérifiez votre questionnaire, demandez aux participants une minute de patience et posez-leur ensuite une autre question. Reformulez la question plus clairement pour obtenir le type de réponse attendu.
	La question n'est pas assez claire ou pas bien ciblée.	Si le groupe croit que vous attendez vraiment ses réponses, vous pouvez donner vous-même une réponse à titre d'exemple, pour que les participants aient une idée de ce que vous attendez.
4. Le groupe ne donne pas de vraies réponses.	Les participants sont mal à l'aise, ne sont psychologiquement pas prêts à s'impliquer.	Faites porter la conversation sur un sujet plus informel jusqu'à ce que vous sentiez que le groupe est en confiance ou qu'il est prêt à s'impliquer.
	Les questions ne sont pas assez précises.	Testez vos questions à l'avance et imaginez quelles réponses le groupe pourrait fournir.
	Les participants ont un objectif inavoué. Voyez ci-dessus le numéro 2.	Posez des questions précises pour pousser les participants à se dévoiler et à expliquer quelles sont leurs préoccupations.
5. Certains participants dominent.	Peut-être n'ont-ils pas le sentiment d'avoir été compris (même si les autres participants ont du mal à croire à cette possibilité) ?	Écoutez-les avec attention, montrez que vous êtes à l'écoute en prenant des notes, en réagissant à leurs propos, puis interrompez-les poliment (exemple : « Je pense que nous voyons bien où vous voulez en venir. J'aimerais d'ailleurs que vous m'en disiez plus à la pause. Quelqu'un d'autre a-t-il quelque chose à ajouter ? »)
	Le « patron », qui portera la responsabilité des décisions prises à l'issue de la réunion, ne fait pas confiance au groupe.	Faites un aparté avec le « patron », voyez quelles sont ses inquiétudes et ses options personnelles, parlez-lui des conséquences de sa domination sur le groupe ; tenez ensuite compte de ses inquiétudes dans le développement ultérieur de la discussion.

Problèmes courants	Raisons possibles	Solutions possibles
5. Certains participants dominent. *(suite)*	La discussion est peut-être trop ouverte.	Faites un tour de table avec quelques questions, en demandant à chaque participant de répondre succinctement.
	Il y a un déséquilibre entre les personnes réservées et extraverties.	Scindez le groupe en plusieurs sous-groupes où vous mélangerez les deux types de caractères, puis demandez aux sous-groupes d'exposer leurs résultats à l'ensemble des participants.
6. Le groupe s'écarte du sujet.	Le groupe veut éviter le sujet ou fuir ses responsabilités.	Faites réfléchir le groupe sur les raisons de sa fuite (par le biais de questions O-R-I-D).
	Le sujet est mal ciblé ou jugé inintéressant par les participants.	Poliment, mais fermement, ramenez le groupe au sujet. Reprécisez le contexte et reciblez vos questions. (Voyez aussi le numéro 1 : « Manque de concentration du groupe ».)
	Le facilitateur n'est pas assez énergique.	Rappelez-vous que votre but n'est pas de vous faire apprécier, mais d'aider le groupe à traiter de ses problèmes. (Voyez aussi le numéro 1 : « Manque de concentration du groupe ».)
7. Les résultats obtenus ne sont pas pertinents.	Le groupe ne juge pas le sujet digne d'intérêt.	Voyez le numéro 1 : « Manque de concentration du groupe ».
	Le sujet est trop vaste pour être efficacement traité en une seule discussion.	Organisez plusieurs discussions pour traiter des différentes subdivisions du sujet.
	Les réponses ne contiennent pas des renseignements utiles.	Revenez aux questions que vous avez préparées. Partez du résultat que vous souhaitez obtenir et remontez étape par étape jusqu'à ce que vous trouviez les éléments que vous devez inclure dans vos questions, à chaque niveau.
8. Des disputes éclatent.	Le principe du respect des avis de tous n'a pas été clairement énoncé ou les participants ne sont pas capables de s'écouter mutuellement.	Replacez la discussion dans un contexte général de réalité multidimensionnelle (« Nous voyons tous des facettes différentes du même diamant. »)

Problèmes courants	Raisons possibles	Solutions possibles
8. Des disputes éclatent *(suite)*		Intervenez poliment dans la dispute ; laissez le premier intervenant terminer, puis demander au deuxième son avis sur la question. Ensuite, demandez à une troisième personne quel est son point de vue personnel.
		Demandez aux intervenants en conflit quels sont les raisonnements qui sous-tendent leur réponse.
	Le facilitateur a un parti pris.	Vérifiez que vous êtes bien à l'écoute de toutes les réponses possibles et que vous recherchez le consensus. Rappelez-vous que vous devez faire preuve de curiosité.
9. Le groupe prend le contre-pied du facilitateur.	Le facilitateur ne donne pas une image de confiance en lui.	Faites savoir aux participants dès le début de la réunion que vous utilisez une méthode bien réfléchie et que vous ne voulez pas les forcer à répondre.
	Le facilitateur mêle les rôles d'expert et d'investigateur.	Assurez-vous que vos questions restent neutres et objectives.
	Le groupe est ultrasensible au pouvoir du facilitateur.	Par des questions O-R-I-D, faites réfléchir le groupe sur ses apprentissages.
		Utilisez des questions O-R-I-D pour découvrir vos propres apprentissages.
		Proposez de quitter votre place. Expliquez quelles seraient les conséquences potentielles, positives et négatives, de votre départ.

Deuxième partie

Les 100 discussions

Discussions d'évaluation et d'analyse

Nous n'avons jamais assez de temps. Chaque organisation que nous avons visitée nous parle du temps comme d'un ennemi toujours vainqueur. Nous continuons d'avancer encore et encore, un peu à la façon du Lapin des piles Energizer. Nous devons créer un espace qui nous permette d'apprendre, de nous pencher sur nos propres prétentions et de croître. Effectuer une réflexion ne prend pas énormément de temps-; en retour cela peut être formidablement payant.

Belden, Hyatt and Ackley : *The Learning Organization*

Ce dont nous avons désespérément besoin dans le monde des affaires, c'est de la réflexion. Pas de nouvelles planifications. Pas de nouvelles stratégies. Mais plus de réflexion.

John Dalla Costa : *Meditations on Business*

Les discussions reprises dans cette section traitent généralement du passé (événements passés, années écoulées, journée précédente, exposé ou atelier auquel le groupe vient de participer). Elles analysent un événement passé ou une période de temps révolue, un produit ou un projet, font une appréciation d'une partie des programmes de l'organisation. Le lecteur trouvera dans cette section les discussions suivantes :

        A1.   Analyser l'année écoulée

        A2.   Réfléchir sur un atelier

        A3.   Analyser l'exposé d'un consultant

A4. Analyser une réunion de planification

A5. Revenir sur les activités de la journée

A6. Revenir sur le passé d'une organisation

A7. Évaluer un séminaire

A8. Évaluer le plan d'un cours

A9. Évaluer le déroulement d'un projet

A10. Analyser un échec commercial

A11. Évaluer les activités de marketing

A12. Analyser un rapport très important

A13. Évaluer les prestations d'un service

A14. Faire le bilan d'une foire commerciale

A15. Évaluer un formulaire d'entreprise

Ces discussions sont plus faciles que la majorité de celles qui sont présentées dans les autres sections de ce livre. Étant donné qu'elles analysent des faits passés, elles se fondent sur un ensemble d'éléments directement observables, qui peuvent parfois faire défaut dans d'autres types de discussions. Elles se penchent sur le passé pour juger de leur impact sur le présent et estimer les conséquences qu'elles pourraient avoir pour l'avenir.

Nombre de ces discussions sont des réflexions sur un événement. Certaines personnes les ressentiront comme une perte de temps, estimant qu'il est inutile de ressasser le passé. C'est oublier qu'un quelconque événement, s'il est suivi d'une analyse, se transforme toujours en enseignement pour l'avenir. Consacrer du temps à la réflexion (ne fût-ce que quelques minutes) accroît considérablement la valeur du temps investi.

En règle générale, l'analyse d'un événement doit être assez courte, et la discussion doit évoluer rapidement. Si les membres du groupe viennent de participer à une longue séance de travail et ont l'impression que vous voulez la prolonger en y adjoignant une réunion, il se peut qu'ils refusent de participer ou même s'en aillent sans plus attendre. Si vous devez mener une réflexion en profondeur, vous devrez laisser aux participants le temps de faire une pause avant de se remettre au travail. Si le groupe est vraiment pressé d'en finir, faites une discussion très courte, de quelques minutes, avec une seule question par niveau. Si au contraire tout le monde semble détendu, vous pouvez vous étendre un peu plus.

C'est immédiatement après l'événement qu'il convient le mieux de faire une discussion de réflexion. Cependant, à ce moment, ce sont souvent les premières impressions qui dominent. Les participants ont tendance à se laisser entraîner soit par leur enthousiasme, soit par leur déception. Les réflexions menées après un certain laps de temps sont moins riches en détails sur l'événement mais plus nuancées, plus contrastées, et se focalisent plus sur le niveau de l'interprétation.

Les discussions d'évaluation sont similaires, mais leur objectif est plus pragmatique. Le but premier d'une évaluation est de déterminer si le produit examiné passe la rampe, s'il correspond à la philosophie générale de l'organisme et est à même d'atteindre les objectifs qu'on lui a fixés. Certaines discussions, comme « Évaluer les activités de marketing » et « Analyser un échec commercial », marquent plus le début que la fin d'un processus. Elles constituent en fait un premier pas, car elles impliquent tous les participants dans une analyse ou une évaluation. Un groupe de travail ou une équipe restreinte pourrait ensuite avoir à travailler au départ des réflexions du groupe pour prendre les mesures qui s'imposent.

Certaines de ces discussions peuvent ne durer que 15 à 20 minutes ; d'autres demandent une réunion de 30 minutes. La discussion « Analyser un rapport très important » peut prendre jusqu'à deux heures. Si vous ne disposez que de peu de temps, vous pouvez réduire le nombre des questions, à condition toutefois de garder au moins une question par niveau.

A1 Analyser l'année écoulée

Contexte

Votre organisation, votre département ou votre équipe arrive à la fin de son année d'activité. Le personnel est prêt à perfectionner ses plans pour l'année à venir à la lumière des performances de l'année écoulée. Vous voulez lancer une réflexion sur les événements de l'année, positifs ou négatifs.

Objectif rationnel

Tirer les enseignements de l'année dernière et les mettre en pratique pour l'année à venir.

Objectif d'évolution d'attitude

Assumer et apprécier les événements de l'année écoulée et les apprentissages du groupe.

Conseils

Ajoutez ou supprimez des questions selon la spécificité de votre groupe. Là où un conseil d'administration se concentrera sur sa propre action ou sur les rôles qu'il a joués, une équipe s'intéressera peut-être plus à son fonctionnement interne.

Autres applications

Comité, conseil, département, service, équipe, organisation, ou réflexions personnelles sur une période de temps donnée.

DISCUSSION

Ouverture

Avant d'établir le programme de l'année prochaine, il serait bien de réfléchir à ce qui s'est passé cette année. *(Ici, passez en revue les données objectives sur l'année dont vous disposez, comme des informations relatives aux finances, des statistiques sur les ventes ou les services, des données sur la clientèle ou le personnel.)*

Questions d'observation

Quels ont été pour vous les événements-clés de cette année ? *(Faites un tour de table.)*

Quels ont été nos grands projets ? Nos projets d'importance secondaire ?

De quoi d'autre – discussions, débats marquants, décisions importantes – vous souvenez-vous ?

Y a-t-il un événement sur lequel vous voudriez que nous revenions un peu plus ?

Questions de réflexion

Décrivez la dynamique de cette année. À quoi ressemblait-elle le plus ? À un tremblement de terre, à un ours, à un écureuil, à un cactus ou à quelque chose d'autre encore ?

Quelle a été la plus grosse surprise de l'année ?

Quand avez-vous été le plus déçus ?

Quels événements ont changé votre vision des choses, votre manière de penser, d'appréhender ce qui se passait ?

Lesquels des événements dont nous venons de parler aviez-vous oubliés ?

Questions d'interprétation

Qu'avons-nous appris de nos réussites ?

Qu'avons-nous appris des moments où nous étions en difficulté ?

Maintenant que vous réfléchissez à tout cela, en quels termes parleriez-vous de ce que nous avons fait cette année ?

Questions de décision

Comment nos expériences et nos apprentissages de cette année vont-ils influencer notre conduite l'année prochaine ?

Que voulons-nous vraiment aborder différemment ?

Clôture

Cette réflexion sur l'année écoulée a été fructueuse. J'ai appris beaucoup de choses en portant un regard neuf sur nos expériences,

A1 Analyser l'année écoulée (suite)

et je suis sûr que c'est le cas de tout le monde ici. Je me charge de faire dactylographier nos conclusions, ainsi que les notes prises pendant l'ensemble de la discussion. Je veillerai à ce que chacun d'entre vous reçoive une copie de ce compte rendu.

POINTS À RETENIR PAR LE FACILITATEUR

Faites un tour de table pour les premières questions

Il est en règle générale utile que chaque participant réponde à la première question, car cela a pour effet de rompre la glace pour chacun. Posez donc une question suffisamment simple pour que personne n'éprouve de difficultés à y répondre. Si votre première question est : «-À la lecture du rapport, quels passages ont particulièrement retenu votre attention ?-», commencez par quelque chose de convivial comme : « Jacques, si tu veux bien, nous commencerons le premier tour de table avec toi. Dis-nous quels passages du rapport ont particulièrement retenu ton attention. » Une fois la réponse de Jacques achevée, posez les yeux sur la personne suivante et attendez sa réponse. Pour bien faire, les réponses devraient se succéder naturellement et être brèves. Tâchez de dissuader quiconque de se mettre en évidence ou de faire tout un discours ; dites à ceux ou à celles qui essayeraient de le faire que les débats portant sur les réactions de chacun et sur les recommandations viendront plus tard. Si vous soupçonnez que le silence de certains participants s'explique par leur timidité ou leur peur de faire une erreur, mettez-les à l'aise, par exemple en disant : « Il n'existe pas de mauvaises réponses aux questions que je pose. »

Soyez convaincu que le groupe dont vous disposez est le groupe parfait

Quand le facilitateur ne croit pas en son groupe, cela se remarque à de petits détails. Il acceptera les réponses du groupe sans conviction, ne tentera pas de faire éclaircir les réponses abstraites. Il acceptera sans réfléchir toutes les réponses qui viennent en pensant que de toute façon « ça ou autre chose, ça ne fera pas grande différence ». Ou alors, il marquera trop d'empressement, essayera d'en finir au plus vite pour pouvoir aller parler avec « des gens plus intelligents », qui ont des réponses plus intéressantes à lui donner. Un groupe sent toujours quand le facilitateur ne croit pas en lui ou ne le prend pas au sérieux, et quand c'est le cas, il ne fera plus jamais vraiment confiance au facilitateur.

Le facilitateur a le devoir de croire en son groupe, même lorsque cela s'avère difficile. Une facilitatrice raconte que, pour se mettre en condition avant toute discussion, elle se répète quelques phrases pour se convaincre que le groupe qu'elle va diriger est le groupe parfait pour régler les problèmes qui se posent à lui, qu'il est vraiment à sa place, qu'il a toutes les capacités requises pour effectuer ce travail. Cela lui est, dit-elle, d'une grande aide psychologique.

A2 Réfléchir sur un atelier

Contexte
Le groupe vient de faire un travail en atelier. Le facilitateur souhaite que le groupe réfléchisse brièvement sur ce qu'il a retiré de ce travail.

Objectif rationnel
Prendre conscience de l'impact que l'atelier a eu sur le groupe.

Objectif d'évolution d'attitude
Insister sur l'importance du travail accompli et en démontrer tout son intérêt.

Conseils
La réflexion doit être courte : 10 à 12 minutes environ. Si, après l'événement, une réflexion plus en profondeur s'impose, il serait bon que le groupe fasse une pause et y revienne plus tard.

Autres applications
Des questions semblables peuvent être utilisées pour analyser tout événement vécu par le groupe.

DISCUSSION

Ouverture
Voyons ce que ce travail en atelier nous a appris.

Questions d'observation
Qu'avons-nous fait dans cet atelier ?
Quels mots ou quelles expressions avez-vous remarqués dans les rapports des équipes ?

Questions de réflexion
Quels ont été, pour vous, les moments forts de cet atelier ?
Quels ont été les passages à vide ?
Où avons-nous été le plus en difficulté ?

Questions d'interprétation
Quel a été le tournant de cet atelier ?
Quel point de vue nouveau cet atelier nous a-t-il donné ?

Questions de décision
Quelle est l'étape suivante pour la mise en œuvre de ce que nous avons vu dans cet atelier ?

Clôture
Cet atelier a marqué une étape importante dans notre progression.

A3 Analyser l'exposé d'un consultant

Contexte

Le groupe vient d'assister à l'exposé d'un consultant, et le chef d'équipe souhaite mener une discussion à ce sujet. Il sait que, lors d'un exposé, une telle quantité d'informations est donnée, qu'il est important d'en discuter ensuite en profondeur. Chacun se rappelle certains éléments, mais en oublie d'autres. Ce n'est qu'en partageant ses observations que le groupe arrivera à une vision d'ensemble plus complète et à un avis plus nuancé.

Objectif rationnel

Établir une base commune de l'expérience de l'exposé.

Objectif d'évolution d'attitude

Voir comment l'exposé a motivé le groupe, ou changé sa perception de ce qui est réalisable.

Conseils

Ce type de réflexion est le plus efficace quand il a lieu immédiatement après l'exposé.

Autres applications

La même discussion peut être utilisée pour mener une réflexion au sujet d'un chapitre d'un livre.

DISCUSSION

Ouverture

Prenons quelques minutes pour analyser l'exposé auquel nous venons d'assister.

Questions d'observation

De quels moments de la discussion vous souvenez-vous ?
Quels mots précis, quelles phrases ou quelles images avez-vous encore à l'esprit ? Quels sujets ont été abordés ?
Quelle information avez-vous trouvée extraordinaire ?

Questions de réflexion

À quels moments de l'exposé avez-vous ressenti de la curiosité ou de l'émotion ?
Quand avez-vous décroché ?
À quel moment vous vous êtes senti davantage remis en question ?
À quel moment l'orateur était-il le plus éveillé ?
À quel moment vous a-t-il davantage fait réfléchir ?
Qu'avez-vous ressenti à la fin de l'exposé ?
Quand l'exposé vous a-t-il fait rêver ou a-t-il suscité chez vous des associations d'idées ?

Questions d'interprétation

Quel était le sujet de l'exposé ?
Quels ont été les principaux faits mis en évidence ?
De quelle manière cet exposé nous a-t-il confortés dans notre méthode de travail ou l'a-t-il remise en question ?
Si vous deviez donner un nouveau titre à l'exposé, quel serait-il ?

Questions de décision

Quelles personnes devraient le plus changer leur méthode de travail à la lumière de ce que nous avons appris dans cet exposé ?
Comment pourrions-nous appliquer certaines des propositions du consultant dans notre département ?
Qu'est-ce que cela impliquerait ?
Quelles seraient les premières mesures à prendre ?
Qui va y travailler ?

Clôture

Eh bien ! nous avons eu une discussion fructueuse. Vous remarquerez avec quelle rapidité nous sommes passés de la théorie à la pratique. Il sera intéressant de voir comment nous pouvons mettre en œuvre certaines des idées que nous avons reçues.

A4 Analyser une réunion de planification

Contexte
Vous venez juste de clôturer une longue réunion de planification. L'animateur de discussion invite son équipe à prendre quelques instants pour réfléchir à cet événement.

Objectif rationnel
Démontrer l'impact de l'événement sur la vie du groupe.

Objectif d'évolution d'attitude
Tirer les enseignements de l'événement pour l'avenir.

Conseils
Les discussions de réflexion suivant directement un événement de groupe doivent être rapides. Il se peut que vous n'ayez besoin que d'une question par niveau.

Autres applications
Des réflexions de ce type sont essentielles pour toutes les organisations apprenantes et se révèlent utiles après toute activité courante. Le groupe sera peut-être fatigué, et il vous faudra donc mener la discussion sur un ton léger.

DISCUSSION

Ouverture
Tout événement de groupe, comme la réunion de planification que nous venons de vivre, demande, en plus du temps consacré à l'événement lui-même, un temps de préparation et un temps de réflexion. Parfois, c'est cette réflexion qui donne à l'événement toute son importance. Il arrive souvent que les participants veuillent partir immédiatement après l'événement, mais s'ils restent et prennent le temps d'y réfléchir, ne fût-ce qu'un quart d'heure, ils peuvent en retirer beaucoup plus.

Questions d'observation
Que vous rappelez-vous de cette réunion de planification ?
Que s'y est-il passé ?
Si vous deviez faire un rapport sur la réunion, en une phrase, comment décririez-vous ce qui s'y est passé ?

Questions de réflexion
À quel moment avez-vous été enthousiaste ?
Quand avez-vous été déçus ?
Quelle a été pour vous la plus grande surprise ?
Quelles difficultés nous a-t-elle posées ?

Questions d'interprétation
Quels ont été les éléments-clés de notre progression ?
En quoi cette planification nous a-t-elle mis dans une nouvelle situation ?
En quoi cette réunion de planification nous a-t-elle changés en tant qu'individus ?

Questions de décision
Comment appelleriez-vous les quelques instants que nous venons de passer ensemble ?
Que pourrions-nous proposer de faire par la suite ?

Clôture
Des réflexions comme celle-ci peuvent donner aux événements de notre vie un caractère très particulier. Je vous remercie pour les quelques instants que vous avez bien voulu consacrer à cette réflexion.

A5 Revenir sur les activités de la journée

Contexte

Quand une équipe a travaillé toute une journée sur un projet, on peut prendre quelques minutes supplémentaires pour réfléchir aux événements de la journée. Selon l'humeur des participants et le temps encore disponible, cette discussion peut être faite en 2 minutes ou en 25.

Objectif rationnel

Développer une compréhension commune des événements de la journée.

Objectif d'évolution d'attitude

Insister sur les avancées enregistrées.

Conseils

Cette discussion doit être rapide. Il vous faudra l'approbation du groupe pour la lancer. Vous pouvez tout simplement vous lever et dire par exemple : « Pourquoi ne prendrions-nous pas juste deux ou trois minutes pour réfléchir sur cette journée ? » et poser sans attendre la première question. Vous pouvez demander l'aide d'une ou de deux personnes pour faire démarrer la discussion rapidement.

Autres applications

Passer en revue votre semaine, votre mois, votre trimestre, personnellement ou avec votre groupe.

DISCUSSION

Ouverture

Maintenant que la journée touche à sa fin, je propose que nous prenions quelques minutes pour réfléchir à ce que nous avons fait.

Questions d'observation

Que vous rappelez-vous de cette journée ? (des images, des événements, des conversations)
Quels mots raisonnent encore à vos oreilles ?
Qu'avons-nous accompli ?

Questions de réflexion

Quelle image rendrait le mieux, à votre sens, les impressions ou les sensations que nous avons eues aujourd'hui ?
Quel a été le moment fort de la journée ?
Quel a été le passage à vide ?

Questions d'interprétation

Qu'avons-nous appris aujourd'hui ?
Quels ont été les enseignements-clés de la journée ?

Questions de décision

Quel nom donneriez-vous à cette journée ? (Essayez de trouver un nom poétique qui rende bien vos sentiments.)
Quel travail inachevé devrons-nous reprendre demain ?

Clôture

Eh bien ! cette discussion a été très utile pour tirer les conclusions de la journée et prendre congé les uns des autres. Je vous remercie du temps que vous y avez consacré.

A6　Revenir sur le passé d'une organisation

Contexte

Avant qu'un conseil, un comité de direction, ou le personnel d'un département ne se lance dans une planification à long terme, il peut lui être utile de réfléchir sur son passé. Cette discussion permet de ramener dans le présent les apprentissages du passé au moment où le groupe va prendre des décisions pour son avenir.

Objectif rationnel

Revenir au passé pour en utiliser les apprentissages comme pont vers l'avenir.

Objectif d'évolution d'attitude

Faire ressentir aux membres du groupe que leur expérience s'inscrit dans un contexte collectif et guérir les blessures du passé.

Conseils

En ce qui concerne les questions touchant les événements, les réalisations et les grands moments du passé, il peut être utile de demander aux membres les plus anciens de l'organisation de s'attarder un peu plus au tout début, de manière à disposer d'un spectre d'informations le plus large possible.

Autres applications

Moyennant certaines adaptations, cette discussion pourrait servir à faire le bilan aussi bien pour une nation (par voie électronique) que pour une communauté, une famille ou un couple qui célèbre un anniversaire.

DISCUSSION

Ouverture

Avant de nous lancer dans notre planification, passons quelques minutes à réfléchir sur notre passé. Certains d'entre nous sont ici depuis de nombreuses années, d'autres sont relativement nouveaux, mais tous nous nous souvenons d'événements-clés qui ont marqué l'histoire de notre organisation.

Questions d'observation

Quels événements ont marqué l'histoire de cette organisation et quelles ont été ses réalisations au cours des 20 dernières années ? (N.B. : Le facilitateur peut inscrire ces événements sur une ligne du temps, sous l'année où ils se sont produits.)

Questions de réflexion

Selon vous, quels ont été les moments forts dans la vie de notre organisation ?
Qu'associez-vous à ces moments forts ?
Quels ont été les moments difficiles ?
Que vous rappelez-vous à propos de ces moments difficiles ?

Questions d'interprétation

Si vous deviez diviser ces 20 dernières années en trois périodes, où mettriez-vous les divisions ?
Quels noms donneriez-vous à ces trois périodes ?
Qu'avez-vous appris au cours de ces 20 dernières années ?

Questions de décision

Qu'est-ce que cela nous enseigne sur notre situation présente et sur la direction que nous devrons prendre pour l'avenir ?

Clôture

Nos réalisations passées nous laissent entrevoir un brillant avenir.

A7 Évaluer un séminaire

Contexte
Les membres d'une équipe de travail viennent d'assister ensemble à un séminaire de deux jours et prennent le temps d'en faire l'évaluation.

Objectif rationnel
Aider le groupe à objectiver les bénéfices qu'il a tirés du cours.

Objectif d'évolution d'attitude
Parler des difficultés du cours et décider d'en appliquer les enseignements.

Conseils
Parfois, si le groupe met du temps à répondre à une question, vous pouvez utilement faire un tour de table sur ladite question. Si pour toute réponse, vous n'obtenez qu'un silence, reformulez votre question. Si le silence se prolongeait, il se peut que vous ayez à demander personnellement leur avis à quelques personnes, même si vous ne voulez pas faire de cette pratique une habitude. Il est essentiel de bien faire comprendre quelle est la question qui appelle obligatoirement une réponse.

Autres applications
Cette discussion peut aussi être utilisée pour évaluer un manuel scolaire ou technique.

DISCUSSION

Ouverture
Nous avons, ensemble, suivi ce séminaire pendant deux jours. Nous allons maintenant prendre quelques instants pour réfléchir sur l'expérience que nous avons tirée de ce cours. Nous allons discuter de ce que nous avons appris et des façons dont nous pensons pouvoir l'appliquer. Nous déciderons ensuite s'il est intéressant que d'autres membres du personnel suivent cette formation.

Questions d'observation
Pourquoi avez-vous suivi ce cours ?
Quels étaient, selon vous, les éléments-clés du cours ?
Quelles ont été pour vous les parties les plus claires du cours ?
Et les parties les moins claires ?

Questions de réflexion
Qu'est-ce qui, dans ce cours, vous a plu ou déplu ?
Quel a été, pour vous, un moment fort du cours ?
Et un moment inintéressant ?
Où avez-vous eu le plus de difficultés ?
Quand avez-vous eu un déclic ?

Questions d'interprétation
Quels sont les bénéfices que vous a apportés ce cours ? Quels sont les bénéfices qu'il a apportés aux autres ?
Dans quelle mesure a-t-il répondu à vos attentes ?
Comment allez-vous appliquer ce que vous avez appris dans ce cours ?

Questions de décision
Quel type de suivi vous aiderait à appliquer plus efficacement ce que vous avez appris dans ce cours ?
Qui d'autre devrait suivre ce cours ?

Clôture
Je comprends par vos réactions que ce séminaire vous a permis d'apprendre réellement. Je vais recommander aux personnes de notre organisation, sur la foi de vos commentaires de prendre également ce cours. Merci beaucoup.

A8 Évaluer le plan d'un cours

Contexte

L'équipe chargée de la mise au point du programme des cours vient de remettre le premier brouillon d'un nouveau cours sur les relations avec la clientèle, et elle a besoin de l'avis du personnel. Une réunion du personnel sur ce sujet est convoquée, et c'est vous le facilitateur.

Objectif rationnel

Mettre en lumière les forces et les faiblesses du cours en vue de l'améliorer.

Objectif d'évolution d'attitude

Faire ressentir à l'équipe chargée de la mise au point du programme toute la valeur de son travail et impliquer dans le processus le reste du personnel.

Conseils

Méfiez-vous des réponses trop longues. Si quelqu'un souhaite faire un discours, suggérez-lui de l'écrire et de le transmettre au chef de l'équipe. Assurez-vous que la discussion garde un certain rythme. Soyez clair sur le fait que ce sont les réponses aux questions de décision dont l'équipe aura le plus besoin.

Autres applications

Cette discussion peut aussi être utilisée pour réfléchir sur un modèle ou sur un plan.

DISCUSSION

Ouverture

L'équipe de rédaction du programme des cours vient tout juste de nous remettre le plan d'un cours sur les relations avec la clientèle. Examinons ce plan pendant quelques minutes avant d'en parler ensemble.

Questions d'observation

Quels mots, quelles phrases ou quels titres vous ont tout de suite sauté aux yeux ?

De quelles parties du cours vous souvenez-vous le mieux ?

Qu'y a-t-il d'autre dans ce cours ?

Questions de réflexion

Quelles sont les parties du cours qui vous ont le plus attiré ?

Quelles sont les valeurs fondamentales sur lesquelles insiste ce cours ?

Quelles parties du cours ne vous satisfont pas ?

Questions d'interprétation

Qu'est-ce que ce cours pourrait apprendre aux personnes qui le suivront ?

Que voudriez-vous que les participants puissent apprendre ou découvrir et qui ne s'y trouve pas ?

Dans quelle mesure les personnes qui suivront ce cours pourraient s'en trouver changées ?

Quels défis devriez-vous relever si vous deviez donner ce cours ?

Questions de décision

Quelles suggestions aimeriez-vous faire à l'équipe responsable de la rédaction des cours ?

Quelles autres valeurs incluriez-vous dans ce cours ?

Quelle information supplémentaire aimeriez-vous y voir figurer ?

Quelles autres modifications y apporteriez- vous ?

Quels ouvrages ajouteriez-vous à la bibliographie ?

Parmi ces suggestions, lesquelles considéreriez-vous comme prioritaires ?

Si vous réfléchissez à ce qui vient d'être dit, quelles sont, selon vous, les premières choses à faire pour améliorer ce cours ?

Clôture

Nous avons fait du bon travail. Nous savons maintenant avec plus de précision ce qui doit être fait pour améliorer ce nouveau cours.

A9 Évaluer le déroulement d'un projet

Contexte
La première question au programme de la réunion mensuelle est de donner une évaluation sur le déroulement du projet sur lequel une équipe a travaillé pendant quelques semaines. Chaque groupe a fait circuler un rapport sur le travail accompli jusque-là. Chaque personne a donc eu le temps de les comparer avec le plan d'action.

Objectif rationnel
Réfléchir sur la manière dont l'équipe travaille et décider des modifications nécessaires pour assurer le succès de l'équipe.

Objectif d'évolution d'attitude
Se sentir responsable du travail effectué et continuer à avancer.

Conseils
Accordez un temps de réponse suffisant pour les questions d'observation. Assurez-vous que le centre d'intérêt soit la clarté des informations objectives. Évitez de demander systématiquement pourquoi une chose a été faite ou ne l'a pas été. Dites au groupe que le moment de tirer des conclusions ou de décider des priorités viendra plus tard, lorsque la situation réelle aura été analysée.

Autres applications
Cette discussion peut aussi être utilisée au milieu de chaque trimestre pour revoir des plans d'action s'étalant sur une période de six mois à un an.

DISCUSSION

Ouverture
Nous sommes arrivés à un point crucial de notre plan d'action, où il s'agit de former tous les départements à l'utilisation du nouveau logiciel. Il faut que nous réfléchissions aux progrès faits jusque ici. J'espère que chacun d'entre vous a examiné le plan dans son ensemble ainsi que les rapports de chaque sous-groupe. Nous devons penser à ce que nous avons fait ce mois-ci et décider s'il est nécessaire d'apporter des modifications au plan afin de mener à bien le projet, et ce, dans les temps.

Questions d'observation
À la lecture de ces rapports, quelles phrases ou quels points ont attiré votre attention ?
Quelles parties des rapports sont évidentes ?
Quelles parties des rapports sont imprécises ?
Si nous considérons ce travail comme un travail d'équipe, quelles autres informations devons-nous partager ?
Si nous comparons ces rapports avec notre plan d'action, où avons-nous pris de l'avance sur notre programme ?
Où avons-nous pris du retard ?

Questions de réflexion
Qu'est-ce qui vous a surpris dans ces rapports ?
Où le travail a-t-il avancé facilement ?
Où s'est-il révélé plus dur que prévu ?
Où était-ce la confusion et où étions-nous devant une impasse ?

Questions d'interprétation
Quels semblent être les problèmes principaux ou dans quels domaines se posent-ils ?
Où une aide supplémentaire serait-elle nécessaire ?
Quel genre d'aide faut-il ?
Sur quels points devons-nous travailler tous ensemble ?
Que faudra-t-il pour mener à bien ce projet ou pour le recommencer ?

Questions de décision
Quels changements au plan d'action recommanderions-nous ?
Quels changements devrions-nous apporter à notre manière d'opérer ?
Quelles seront les prochaines étapes ? Qui doit s'en occuper ?

Clôture
Il nous a vraiment été utile de faire le point sur la situation et de voir quels sont les changements à apporter lors des prochaines étapes.

A10 Analyser un échec commercial

Contexte

Une équipe a passé six mois à concevoir un nouveau biscuit, à le mettre à l'essai et à tenir des stands de dégustation pour des clients potentiels. Comble de l'embarras, le produit ne s'est pas vendu. L'équipe est complètement désespérée. Le directeur lui demande de reconcevoir son produit. Le responsable de l'équipe décide d'avoir une discussion avec les autres membres afin de voir s'ils peuvent trouver les causes du problème. (Vous remplacerez bien sûr «-biscuit-» par votre produit.)

Objectif rationnel

Essayer d'analyser où est le problème et trouver des méthodes pour le résoudre.

Objectif d'évolution d'attitude

Donner à l'équipe le courage et la détermination nécessaires pour recommencer.

Conseils

Il est inutile d'avoir cette discussion si le responsable de l'équipe s'est résigné ou est désespéré. Le responsable doit changer d'humeur avant d'entrer dans la pièce. Il faut éviter tout genre de reproche dans ce genre de discussion. À chaque étape de cette discussion, il faut insister sur l'origine du problème et sur les mesures qu'il conviendrait de prendre pour le résoudre. Si l'on commence à jeter la responsabilité sur quelqu'un, la créativité disparaît.

Autres applications

Ce genre de discussion permet également d'analyser l'échec d'un système au sein d'une organisation.

DISCUSSION

Ouverture

Bienvenue sur ce même projet. C'est la première fois que nous nous revoyons depuis la mise à l'essai de notre biscuit. Je pense que la direction croit suffisamment en nous et en ce produit pour nous laisser recommencer. Pourquoi ne pas amorcer cette analyse avec une discussion qui pourrait nous amener au problème ?

Questions d'observation

Qu'ont dit les gens au sujet de ce biscuit ?
Au sujet de sa couleur ? De son goût ? De son emballage ?
Quels commentaires ont-ils faits sur les ingrédients qui le composent ?
Quels autres commentaires avons-nous entendus ?
Quelles ont été vos impressions personnelles ?
De quelles autres informations ou statistiques disposons-nous grâce à l'étude de marché qui a été faite ?

Questions de réflexion

Qu'est-ce que les gens ont aimé de ce biscuit ?
Qu'est-ce qu'ils n'ont pas aimé ?
Quelles ont été vos propres réactions ou intuitions à la suite de la campagne de marketing ?

Questions d'interprétation

Quel semble être le problème majeur de ce biscuit ?
Quels sont les problèmes fondamentaux de la campagne de marketing ?
Quelles conclusions pouvons-nous tirer de ces réponses?

Questions de décision

Quelles nouvelles possibilités devons-nous étudier en ce qui concerne la recette et la commercialisation du produit ?
Quelles seront les prochaines étapes ?

Clôture

Je crois que cette discussion nous a permis de faire un grand pas en avant. Je pense ressentir en chacun de nous une grande détermination à trouver le problème et à obtenir finalement un excellent produit.

A11 Évaluer les activités de marketing

Contexte

Une société fait les mêmes activités de marketing depuis un certain temps. Il est impératif de les évaluer afin de voir quels changements seraient nécessaires.

Objectif rationnel

À partir des premières impressions et réactions du groupe vis-à-vis de ces activités de marketing, les évaluer et recommander certains changements.

Objectif d'évolution d'attitude

Susciter une vive émotion à l'égard des nouvelles images publicitaires.

Conseils

Restez centrés sur l'avenir. Quelqu'un pourrait facilement être sur la défensive au sujet de certains aspects des anciennes activités de marketing.

Autres applications

Ce genre de discussion est utile pour tous les types d'évaluation, par exemple pour l'évaluation d'un produit en conception.

DISCUSSION

Ouverture

Voici un exemplaire complet de nos activités de marketing : nous avons des brochures, des prospectus, des campagnes publicitaires, des logos, des catalogues et des appréciations de nos clients. Pendant quelques minutes, parcourez chacune de ces pièces et notez vos impressions.

Questions d'observation

Quelles sont les pièces qui constituent nos activités de marketing ?
Quelle en est la plus ancienne ? La plus récente ?
Quelles images sont encore ancrées dans votre esprit ?
Quels mots ou quelles phrases ont attiré votre attention?
Quelles couleurs ressortaient ?
Quels sons ont retenti dans votre tête ?
Quelles idées ingénieuses vous ont marqués ?
Quand avons-nous utilisé ces activités comme ensemble ou comme pièces individuelles ?
Quels en furent les résultats ?
Quelle partie des activités fait appel à la créativité ?

Questions de réflexion

Qu'est-ce qui est toujours intrigant dans ces activités ?
Qu'est-ce qui vous a attirés ?
Qu'est-ce qui n'est pas intrigant ?
Qu'est-ce qui n'a pas réussi à vous attirer ?
À quelles associations d'idées ou à quels souvenirs l'analyse des pièces mène-t-elle ?
Quelle est la partie la plus passionnante de ces activités ?
Quelle en est la partie la plus ennuyeuse ?
Certaines parties semblent-elles démodées ?

Questions d'interprétation

Que réalisent ces activités ?
Que ne réalisent-elles pas ?
Quels aspects de ces activités devraient être modifiés ?
Quels genres de modifications sont nécessaires ?
En tenant compte de la première étape de la discussion, quelles activités de marketing devrions-nous garder ?
Essayons d'imaginer à quoi ressemblerait l'ensemble des activités marketing?
Qu'aurait-il de plus ?

A11 Évaluer les activités de marketing (suite)

Qu'aurait-il de moins ?
Quels messages voulons-nous faire passer ?
Par quels médias les faire passer ?
Quels styles et quels dessins doit-on utiliser ?

Questions de décision
Quelles seront les prochaines étapes du processus ?
Qui sera responsable de rassembler ces premières impressions ?
Quand devons-nous nous rencontrer pour en discuter ?

Clôture
Ce fut une discussion importante et, surtout, utile.
Nous pouvons maintenant garder en réserve une série d'idées
qui permettront de suggérer quelques croquis impressionnistes et
quelques plans de ce que l'on envisage de faire ensemble, avant de
les remettre aux concepteurs.

POINTS QUE L'ANIMATEUR DE DISCUSSION DOIT RETENIR

Un bon facilitateur sait que la méthode de la discussion fonctionne le mieux lorsque l'intelligence de chacun des individus est affirmée et lorsque toutes les idées collectives du groupe sont honorées. Ce n'est pas simplement un principe abstrait. Dans la pratique, cela nous rend aptes et prêts à écouter attentivement les participants, à accepter le silence avec compréhension, à continuer à regarder l'interlocuteur dans les yeux, et à nous concentrer sur ce qu'il dit plutôt que sur ce que nous dirons en tant que facilitateurs. Pour honorer un participant, il est aussi nécessaire d'être prêt à poser des questions occasionnelles dans un souci de clarté, afin de faire ressortir la créativité réelle du participant.

De la même manière, le facilitateur se garde de donner son opinion personnelle au sujet des idées collectives, en veillant à ne pas réagir négativement par rapport aux idées des participants, et à rester neutre à l'égard de leurs idées. Cette neutralité permet d'éviter la critique, la colère et la frustration du groupe en prenant une position non défensive chaque fois que la tension monte au sein du groupe.

A12 Analyser un rapport très important

Contexte

Vous venez de recevoir un rapport très important qui pourrait avoir un impact majeur sur votre travail. Vous en avez distribué un exemplaire à chaque membre de l'équipe et attribué une section à chacun d'entre eux, en leur demandant de donner leurs réactions aux questions suivantes lors de la réunion : Quels sont les points fondamentaux qui sont abordés dans cette section ? Quelles expériences comparables à celles qui sont décrites dans ce rapport avons-nous déjà vécues? Quelle portée la section que vous avez lue a-t-elle sur nous-? Où est-il nécessaire de tirer au clair la pensée de l'auteur-? Quelles questions le rapport soulève-t-il ?

Objectif rationnel

Comprendre le rapport entre les lignes et voir dans quelle mesure il s'applique à votre société.

Objectif d'évolution d'attitude

Évaluer l'importance du rapport grâce au travail de l'équipe.

Conseils

Tenez compte du fait que cette discussion durera deux heures et programmez-la en conséquence. L'intérêt des questions d'interprétation est d'entrer au cœur de l'information complexe et de pressentir ensuite la portée qu'elle pourrait avoir sur votre situation.

DISCUSSION

Ouverture

Chacun d'entre vous a eu la possibilité d'approfondir une partie du rapport. Commençons par écouter chaque personne répondre aux questions posées sur leur section. Commençons par Marie avec la section 1.

Demandez à chaque personne ou à chaque groupe un compte-rendu de leur section. Assurez-vous que leurs rapports répondent bien aux premières questions. Demandez des éclaircissements après chaque rapport.

Après avoir publié tous les rapports, posez à tout le groupe les questions suivantes :

Questions d'observation

Quelles sections du rapport ont réellement attiré votre attention ?

Questions de réflexion

Où vous êtes-vous surpris à penser à diverses parties du travail en cours ?

De quelles situations vous souveniez-vous ?

Quelle partie du rapport vous a passionnés ?

Quelle partie du rapport vous a laissés sceptiques ou vous a frustrés ?

Questions d'interprétation

Quelles relations voyez-vous entre plusieurs parties du rapport ?

Quels sont les points abordés dans le rapport ?

Quelles questions ces points soulèvent-ils ?

Comment répondrions-nous à ces questions ?

Quelles en sont les répercussions (si répercussions il y a) sur notre manière de travailler ?

Que devons-nous faire avant de prendre une ultime décision à propos des changements que nous recommandons ?

Questions de décision

Quelles seront les prochaines étapes du rapport ?

Comment réaliserons-nous les changements que nous avons proposés ?

Clôture

Ce fut une discussion très utile. Nous avons examiné en détail l'impact de ce rapport. Merci pour votre préparation et votre réflexion. Je rédigerai un résumé de ses implications et le publierai pour vous mardi.

A13 Évaluer les prestations d'un service

Contexte

Des plaintes ont été reçues à propos de la qualité d'un service interne. (Ce peut être une garderie pour les enfants du personnel, une cafétéria, un créneau de stationnement pour vélos ou encore des douches pour les cyclistes). La direction va tenir une série de discussions pour chercher à rendre le service plus efficace.

Objectif rationnel

Comprendre le problème.

Objectif d'évolution d'attitude

Entamer le processus de résolution du problème.

Conseils

Il pourrait être utile d'élargir cela pour en faire un atelier où, au moyen de remue-méninges, on déterminerait les problèmes et on trouverait des solutions.

L'animateur de discussion doit connaître les limites des possibilités avant de tenir ce genre de discussion. Si la direction veut interrompre le service à cause des problèmes qu'il rencontre, cette discussion ne fera naître que de faux espoirs.

Autres applications

Ce genre de discussion peut aussi servir pour analyser la nouvelle législation gouvernementale qui s'applique au travail de votre département.

DISCUSSION

Ouverture

Nous voulons revoir l'efficacité de ce service. Quelques questions ont été soulevées à ce propos. Nous vous demandons des idées et ce qu'il faut faire. Nous sommes tous responsables de la situation. Nous devons nous intéresser aux problèmes structurels et à leurs solutions.

Questions d'observation

Pour commencer, un brin d'histoire.

Quand ce service a-t-il été créé ?

Quelqu'un s'en souvient-il ?

Pourquoi a-t-il été créé ? Écoutons ceux qui étaient présents à l'époque.

Qui se sert de ce service en réalité et à quel rythme ?

Qui en a eu recours récemment ? Que s'est-il passé ?

Quelles histoires ou quels commentaires avez-vous entendus quant à son fonctionnement ?

Questions de réflexion

Dans quelle mesure les gens sont-ils contents de ce service ?

Pourquoi en sont-ils mécontents ?

Que diriez-vous de ce facteur de mécontentement ?

Questions d'interprétation

D'après ce que l'on vient d'entendre, où le problème semble-t-il se situer ?

Est-il grave ?

Quels problèmes y sont liés ?

Comment résumer les petits problèmes auxquels nous sommes confrontés ?

Questions de décision

Que faut-il faire pour améliorer ce service ?

Quelles sont les premières mesures à prendre ?

Clôture

Ce fut une discussion très utile. Avec votre aide, je ne doute pas un instant que nous pourrons rendre ce service plus efficace.

A14 Faire le bilan d'une foire commerciale

Contexte

Les membres de l'équipe de marketing et de l'équipe des ventes viennent de terminer leur foire commerciale. À présent, ils sont réunis autour d'une table de conférence afin de réfléchir à ce qui s'est passé et évaluer l'utilité de la foire.

Objectif rationnel

Décrire ce qui s'est passé pendant la foire, apprécier son importance pour leur société et décider s'ils devraient participer à nouveau à cette foire l'an prochain.

Objectif d'évolution d'attitude

Prendre leur travail au sérieux et apprécier l'importance de leur contribution.

Conseils

Les gens répondent parfois aux questions qu'on ne leur a pas encore posées. Il est important que vous vous mainteniez au niveau du groupe. Il est souvent préférable de sauter simplement une question afin de rester où ils en sont, plutôt que de leur faire répondre à une question qu'ils ont passée. L'animateur de discussion doit décider s'il faut suivre l'intérêt du groupe ou insister pour qu'il traite une question précise avant une autre.

Autres applications

On peut utiliser cette discussion pour évaluer une présentation, une animation lors d'un festival, ou tout effort fait dans le cadre d'un événement.

DISCUSSION

Ouverture

J'ai pensé qu'il serait utile de réfléchir à la prochaine foire commerciale des Maisons et Jardins. Nous venons de passer énormément de temps et de dépenser beaucoup d'argent et d'énergie pour cette foire. Nous voulons voir ce que nous avons appris, comment notre société a travaillé et déterminer si cela serait intéressant d'y participer à nouveau l'an prochain. Certains d'entre vous ont des idées plus précises sur la question, mais nous avons tous des choses qui valent la peine d'être partagées.

Questions d'observation

De quels moments de la foire vous souvenez-vous ?
Qu'est-ce qui les a rendus mémorables ?
Qu'avons-nous montré ? Qu'est-ce que les gens ont acheté ?
Pour quels articles ont-ils montré de l'intérêt ?
Quels produits ou quels services ont suscité le plus de questions ?
Qu'est-ce qui est passé inaperçu ?
Combien de contacts avons-nous eus ?
Combien de paiements par anticipation ont été faits ? De quelle valeur étaient-ils ?
Quels bénéfices cela nous a-t-il rapportés ?

Questions de réflexion

Pour vous, en tant que personne, que représentait cette foire ?
Qu'est-ce qui vous a surpris dans les réactions du public vis-à-vis de nos articles ? Quel était le point le plus décevant ?
Quels défis avez-vous rencontrés lors de cette foire ?

Questions d'interprétation

Qu'est-ce que la foire a apporté à notre organisation ?
Quelles perspectives nouvelles nous a-t-elle offertes ?
Qu'est-ce que la foire n'a pas fait pour notre organisation ?
Si nous y participions à nouveau, que ferions-nous différemment ?

Questions de décision

Si vous pesez le pour et le contre de notre participation à cette foire, comment jugez-vous l'importance de notre participation ?
Quelles sont nos recommandations pour y participer l'an prochain ?

Clôture

Ce fut une discussion révélatrice. Il est toujours bon d'entendre le fond de vos pensées. Ceci nous aidera à analyser notre stratégie pour la foire commerciale de l'an prochain. Merci à tous.

A15 Évaluer un formulaire d'entreprise

Contexte

Vous utilisez depuis peu un nouveau formulaire d'entreprise dans votre département. Vous voulez évaluer sa conception et son efficacité.

Objectif rationnel

Objectiver les premières impressions des employés vis-à-vis du formulaire.

Objectif d'évolution d'attitude

Les employés pourront voir que leurs idées ont été mises en pratique et que leurs commentaires comptent.

Conseils

Il sera indispensable que chaque personne du groupe dispose d'un exemplaire du formulaire. Vous devez veiller à avoir suffisamment de réponses objectives avant de passer aux questions de réflexion. Veillez à faire intervenir les plus calmes : « Hélène, nous t'écoutons sur ce point. » *(Répéter la question.)* Soyez attentifs au syndrome de la « participation symbolique-». S'il apparaît clairement que le groupe a avancé assez d'éléments indiquant que le formulaire devrait aller à la poubelle, soyez prêt à prendre au sérieux leurs recommandations, en disant par exemple : «-Bien, je vois que de sérieuses réserves ont été émises au sujet de l'utilisation de ce formulaire. J'en référerai à la direction et suggérerai qu'on le refasse complètement.-»

Autres applications

On peut utiliser ce genre ⸻⸻ ⸻⸻ ⸻⸻ un nouveau matériel prêté temporairement.

DISCUSSION

Ouverture

On a beaucoup discuté et même réagi violemment en faveur de ce formulaire et contre celui-ci. J'ai pensé qu'il serait utile d'avoir une discussion où nous pourrions faire part de nos avis sur les avantages et les inconvénients de ce nouveau formulaire. D'accord ?

Questions d'observation

Quelle est la première chose qui saute aux yeux dans ce formulaire ? Quels sont ses points-clés ?

Questions de réflexion

Qu'aimez-vous ou que n'aimez-vous pas dans ce formulaire ?

Questions d'interprétation

En quoi est-il comparable à l'ancien formulaire ? Quels sont ses points forts et ses points faibles ? En quoi changera-t-il notre manière de travailler?

Questions de décision

Que faire pour être certains d'utiliser ce formulaire correctement ?

Clôture

Bien, continuons à y réfléchir. Je serais intéressé à entendre vos nouvelles réflexions sur le formulaire à mesure que nous l'utiliserons.

Discussions liées à la préparation et à la planification

Faites les choses avant qu'elles ne se produisent.
Mettez-les dans l'ordre avant qu'elles ne se mélangent.
Lao Tzu : *Tao Te Ching*

Dans les domaines de l'observation,
le hasard ne favorise que l'esprit préparé.
Louis Pasteur

La préparation et la planification sont les fonctions principales de tout atelier. Le résultat de chaque événement ou de chaque changement de programme dépendra de la façon dont il a été préparé et planifié.

La discussion structurée peut aussi aider à capter l'attention d'un groupe sur un sujet. Nous supposons que ceux qui organisent la planification veulent optimiser la participation du groupe. Cependant, lorsque les gens se réunissent pour préparer ou pour planifier quelque chose, ils ont souvent la tête ailleurs. Marie se demande si ses enfants réussissent leurs études. José pense à sa nouvelle voiture de sport. Lucie discute avec Cathy de l'exposition qu'elles ont vue. D'autres regardent par la fenêtre ou rêvent qu'ils jouent au golf.

L'animateur de discussion doit, avant tout, s'attacher à capter l'attention sur un travail et un espace mental. Essayer de se lancer immédiatement dans la planification équivaut à faire démarrer une voiture au plus fort de l'hiver. Appuyer sur l'accélérateur ne suffit peut-être pas. Pour les travaux de groupe liés à la préparation et à la planification, la discussion structurée est un bon moyen d'amener le sujet. Elle prépare les membres du groupe au travail graduellement et forme un contexte de sorte que leurs idées se rejoignent.

L'ouverture d'une discussion éveille progressivement la curiosité des gens qui, plus tôt, avaient la tête ailleurs. Elle permet de réfléchir au sujet de manière rationnelle et intuitive pour commencer.

Cette section comprend 18 discussions liées à la préparation et à la planification :

B1. Capter l'attention d'un groupe avant un atelier

B2. Présenter un nouveau sujet de formation

B3. Préparer un petit exposé

B4. Rassembler des idées pour faire la critique d'un livre

B5. Préparer un groupe à rédiger un rapport

B6. Trouver un symbole et un slogan

B7. Mettre sur pied un groupe de travail pour un atelier

B8. Préparer le programme d'une réunion

B9. Créer une organisation interne de services

B10. Organiser une réception pour le personnel

B11. Travailler sur une brochure

B12. Préparer un budget

B13. Concevoir des nouveaux bureaux

B14. Imaginer un nouveau décor

B15. Choisir le sujet d'une conférence

B16. Concevoir un manuel pour le service à la clientèle

B17. Dresser un plan de marketing

B18. Préparer une présentation stratégique pour un nouveau produit

Quand vient le moment de la planification, il est toujours important de connaître les limites des outils de travail que nous utilisons. Une bonne discussion structurée permet d'organiser une réception pour le personnel, à condition de prendre le temps de déterminer les tâches précises à la fin. Toutefois, une discussion, quel que soit son niveau, ne permet pas de planification à long terme. Pour ce faire, il faut recourir à d'autres moyens, comme la planification stratégique. La discussion structurée peut constituer une étape d'un plus grand processus comme réexaminer le déroulement du plan stratégique d'un produit fini. Compte tenu que bon nombre de discussions présentées ci-après visent à rassembler les idées afin de créer des projets ou de donner des conseils, il est important de demander ou de désigner quelqu'un qui prendra de très bonnes notes. La discussion close, ces notes peuvent être distribuées à chacune des personnes afin qu'elles puissent travailler sur la même base. Plus tard, au cours des étapes suivantes de la discussion, vous devrez sans doute consulter ces notes à plusieurs reprises.

B1 Capter l'attention d'un groupe avant un atelier

Contexte

Avant de commencer un atelier visant à résoudre un problème, l'animateur de discussion veut capter l'attention du groupe sur le problème et ses causes.

Objectif rationnel

Capter l'attention de chacun sur un même sujet en débattant sur l'origine du problème.

Objectif d'évolution d'attitude

Capter l'attention du groupe sur le contexte de la discussion.

Conseils

Il est préférable de mener la discussion de manière à ce que la question principale de l'atelier soit posée en dernier lieu. Ainsi, la transition de la discussion à l'atelier se fera sans faille. Pour les questions de décision, ne demandez que deux ou trois réponses, étant donné que tout au long de l'atelier, on tâchera de trouver ce qu'il faut faire.

Cette discussion donne peu de résultats lorsque les gens abordent le sujet avec trop d'anxiété. Dans ce cas-là, il vaut mieux passer directement à l'atelier, où l'emploi de fiches et la structure de la méthode tendent à apaiser l'anxiété.

Autres applications

Ce genre de discussion peut aussi servir pour présenter les membres de l'équipe d'un projet ainsi que pour clarifier les suggestions ou les attentes de chacun.

DISCUSSION

Ouverture

Bien, nous avons enfin décidé de prendre le temps d'examiner ce problème ensemble et de déterminer les mesures à prendre pour en venir à bout. La question principale sur laquelle nous nous pencherons dans l'atelier sera celle-ci : « Comment résoudre le problème? » Pour y répondre sagement, réfléchissons quelques minutes à la manière dont le problème est né. Voyons comment nous y sommes arrivés.

Questions d'observation

Quels événements sont à l'origine de ce problème ?

Que savons-nous d'autre sur le fond du problème ?

Questions de réflexion

Qu'est-ce qui vous a le plus frustrés ?

En quoi cela vous a-t-il touchés personnellement?

En quoi cela s'est-il répercuté sur notre travail ?

Questions d'interprétation

Si le problème restait irrésolu, quelles seraient les conséquences possibles sur notre organisation et notre clientèle ?

Citez quelques autres conséquences.

Quelles sont les origines du problème ?

Questions de décision

Que pourrions-nous faire pour remédier à ce problème ?

Clôture

Bien, c'est un bon début. À partir de ce que nous savons, reprenons cette question et attachons-nous essentiellement à y répondre dans notre atelier.

B2 Présenter un nouveau sujet de formation

Contexte

Les participants d'un programme de formation intensive vont passer à un nouveau sujet. Une discussion permet de présenter la nouvelle séance.

Objectif rationnel

Se fonder sur leur expérience pour aborder le nouveau sujet.

Objectif d'évolution d'attitude

Permettre au groupe d'établir un rapport affirmatif entre le défi et ce que le sujet peut lui apporter.

Conseils

S'il y a de fortes probabilités que le groupe soit déconcerté par les questions de réflexion sur les couleurs ou sur les animaux, un petit contexte les autorisant à laisser libre cours à leur imagination pourrait se révéler utile : « La question suivante peut paraître quelque peu saugrenue, mais considérez-la comme une expérience et amusez-vous en y répondant. » Ces réponses peuvent donner plus d'information qu'on ne pourrait l'imaginer . Les métaphores peuvent être puissantes.

Autres applications

Cette discussion peut être utile à chaque fois que l'équipe est confrontée à de nouvelles procédures, de nouvelles technologies ou de nouveaux sujets de formation.

DISCUSSION

Ouverture

Bien, aujourd'hui nous allons voir un nouveau sujet. *(Nommez le sujet.)* Parlons en un peu. Nous avons tous une certaine expérience dans ce domaine.

Questions d'observation

Quand avez-vous vu ce sujet pour la première fois ?

En y pensant, quelles images vous viennent à l'esprit ?

Que savons-nous déjà du sujet ?

Questions de réflexion

Quels sentiments associez-vous à ce sujet ?

Quelles expériences pouvez-vous relier à ce sujet ?

À quelle couleur l'associez-vous ?

À quel animal vous fait-il penser ?

Quels aspects appréciez-vous ?

Que n'aimez-vous pas de ce sujet ?

Qu'est-ce qui relève le plus du défi dans ce domaine ?

Questions d'interprétation

Pourquoi ce sujet est-il si important ?

En quoi vous concerne-t-il ? En quoi influe-t-il sur votre travail ou sur d'autres aspects de votre vie ?

Quelles sont vos principales questions sur le sujet ?

Clôture

En donnant nos points de vue, nous avons déjà fait le premier pas pour comprendre le sujet.

B3 Préparer un petit exposé

Contexte

Vous préparez un petit exposé dans lequel vous présentez les produits de votre société. Vos clients vous ont laissé un quart d'heure pour le faire. Vous êtes assis dans votre chambre d'hôtel et essayez de trouver comment vous y prendre avec vos clients, en tenant cette conversation avec vous-même.

Objectif rationnel

Communiquer l'information relative à vos produits et votre passion pour ceux-ci.

Objectif d'évolution d'attitude

Convaincre vos clients d'acheter vos produits après en avoir vu tous les avantages.

Conseils

Cette présentation est valable pour les brefs exposés uniquement, lorsque vous disposez de peu de temps pour les rédiger et les répéter.

Autres applications

Ce genre de discussion peut aussi aider à rédiger un rapport, un éditorial ou une offre rapide.

DISCUSSION

Ouverture

Pour préparer cet exposé, je vais me poser quelques questions. J'utiliserai les réponses dans mon exposé pour mieux attirer le public.

Questions d'observation

Quels renseignements objectifs sur le produit dois-je communiquer-: des renseignements sur son chiffre de vente et son histoire ou ses caractéristiques, ses emplois et ses avantages ?

Questions de réflexion

Pourquoi ce produit m'intéresse-t-il tant et qu'a-t-il d'aussi passionnant ?

Questions d'interprétation

Que puis-je dire pour en souligner clairement les avantages qu'en retireront mes clients ?
En quoi ce produit satisfait-il à leurs exigences ?

Questions de décision

Quel éventail d'options s'ouvre à eux d'après mon exposé ?
De toutes ces options, lesquelles sont préférables pour l'occasion ?
Dans quel ordre dois-je les annoncer ?

Clôture

Je m'imagine présenter cet exposé et le conclure avec succès.

B4 Rassembler des idées pour faire la critique d'un livre

Contexte
Dans un atelier, un groupe de travail a étudié un tout nouveau livre. Afin de le faire connaître, ils ont écrit une critique du livre dans le bulletin interne. Ils rassemblent maintenant leurs idées pour écrire la critique.

Objectif rationnel
Clarifier le sujet du livre et ce qu'il dit.

Objectif d'évolution d'attitude
Expliquer l'importance que ce livre pourrait avoir pour le lecteur et pour l'organisation.

Conseils
Évitez toute critique du livre avant la dernière question d'interprétation. Si quelqu'un commence à expliquer ce qu'il n'a pas aimé dans le livre, dites-lui : « Il est prévu d'aborder ce sujet plus loin dans la discussion. » Il est toujours important d'expliquer clairement le sujet du livre, quels sont les points principaux et en quoi cela se rattache à votre organisation, avant de demander un jugement de valeur.

Autres applications
Cette présentation de discussion peut aider à rassembler des idées pour écrire une série de choses comme le script d'une publicité.

DISCUSSION

Ouverture
Je propose que nous ayons une première discussion pour réfléchir sur le livre et voir ce que nous voulons souligner dans notre critique. J'ai remarqué au cours de notre travail que bon nombre d'entre vous ont pris des notes et que certains ont dressé des grands plans mentalement. Prenons quelques minutes pour les analyser. Si vous n'avez aucune note, il vous suffit de parcourir les premiers et les derniers paragraphes du maximum de chapitres possible. Nous enregistrerons la discussion pour pouvoir y revenir plus tard et Jacques prendra des notes précises pour nous.

Questions d'observation
Quels mots ou quelles phrases ressortent de ce que vous avez lu ?
De quels points principaux l'auteur parle-t-il ?
Quel(s) chapitre(s) résume(nt) le mieux la pensée de l'auteur ?

Questions de réflexion
En quoi ce livre vous a-t-il touchés personnellement ?
Quelles phrases de l'auteur vous ont le plus offensés ? Pourquoi ?
Quel était pour vous le chapitre le plus passionnant ?

Questions d'interprétation
Dans quel contexte plus large doit-on placer ce livre ?
Quels aspects du lieu de travail l'auteur remet-il en question ?
Que recommande-t-il ?
D'après vous, qu'est-ce qui fait défaut dans ce livre ?
Que devons-nous donc souligner dans notre critique du livre ?

Questions de décision
Supposons que cette critique comporte cinq paragraphes. Qu'une personne fasse preuve d'audace en proposant le sujet de chacun de ces paragraphes. Au tour d'autres personnes, à présent : quels seraient ces cinq paragraphes ?
Qui de nous formera une équipe qui rédigera une première ébauche de critique que nous pourrions examiner lors de notre prochaine réunion ?
Quels derniers conseils devons-nous lui donner?

Clôture
Grâce à cette discussion, nous devrions être capables de proposer une critique qui fera une forte impression sur les lecteurs et notre organisation.

B5 Préparer un groupe à rédiger un rapport

Contexte
Une petite équipe prépare la quatrième et dernière partie du rapport qu'elle doit soumettre à ses directeurs et à ses investisseurs. L'équipe discute de ce qu'elle va écrire et de ce qu'il faut mettre en évidence.

Objectif rationnel
Clarifier le contexte du rapport, les sujets principaux et l'intrigue.

Objectif d'évolution d'attitude
Avoir la satisfaction de voir que le rapport est dans le vif du sujet.

Conseils
Remarquez que le niveau complexe de l'observation comporte à lui seul les quatre niveaux de questions en relation directe avec le sujet du rapport. Il y a beaucoup de questions objectives afin de clarifier le rapport. Les questions d'interprétation sont très importantes puisqu'elles nous indiquent comment classer l'information. Choisissez deux bons preneurs de notes ou utilisez un magnétophone. Plusieurs fois en travaillant sur ce rapport, vous devrez tenir compte de l'opinion qui prévalait dans la discussion. Pour le niveau de l'interprétation, utilisez un tableau ou des fiches pour donner une représentation visuelle du rapport en rédaction. C'est une discussion longue et complexe. Les questions d'observation pourraient faire l'objet d'une discussion à elles seules et les questions d'interprétation pourraient constituer un atelier.

Autres applications
Cette discussion peut aider à créer des travaux de rédaction ou de production tels que le script d'une publicité ou une vidéo de formation.

DISCUSSION

Ouverture
Commençons par réfléchir tout haut pendant un moment sur ce que nous voulons écrire dans ce rapport et ce que nous voulons mettre en évidence. Je me suis arrangé avec Jimmy et Annette afin qu'ils prennent des notes et participent également à la discussion.

Questions d'observation
De quoi rendons-nous compte ?
Qui lira ce rapport ?
À quoi servira-t-il ?
Parmi nos actions importantes, desquelles devrions-nous rendre compte ?
Quels sont les aspects exceptionnels du sujet de ce rapport ?
Quels en sont les apprentissages importants ?
Qui devrions-nous interroger avant de rédiger ce rapport ?

Questions de réflexion
Que doivent savoir nos lecteurs sur le sujet que nous rapportons ?
Quelle partie pourra être rédigée facilement ?
Pour quelle partie du rapport éprouverons-nous des difficultés ?
En quoi consiste le défi réel pour rédiger ce rapport ?

Questions d'interprétation
Quels points principaux devons nous traiter dans ce rapport ?
Comment les classerons-nous ?
Dans notre intérêt à tous, certains se risquent à proposer un fil conducteur reliant les cinq parties en une longue phrase. D'autres personnes essaient d'une autre manière.
D'après ce qui a été dit, quel semble être le but stratégique de ce rapport ?

Questions de décision
Dans quel style devons-nous le présenter ?
Quels types de travaux artistiques, de photographies, de citations, de graphiques, etc., devrons-nous choisir ?
Que verriez-vous sur la page couverture ?
Quand pensez-vous que nous pourrions être prêts ?
Quelles sont les prochaines étapes, nos prochaines tâches ?

Clôture
Ce fut une longue discussion, mais elle nous a bien préparés. Je sens que nous sommes prêts à nous mettre au travail dès maintenant.

B6 Trouver un symbole et un slogan

Contexte

Une petite entreprise de services va se lancer dans une campagne de financement de cinq mois et elle a besoin d'un symbole et d'un slogan motivants.

Objectif rationnel

Créer des symboles et des slogans qui aient vraiment un sens pour l'organisation et ses membres.

Objectif d'évolution d'attitude

S'amuser en donnant libre cours à sa créativité pour faire ce travail.

Conseils

Amusez-vous bien au niveau de réflexion. Racontez des blagues, portez des chapeaux en papier ou faites tout le nécessaire pour que les gens se détendent, puissent mettre leurs jugements de côté et laisser flotter leurs idées et leurs images.

Autres applications

Cette discussion peut aider les gens à créer des symboles et des slogans pour des départements, un bureau de relations publiques ou une société d'assurances.

DISCUSSION

Ouverture

Bien qu'aucun de nous ne soit ni artiste ni écrivain, nous pouvons sans doute trouver de bonnes idées de slogans et de symboles. Ceux-ci peuvent être très motivants. Si nous pouvions proposer quelque chose qui soit vraiment éloquent, la bataille serait déjà à moitié gagnée.

Questions d'observation

Quels slogans dignes d'être conservés avez-vous déjà entendus ?
Quelles images les accompagnaient ?
Quel sera notre travail au cours de cette campagne ?
Quel est notre objectif premier ?

Questions de réflexion

Quelle partie de cette campagne attendez-vous avec impatience ?
Quelle partie sera amusante ?
Laquelle relèvera du défi ?
Que ressentirez-vous au début de la campagne ? À son apogée ?
Et peu avant son terme ?
Quelles sont les conséquences les plus agréables d'une campagne réussie ?
Sur une photographie, à quoi cela ressemblerait ?
À présent, en relation avec ces images, de quels slogans télévisés ou lus sur des affiches vous souvenez-vous ?

Questions d'interprétation

Que devrez-vous vous répéter pour rester motivés ?
Quelle image pourriez-vous garder à l'esprit en début de journée pour vous encourager à continuer ?
Prenez une minute pour esquisser un symbole sur papier et regardez-le.

Questions de décision

Parmi ces idées, laquelle pourrions-nous transformer en bons slogans ou symboles ? Comment pourrions-nous la rendre encore plus puissante ou mordante ?
Que faut-il faire pour terminer la création du symbole ou du slogan ?

Clôture

Quelqu'un d'entre vous pourrait-il dessiner un symbole pour reproduire le sentiment de fierté que nous éprouverons ? Nous nous en souviendrons probablement de nombreuses années après cette campagne.

B7 Mettre sur pied un groupe de travail pour un atelier

Contexte

Le personnel des entreprises a souvent besoin de créer ses propres groupes de travail sur place afin de s'adapter aux changements et de se soutenir en quelque sorte. Les membres du personnel intéressés se réunissent pour la première fois afin d'élaborer ensemble un plan de travail.

Objectif rationnel

Attirer l'attention du groupe de travail sur le but et le fond de son travail.

Objectif d'évolution d'attitude

Stimuler l'envie d'apprendre ensemble et de créer un groupe de travail.

Conseils

Cette discussion vise à obtenir un accord afin de former un groupe de travail. On y parle donc plus des premières impressions du groupe que de choses pratiques, sur lesquelles portera la prochaine réunion. Il faudra établir le programme et fixer les tâches à accomplir. Cette discussion pourrait devenir un atelier.

Autres applications

Cette discussion peut aussi aider à établir le programme d'associations de tous genres telles que des groupes de femmes ou d'hommes.

DISCUSSION

Ouverture

Depuis quelque temps, plusieurs d'entre nous parlent du besoin que nous avons de nous entraider pour nous adapter à notre profession, à sa nouvelle philosophie, à ses nouvelles valeurs, aux nouvelles technologies et aux techniques dans ce domaine. Aujourd'hui, nous voulons faire un pas en avant en mettant sur pied un groupe de travail au moyen d'une discussion où nous nous concentrerons sur le but et le fond de notre travail. Certains d'entre nous en ont fait mention à la direction, qui fut séduite par l'idée. Parlons de ce que nous devons réaliser.

Questions d'observation

Récemment, quels événements ou quelles situations vous ont fait dire que vous deviez vous adapter davantage aux changements ou étudier ?

Qu'est-ce qui vous fait dire qu'il sera utile d'étudier les nouveautés en groupe avec vos collègues ?

Quelles images vous viennent à l'esprit en pensant à ce groupe de travail en activité ?

Que sommes-nous résolus à faire ?

Questions de réflexion

Quels sont les avantages d'un tel groupe-?

Quels pourraient être certains désavantages?

Quels sont ceux d'entre-vous qui ont l'expérience de ce genre de groupe-?

Questions d'interprétation

De quoi avons-nous le plus besoin dans l'immédiat ?

Quelles questions devons-nous traiter ?

Quel genre de médias devons-nous utiliser ?

Quelles méthodes devons-nous employer ?

Questions de décision

Que faut-il pour commencer ?

Où pourrions-nous nous réunir ?

Quand faut-il nous réunir ? Avant le travail, à l'heure du déjeuner, après le travail, chez l'un d'entre nous ?

Qui s'occupera de rassembler tous ces éléments et de proposer un modèle de travail que nous examinerions ?

B7 Mettre sur pied un groupe de travail pour un atelier (suite)

Quand aura lieu notre prochaine réunion pour examiner le programme, prendre les dernières décisions et analyser les tâches principales à accomplir ?

Clôture
Bien, ce fut une conversation intéressante : elle a vraiment aider à mettre en train ce projet. J'attends avec impatience notre prochaine réunion.

B8 Préparer le programme d'une réunion

Contexte

Vous dirigez une petite équipe afin de préparer le programme d'une réunion mensuelle du personnel.

Objectif rationnel

Élaborer un programme qui permettra au groupe de traiter les problèmes imminents et d'autres points.

Objectif d'évolution d'attitude

Tenter d'éliminer l'anxiété du groupe et créer un intérêt pour cette réunion.

Conseils

On peut utiliser cette présentation pour planifier une réunion de personnel. Pour la première question d'observation, un relevé des participants ou des discussions de groupe pourraient être nécessaires afin d'établir une liste. La durée de la réunion est un facteur important. Ce pourrait être une réunion brève où un ou plusieurs points seraient traités rapidement et quelques avis importants seraient donnés. Pour une réunion plus longue, il faut une préparation plus minutieuse. Il est utile d'écrire les différents points sur un chevalet de conférence au fur et à mesure afin que le groupe puisse disposer d'une liste.

Autres applications

On peut utiliser cette présentation pour d'autres genres de discussions telles que des réunions pour des dîners de clubs ou des réunions paroissiales.

DISCUSSION

Ouverture

Nous devons élaborer le programme de la prochaine réunion du personnel et dresser une liste des points à traiter.

Questions d'observation

Quels points du programme avons-nous repris de la réunion précédente ?
De quels autres points avons-nous entendu parler ?

Questions de réflexion

D'après vous, quels points peuvent être traités facilement ?
Lesquels seront plus difficiles ?

Questions d'interprétation

Quels sont les points cruciaux à aborder lors de la réunion ?
Lequel peut-on traiter autrement ou à un autre moment ?
Lequel doit-on traiter en premier lieu pour pouvoir poursuivre avec les autres ?
Combien de temps faudra-t-il environ pour chaque point ?

Questions de décision

Comment préparer au mieux cette liste afin d'être certains que toutes les tâches nécessaires seront accomplies ?
Qui dirigera la réunion ?

Clôture

Bien, nous avons abordé de nombreux points et pris de bonnes décisions. Il est l'heure de déjeuner.

B9 Créer une organisation interne de services

Contexte

Le personnel des entreprises a souvent besoin de créer une organisation bénévole, officielle ou non, telle qu'une organisation syndicale, une garderie interne, un comité consultatif ou service spécial qui veille aux besoins précis du personnel. Ici, le personnel de la société MNO se réunit pour la mise en place d'une garderie interne.

Objectif rationnel

Faire les premiers pas pour créer un service spécial.

Objectif d'évolution d'attitude

Stimuler l'envie du personnel et son engagement à mettre sur pied le service spécial.

Conseils

Cette discussion est conçue spécifiquement pour la première réunion. Elle ne conviendrait pas pour la réunion suivante où il s'agira plutôt de rassembler les idées et de faire une planification, ce qui se fera plus facilement à l'aide d'un remue-méninges et d'un tri des idées.

Autres applications

Cette discussion peut servir lors des premières réunions si l'on veut créer une banque de crédit, un centre de formation, un centre de conférences ou tout ce qui pourrait aider le personnel dans son travail ou lui faciliter la vie.

DISCUSSION

Ouverture

Nous devons avoir une discussion à propos de la création d'une garderie interne. La direction est favorable à cette idée et veut examiner les rajustements du budget et autres changements que nous recommandons. Poursuivons donc cette discussion.

Questions d'observation

Revoyons rapidement comment nous avons eu cette idée. Quels problèmes, chez le personnel, justifient le besoin d'une garderie?

Que sommes-nous résolus à faire ?

Qui en eu l'idée le premier ?

Qui d'autre semble être intéressé par ce projet ?

Questions de réflexion

Quelles images vous viennent à l'esprit en pensant à l'aboutissement de nos efforts ?

Quels sont les avantages d'une garderie ?

Quels pourraient en être les inconvénients ?

Qui d'entre nous a de l'expérience dans ce domaine ?

Questions d'interprétation

Quelles réactions devons-nous attendre des autres ?

Qu'est-ce que cela signifie pour nous ?

Qu'est-ce qui sera différent ?

Pourquoi cette garderie vous intéresse-t-elle ?

Quel est le but de cette garderie ? *(Une ou deux réponses suffisent.)*

Questions de décision

Comment être mieux soutenu par les autres personnes ?

Quelles sont les prochaines étapes que nous devrons franchir pour réaliser cet objectif ?

Qui devra s'en charger ?

Quand devrions-nous nous réunir et où ?

Qui devrait être présent lors de la prochaine réunion ?

Clôture

Bien, ce fut une conversation importante et un bon début pour ce projet. Merci à tous d'être venus et n'hésitez pas à être présents à la prochaine réunion, avec vos collègues.

B10 Organiser une réception pour le personnel

Contexte
La direction a nommé une équipe pour organiser la réception de Noël.

Objectif rationnel
Imaginer le déroulement de la réception.

Objectif d'évolution d'attitude
Se mettre dans l'ambiance.

Conseils
Si vous disposez de beaucoup de temps pour préparer cette réception, ce sera la première discussion d'une longue liste faisant appel aux suggestions. Ici, la discussion prendra fin après la première question de décision. Ensuite, vous demanderez aux membres de l'équipe de réfléchir au déroulement de la fête et de donner leurs suggestions à la prochaine réunion. En revanche, si vous avez peu de temps devant vous, à la fin de la discussion vous pourriez déjà avoir quelques idées et avoir déterminé les tâches de chacun.

Autres applications
On peut utiliser cette discussion pour planifier des spectacles de danses scolaires, des festivals saisonniers, des fêtes de Nouvel An ou autre manifestation.

DISCUSSION

Ouverture
Parlons de la réception de Noël que nous devons organiser pour le personnel.

Questions d'observation
Qui viendra à cette réception ?
Combien de temps avons-nous pour la préparer?
De quel budget disposons-nous ?
Quels moyens avons-nous déjà à notre disposition pour la préparer-?
Où se tiendra-t-elle ?

Questions de réflexion
Quelle ambiance voulons-nous créer ?
Quelles couleurs, quel sorte de repas, quel décor contribueront à créer cette ambiance ?

Questions d'interprétation
Que réservons-nous aux participants de cette fête ?
À quoi assisteront-ils du début à la fin ?
Quelles activités créeront cette ambiance ?
Quels rôles sont nécessaires ?

Questions de décision
Créez un scénario de la fête : Quelqu'un y réfléchit pendant une minute et explique ensuite comment il imagine le déroulement entier de la fête. Quelles en sont les différentes parties ?
Qu'est-ce qui se passe lors de chacune d'elles ?
À une autre personne ensuite : Qu'ajouteriez-vous ?
Puis, à une autre personne-:
Les trois parties principales seraient donc : ...
Est-ce bien cela ?
Comment commencerons-nous la réception ?
Comment se terminera-t-elle ?
Que devons-nous préparer avant la prochaine réunion ?
Que doit-on vérifier en ce qui concerne l'organisation?
Comment répartirons-nous les tâches ?
Quand aura lieu notre prochaine réunion ?

Clôture
Bien, nous avons déjà abordé de nombreux points. Nous avons fait preuve d'une belle créativité. Nous pensons bien nous amuser.

B11 Travailler sur une brochure

Contexte
Quatre personnes discutent au sujet de la création d'une brochure à petit budget pour leur société.

Objectif rationnel
Dialoguer suffisamment pour encourager la création d'un brouillon de brochure pour la prochaine discussion.

Objectif d'évolution d'attitude
Avoir la volonté de réaliser un objectif commun.

Conseils
Selon les concepteurs de graphiques, pour bien concevoir une brochure, il est essentiel de se mettre d'accord sur la caractéristique principale de la brochure et sur l'impression que vous cherchez à donner.

Autres applications
Cette discussion peut aider à créer toutes sortes de publicité telles qu'un panneau publicitaire, un couplet publicitaire ou une publicité d'une minute.

DISCUSSION

Ouverture
Réfléchissons un moment à ce que la brochure doit ressembler.

Questions d'observation
Qui lira cette brochure ?
Qu'est-ce qui doit y figurer ?
Quels points précis doit-on y introduire ?
Comment la distribuerons-nous ?

Questions de réflexion
Quelles autres brochures aimez-vous ? Pourquoi?
Comment réagissez-vous par rapport à ces autres brochures et à nos idées ?

Questions d'interprétation
Quel message essayons-nous de faire passer à l'aide de cette brochure ?
Que voulons-nous faire principalement ?
Quel style cette brochure doit-elle avoir ?

Questions de décision
Quels points susmentionnés doivent ressortir ?
Quel plan ou quel ordre de questions corroboreront le message que nous voulons faire passer ?
Quelles sont les prochaines étapes ?

Clôture
Je pense que nous avons réuni suffisamment d'éléments.
Transmettons-les à Jean qui se chargera de la suite.

B12 Préparer un budget

Contexte

Vous dressez le budget de l'année prochaine. Chaque équipe ou département est responsable de :

1. Préparer sa part du budget.
2. Mettre le budget en relation avec ses plans d'action et objectifs pour l'année à venir.
3. Dresser la liste des calculs qu'il ou elle a faits en dressant son budget.
4. Comparer les bénéfices et les dépenses de l'année à ceux des années précédentes.

Objectif rationnel

Se mettre d'accord sur l'ensemble du budget et sur les critères de changements.

Objectif d'évolution d'attitude

Le personnel prépare un budget fiable et il a la satisfaction de voir que son avis a compté.

Conseils

D'autres questions pourraient être posées pour que tout le monde soit d'accord sur les critères et sur les autres aspects dont on parle dans les questions d'interprétation.

Autres applications

Vous devrez peut-être imaginer un scénario pour vous mettre d'accord sur les questions d'interprétation.

DISCUSSION

Ouverture

Chacun de vous a dû préparer un budget pour l'année à venir en fonction des objectifs et des plans d'action de son équipe. Comme vous pouvez le voir, ceux-ci figurent sur une feuille de travail pour chaque département. Aujourd'hui, nous allons essayer d'étudier sur quoi est fondé chaque budget, quelles questions nous devons traiter pour mener à terme ce budget et sur quelles valeurs ou sur quels critères il faudrait nous fonder pour accorder ces budgets. En ce moment, nos dépenses dépassent le budget prévu de ...%, sont inférieures au budget de...%. Nos bénéfices dépassent le budget de ...%, sont inférieurs au budget de ...%.

Questions d'observation

Que chaque équipe présente son budget, montre les objectifs que ce budget devrait permettre d'atteindre l'année prochaine et donne des suggestions. Lorsque tous les rapports auront été présentés, posez des questions afin que tout soit bien clair.

Questions de réflexion

À l'écoute de ces budgets, quelles prévisions ou quels calculs vous ont surpris ? Quelle était la raison de vos préoccupations ?

Questions d'interprétation

Quelles questions vous êtes-vous posées en examinant les budgets ? *(Ce sont de simples questions : la discussion viendra plus tard.)* Quelles sont vos questions relatives aux calculs?
Où pensez-vous que nous devrions vérifier nos comptes pour accroître nos bénéfices et diminuer nos dépenses ?
Où devons-nous revoir les budgets à la hausse ou à la baisse pour nous assurer que l'équipe dispose des moyens adéquats ?
Dans cette discussion, sur quels critères nous fondons-nous pour faire nos recommandations ? Y a-t-il d'autres considérations à prendre en compte pour effectuer nos changements ?

Questions de décision

Quelles sont nos recommandations ?
Quelles sont les prochaines étapes ?

Clôture

J'effectuerai les modifications qui ont été recommandées. Si des changements ultérieurs sont nécessaires, je me fonderai sur les critères que nous avons sélectionnés. Rendez-vous dans deux semaines pour en discuter.

B13 Concevoir des nouveaux bureaux

Contexte

Votre équipe vient d'être affectée dans un autre emplacement du bâtiment et on lui a permis de l'aménager à son goût. Avant de déménager, l'équipe doit avoir un plan de l'espace dont chacun a besoin pour se sentir à l'aise.

Objectif rationnel

Connaître clairement les valeurs de l'équipe pour créer les nouveaux bureaux.

Objectif d'évolution d'attitude

Motiver les gens à travailler dans ces nouveaux bureaux.

Conseils

L'animateur de discussion doit prendre de bonnes notes ou demander à quelqu'un de le faire. Bien que les questions d'observation fassent appel à l'imagination des participants, elles restent des questions d'observation.

Autres applications

On peut utiliser cette discussion pour d'autres travaux de conception, pour préparer un rapport annuel ou concevoir l'emplacement d'une foire.

DISCUSSION

Ouverture

Nous disposons d'un tout nouvel espace et nous pouvons l'aménager comme nous le voulons. Réfléchissons maintenant à l'espace dans lequel nous aimerions nous trouver. Allons voir notre nouvel emplacement.

Questions d'observation

(En arrivant sur place.) Imaginez que nous sommes déjà dans cet espace et créez-le à votre idée. En y circulant, que voyez-vous ?
Quel type d'éclairage ?
Quel décor ?
Quelles indications ?

Questions de réflexion

Quelle est l'ambiance de ce nouvel espace ?
Qu'est-ce qui vous frappe lorsque vous imaginez cet espace ?

Questions d'interprétation

Quels sont les différents usages de cet espace, par exemple, un espace public, un espace de formation, des zones semi-privées ?
Pour chaque espace, demandez-vous :
Quel sentiment cet espace inspire-t-il ?
Qu'est-ce qu'il s'y passe ?
Quel est le plan de cet espace ?
Quelles valeurs comptent le plus pour nous dans la conception des nouveaux bureaux ?

Questions de décision

Qui aimerait faire partie d'un petit groupe qui suggérerait un décor précis pour chaque pièce ?

Clôture

Je suis toujours surpris de la créativité dont ce groupe fait preuve. La semaine prochaine, je parlerai à l'architecte des décisions que nous avons prises.

B14 Imaginer un nouveau décor

Contexte

Selon l'opinion qui prévaut, le décor d'un service est vieillot et doit être refait. Un petit groupe a été désigné pour rassembler les idées de chaque équipe ou de chaque département du service.

Objectif rationnel

Imaginer un nouveau décor.

Objectif d'évolution d'attitude

Donner libre cours à l'imagination du groupe et commencer à se mettre d'accord sur le nouveau décor.

Conseils

Bien que les questions d'observation fassent appel à l'imagination, elles restent des questions d'observation. Cette discussion tente de combiner les réponses en tous genres. Il faut laisser libre cours à l'imagination. Une discussion menée avec plus de fermeté jette un froid sur les gens et leurs réponses sont alors moins intuitives. L'animateur de discussion doit soutenir toutes les réponses.

Autres applications

Imaginer le décor d'un salon, d'un séminaire ou d'une fête.

DISCUSSION

Ouverture

Cette équipe a été choisie pour parler du nouveau décor de ce service avec chaque département. Je suis certain que vous avez de nombreuses idées sur ce que nous pourrions faire de cet espace. À présent, fermez les yeux et essayez d'imaginer l'espace dans lequel vous aimeriez travailler. Gardez les yeux fermés et dites-moi ce que vous imaginez.

Questions d'observation

Que voyez-vous ?
Quelles couleurs ? Quelles formes ?
Quels sons entendez-vous ?
Quelles images voyez-vous ?
De quelle couleur les murs sont-ils ?
Que voyez-vous d'autre ou qu'éprouvez-vous ?

Questions de réflexion

Maintenant ouvrez les yeux. Que ressentez-vous en pensant à l'espace que nous avons décrit ?
Qu'est-ce qui diffère du sentiment actuel ?
Quelles sont les frustrations qui ont disparu dans ce décor-ci ?
Comment imaginez-vous le nouveau décor ?
Pourquoi est-ce plus facile d'y travailler ?

Questions d'interprétation

Quels commentaires le groupe a-t-il faits à propos du projet du nouveau décor ?
Que devons-nous changer ?
Que devons-nous garder tel quel ?

Questions de décision

Quelles recommandations importantes avons-nous à faire sur ce projet ?
Que doit-on éviter pour ce nouveau décor ?

Clôture

Ce fut une discussion importante ! Nous joindrons vos idées à celles des autres équipes et les présenterons à la direction. Merci pour votre collaboration et merci de nous avoir accordé votre temps.

B15 Choisir le sujet d'une conférence

Contexte
Vous dirigez un groupe responsable de planifier la conférence annuelle de l'organisation.

Objectif rationnel
Trouver le sujet le plus intéressant pour la conférence.

Objectif d'évolution d'attitude
Créer de l'intérêt, motiver le groupe et faire en sorte qu'il ait l'esprit d'équipe.

Conseils
Il faut tenir compte de toutes les instructions ou indications qui ont été données pour préparer cette discussion. Le groupe doit commencer son travail avec un mandat clair. Sur le plan décisionnel, pendant la discussion le facilitateur doit prudemment amener les participants à faire un choix. Il faut donc trouver le moyen de combiner les idées et de faire des choix. C'est un peu compliqué, mais c'est efficace.
La création du titre est le meilleur moment de la discussion. C'est poétiser le choix collectif. Un titre de conférence doit faire passer non seulement le sujet, mais aussi la nature de l'expérience, l'importance du sujet et les avantages potentiels pour les participants.

Autres applications
Cette discussion peut aussi aider à choisir un sujet pour la parution d'un magazine ou d'un bulletin de société.

DISCUSSION

Ouverture
Nous sommes responsables de la planification de la conférence annuelle. Au cours de cette discussion, nous allons nous attarder à choisir le sujet le plus approprié pour cette conférence.

Questions d'observation
Quels projets avons-nous déjà ?
Qui doit (ou devrait) participer à cette conférence ?
De quels sujets les gens parlent-ils ?
Quelles sont leurs préoccupations actuelles dans ces domaines ?

Questions de réflexion
Lors des conférences précédentes, quels sujets ont bien réussi à attirer l'attention des gens ? Quels sujets les gens ont-ils évités ?
Qu'est-ce que les gens ont appris dans nos conférences précédentes ?
Quels sujets ont du succès, lesquels n'en ont pas?

Questions d'interprétation
Qu'est-ce que les gens veulent obtenir ou attendent de cette conférence ?
Après avoir suivi la discussion jusqu'à maintenant, quels sont les sujets les plus appropriés ?
J'aimerais dresser une petite liste de trois à cinq sujets à traiter. Si nous faisions chacun une liste ? Ensuite, nous nous les échangerons *(laissez-leur quelques minutes)*. Écoutons Michel *(notez les réponses sur un chevalet de conférence)*. Écoutons deux ou trois autres personnes *(complétez la liste)*. En regardant cette liste, en quoi l'information et les discussions sur ces sujets profiteront-elles aux participants ?
Quels sujets amèneront les gens à penser réellement de manière créative et innovatrice ?

Questions de décision
Sur la base de cette discussion, quel est le centre d'intérêt de la conférence ? Quel titre de conférence recommandons-nous ?
Pour pouvoir avancer, quelles sont nos prochaines étapes, nos prochaines tâches, et quand aura lieu la réunion suivante-?

Clôture
Merci pour votre créativité. La semaine prochaine, nous travaillerons davantage sur les événements qui se rapportent au sujet et nous reverrons notre premier plan ensemble.

B16 Concevoir un manuel pour le service à la clientèle

Contexte

Compte tenu que les appels des clients ainsi que l'envoi de télécopies et le trafic sur Internet se multiplient, le département du service à la clientèle est complètement débordé. Des plaintes lui ont été adressées pour des messages restés sans réponse. Un nouvel ensemble de procédures est nécessaire, comme un manuel de références pour le service à la clientèle. Le superviseur demande au département de se réunir pour organiser une discussion et trouver des idées.

Objectif rationnel

Voir les réactions du personnel pour trouver des solutions à la situation et déterminer ce qu'il faut indiquer dans le manuel.

Objectif d'évolution d'attitude

Diminuer l'anxiété du service à la clientèle et utiliser au mieux son expérience.

Conseils

Choisir une personne qui prendra les notes.

Autres applications

Cette discussion peut aussi aider à écrire un manuel de procédures.

DISCUSSION

Ouverture

Je vous ai réunis pour rassembler vos idées sur les problèmes de communication de ce département et savoir ce qu'il faudrait indiquer dans le nouveau manuel du service à la clientèle. Merci de vous être libérés pour cette réunion.

Questions d'observation

Quels faits récents dans le service à la clientèle vous indiquent qu'il faut un nouveau manuel ?

Dans quelle situation présente nous trouvons-nous ?

Pourquoi est-il difficile de répondre rapidement aux questions des clients ?

Questions de réflexion

Qu'est-ce qui vous a surpris dans l'encombrement des lignes du service à la clientèle ?

Quand était-ce le plus difficile ?

Qu'est-ce qui vous a fascinés dans les nouveaux défis que nous devons relever ?

Questions d'interprétation

Quelles nouvelles procédures sont nécessaires ?

De quoi ne parle-t-on pas dans l'ancien manuel? Quels chapitres ou rubriques additionnels sont nécessaires dans le nouveau manuel-?

Questions de décision

Qui parmi nous a l'habitude de rédiger des procédures quelles qu'elles soient ?

Ou devrions-nous appeler un rédacteur professionnel pour le faire-?

Qui d'autre doit faire partie de l'équipe ?

Quand cette équipe peut-elle se réunir ?

Clôture

Merci encore de vous être libérés pour cette discussion. Je pense que nos réponses envers les clients s'en verront améliorées. Nous ferons appel à des intérimaires qui remplaceront le groupe de rédacteurs du manuel aussi longtemps que ce sera nécessaire.

B17 Dresser un plan de marketing

Contexte

L'équipe de marketing se retire pour dresser son plan de marketing pour les trois années à venir. Lors de la première discussion, elle va revoir les plans de marketing des trois dernières années.

Objectif rationnel

Voir comment les succès et les échecs commerciaux passés peuvent servir de leçons pour l'avenir.

Objectif d'évolution d'attitude

Apprécier le travail accompli ces trois dernières années et se réjouir des enseignements qui en ont été tirés.

Conseils

On peut facilement répondre très vaguement aux questions relatives aux enseignements du passé (que l'on trouvera dans la section des questions d'interprétation.) Demandez alors des réponses plus concrètes. Si l'un des participants répond : « J'ai appris à travailler en équipe », ayez des sous-questions prêtes comme : « Qu'avez-vous appris précisément ? », « Que savez-vous du travail en équipe ? », « Quelle situation ou quel événement vous l'a appris ? »

Autres applications

On peut utiliser ce genre de discussion pour réfléchir sur un travail qui se répète dans le temps, tel que des réunions de ventes trimestrielles ou des planifications stratégiques annuelles.

DISCUSSION

Ouverture

Nous avons reçu un mandat pour atteindre, au terme de ces trois ans, nos objectifs de marketing. D'abord, nous devons réfléchir aux trois dernières années afin de voir ce que nous avons fait de bien, de quelles erreurs nous devrions tirer des leçons, et nous réjouir de notre travail d'équipe.

Questions d'observation

De quels événements vous souvenez-vous concernant ces trois dernières années de travail ?

Avec quels clients ou quelles personnes avons-nous travaillé ?

Quelle a été notre décision la plus audacieuse ?

Quels ont été nos principaux succès commerciaux ces trois dernières années ? Qu'est-ce qui se révéla être une victoire alors que nous imaginions un échec ?

Questions de réflexion

Qu'est-ce qui fut le plus amusant ?

Quand étions-nous le plus enthousiastes ?

Quand notre travail a-t-il été difficile ?

Quel était le problème ?

Qu'est-ce qui nous a le plus fascinés ?

Questions d'interprétation

Qu'est-ce qui a bien fonctionné, et pourquoi ?

Qu'est-ce qui n'a pas aussi bien fonctionné, et pourquoi ?

Qu'avons-nous appris sur les procédés de marketing au cours des trois dernières années ?

Qu'avons-nous appris sur les tendances commerciales ?

Qu'avons-nous appris sur le travail en équipe ?

Questions de décision

Sur la base de cette discussion, quels problèmes devrons-nous affronter dans notre planification ?

Dans quel domaine ferons-nous le plus appel à notre créativité ?

Quels nouveaux défis devrons-nous relever ?

Quels sont les problèmes importants ou les énigmes difficiles à résoudre que nous rencontrerons au cours de la planification ?

Clôture

Ce fut une discussion stimulante. Je pense que cela nous a mis en bonne condition pour commencer la planification.

B18 Préparer une présentation stratégique pour un nouveau produit

Contexte

Une équipe a préparé longue-ment un produit-pilote. Elle a fourni ce qu'elle croit être un excellent produit et attend de voir ses efforts récom-pensés par l'organisation. Elle présentera le nouveau produit à la direction la semaine prochaine. L'équipe prépare maintenant ses réponses aux questions et aux objections éventuelles.

Objectif rationnel

Imaginer les objections éven-tuelles et prévoir les questions que la direction posera sans doute.

Objectif d'évolution d'attitude

Permettre à l'équipe de trou-ver des idées, d'être confiante et d'avoir la volonté néces-saire pour faire une excellente présentation après « avoir lu dans les pensées » de la direction.

Conseils

L'essentiel de cette discussion est dans les questions de réflexion. Ici, les questions d'observation ne servent qu'à préparer le groupe. Choisissez deux personnes responsable de prendre des notes. S'ils prennent note des objections sur des fiches de cinq à huit centimètres, ils pourront facilement y faire correspondre les réponses et les rassembler pour la partie suivante de la réunion.

Autres applications

Cette discussion aidera aussi à se préparer lorsque viendra le temps de soumissionner un contrat.

DISCUSSION

Ouverture

Lundi prochain, nous présenterons notre produit à la direction. Bien sûr, après tous les efforts qu'il nous a demandés l'an dernier, nous voulons tous le voir sur le marché. Si nous voulons faire une superbe présentation, nous devons anticiper les questions, les objections et les critiques éventuelles que la direction pourrait nous adresser sur ce produit. Nous pouvons donc nous poser ces questions nous-mêmes, imaginer les objections et y répondre. Lorsque nous saurons comment traiter ces objections éventuelles, nous pourrons travailler en petits groupes pour préparer le rapport. Enfin, nous discuterons de la manière dont il faut organiser le tout. Le personnel de la direction restera bouche bée.

Questions d'observation

Passons d'abord en revue les caractéristiques de notre produit.
Quelles sont les innovations ?
Que fait ce produit ?
Que ne fait-il pas ?
De quels matériaux est-il composé ?
Quels défauts avons-nous résolus ?
En quoi diffère-t-il des produits concurrents ?
Quelles sont ses caractéristiques sur le marché ?
Quelle marge bénéficiaire prévoyons-nous ?

Questions de réflexion

Mettez-vous à la place de la direction :
Que pensera-t-elle à la vue du produit ?
(Demander à deux personnes de prendre note de la discussion.)
À quel produit va-t-elle l'associer ?
(Ressemble-t-il à un produit que nous avons déjà créé?)
Quelles seront ses questions spécifiques ?
Quelles objections précises fera-t-elle à la création du produit ?
Maintenant, soyez plus précis :
Quelles questions ou quelles objections plus subtiles pourrait-elle nous adresser ? Quels obstacles rencontrerons-nous ?
Parmi les objections que vous avez entendues, lesquelles vous ont secoués ou ont indiqué votre vulnérabilité ?

Questions d'interprétation

Parmi les questions, les objections ou les obstacles que vous avez entendus jusqu'à présent, auquel / à laquelle faut-il répondre avec

B18 Préparer une présentation stratégique pour un nouveau produit (suite)

la plus grande prudence ?

Auquel /à laquelle sera-t-il facile de répondre ?

Que faudra-t-il pour organiser cela et répondre à toutes ces questions dans les prochains jours ?

Questions de décision

Quelles suggestions pourriez-vous faire sur la manière dont nous devrions nous y prendre ?

Clôture

Bien, nous avons un peu plus de travail que prévu, mais cela signifie que nous pouvons encore mieux nous préparer. Ainsi, nous serons vraiment en position de force. Nous devons faire une pause maintenant et nous revoir pour faire un plan de toutes les questions auxquelles nous pourrons répondre lors de notre présentation.

POINTS QUE L'ANIMATEUR DE DISCUSSION DOIT RETENIR :

Le respect des participants

Le respect des participants est l'un des points-clés d'un véritable dialogue. Un facilitateur croit en la capacité propre qu'ont les gens de comprendre la situation dans laquelle ils se trouvent et de réagir de manière créative par rapport à celle-ci. Un facilitateur admet que chacun est une source de créativité, d'adresse et d'intelligence. Cette croyance permet au facilitateur d'accepter toutes les idées comme des contributions réelles au processus.

Penser à écouter activement

L'écoute active de chaque personne est un témoignage de respect. En répétant un commentaire tel qu'il a été dit, le facilitateur honore justement cette contribution au processus et la personne qui y a participé. Écouter les gens, c'est leur prêter attention activement en les regardant parler ou prendre des notes, ou en remarquant que certains participants n'ont pas parlé depuis un bon moment. En prenant des notes, on garde les idées pour la prochaine discussion. Rien ne décourage plus les gens qu'un facilitateur qui ne tient aucun compte d'eux ou déforme leurs idées en les notant. De la même manière, le facilitateur qui essaye de « conclure à la hâte le processus » en ne prêtant pas attention aux gens pourrait mettre le produit à l'honneur, mais pas les individus.

Le style du serviteur

Le style du facilitateur n'est pas celui d'un gourou, d'un dignitaire, ni celui d'une superstar. L'image la plus simple et la meilleure à donner est celle d'un serviteur, en ce sens qu'il permet aux membres du groupe de révéler leur intelligence à chacun. Dans ce but, tout ce que fait un facilitateur vise surtout à aider les individus et à faire que les membres du groupe se sentent au mieux de leur forme, afin que, tous ensemble, ils résolvent de la meilleure façon le problème qui se pose à eux.

Discussions pour le moniteur et le mentor

Nos organisations traditionnelles sont construites pour pourvoir aux trois premiers niveaux de la hiérarchie des besoins de l'homme établie par Maslow : nourriture, protection et biens... L'agitation qui perturbe le monde de la direction perdurera jusqu'à ce que les organisations passent enfin aux besoins qui se situent à des niveaux supérieurs : respect de soi et réalisation personnelle.

Bill O'Brien, ancien président de la compagnie Hanover Insurance,
cité dans Senge : *The Fifth Discipline*.

Les mots « encadrer » et « guider » sont souvent employés indifféremment l'un pour l'autre. Certaines organisations estiment que ces activités sont de véritables professions que seuls des spécialistes sont habilités à remplir. Cependant, toute personne, peu importe le poste qu'elle occupe, doit à un moment ou un autre, diriger une autre personne. Peu importe si ce rôle est une activité reconnue que toute personne peut exercer dans une organisation, un bon encadrement peut être inestimable lorsqu'on désire assurer l'efficacité du personnel.

John Dalla Costa décrit l'activité du guide comme dépassant le simple fait de prodiguer des conseils.

Guider... signifie diriger les autres afin qu'ils tirent partie du potentiel intrinsèque dont ils disposent déjà et leur faire prendre d'autant plus conscience des interconnexions et des engagements que nous partageons tous... Les guides doivent incarner toutes les qualifications qu'ils transmettent. Cette relation n'a rien d'une prise de contrôle… mais elle est le fruit d'un intérêt commun, d'un respect et d'un attachement profond à l'esprit de créativité. (Dalla Costa, *Working Wisdom*, p. 167)

Dans cette section, beaucoup de discussions sont proposées en tant que solution de remplacement pour la convocation d'un employé dans votre bureau et pour le blâme de ses erreurs. L'existence d'employés et de cadres qui ne font preuve d'aucune volonté de s'améliorer ne fait aucun doute. C'est pourquoi, lors de discussions avec de telles personnes, il est fréquent de se retrouver dans une situation où la susceptibilité d'une personne a été blessée et où il faut clarifier les décisions prises. Cependant, dans la majorité des cas, il faut faire preuve de maturité professionnelle plutôt que d'avoir recours à la discipline ainsi que faire preuve de maturité personnelle, ce qui représentera alors un défi partagé par les employés et les cadres dirigeants. Dans la citation susmentionnée de Bill O'Brien, les directives autoritaires prônent l'obéissance au nom du maintien de la sécurité qui se situe dans l'échelle de Maslow à un niveau inférieur à celui de l'apprentissage dans une atmosphère de respect. Dans ce cas, les discussions structurées peuvent être un instrument qui permet d'accroître le niveau de responsabilité.

Cette section comprend 12 discussions appropriés aux situations quotidiennes où l'on doit encadrer et guider :

C1. Encadrer un collègue

C2. Entretien pour définir un emploi

C3. Rapporter des faits aux instructeurs

C4. Engager la responsabilité d'un employé

C5. Élaborer un série de directives à soumettre à l'employé

C6. Se pencher sur une situation délicate

C7. Aider un employé à résoudre une crise familiale qui influe sur son travail (n° 1)

C8. Aider un employé à résoudre une crise familiale qui influe sur son travail (n° 2)

C9. Contrôler le travail d'un nouvel employé

C10. Mettre fin à un malentendu de longue date

C11. Répondre à une plainte personnelle

C12. Ramener à la raison un client mécontent

Le conducteur d'une discussion d'encadrement doit laisser les questions faire le travail. L'accent est alors mis sur la source objective du problème et sur les moyens qui doivent être mis en œuvre pour les résoudre. Dans plusieurs cas, il peut être utile de préciser dès le début que la discussion ne consiste pas en une chasse aux sorcières. Nous ne sommes pas en quête d'un bouc émissaire, mais plutôt de solutions structurelles. Si nous nous amusons à culpabiliser l'employé, nous nous écartons alors des moyens applicables pour y remédier.

Plusieurs personnes trouvent que lorsque nous leur offrons la possibilité d'expliquer leur situation et que nous les écoutons, cela leur permet de voir plus clair et de progresser. C'est ce que l'on appelle l'encadrement indirect. Dans le cas où le collègue ne manifeste pas une réticence évidente lorsqu'il aborde des soucis particuliers, il convient alors d'avancer à un rythme relativement rapide pour en venir aux niveaux d'interprétation et de décision. Il est certain qu'il vaut mieux écouter quelqu'un qui parle pour son plus grand plaisir avant d'entamer toute discussion concernant les solutions à apporter.

Lors d'une discussion d'encadrement, il est primordial d'établir une atmosphère adéquate et d'adopter une approche neutre. Si le facilitateur souhaite réprimander ou corriger les agissements d'un collègue sans prêter l'oreille, il ne parviendra jamais à obtenir une compréhension réciproque. Le mentor doit, dans ce cas, laisser ce type d'émotion derrière la porte ou bien reporter l'entretien à plus tard afin de ne pas mettre en péril son objectivité.

En tant que facilitateur, il est important de vous pencher sérieusement sur le choix du cadre de votre entretien. Vous devez décider si vos désirez un lieu de réunion informel, confortablement assis dans des chaises longues, ou si vous souhaitez organiser un rendez-vous plus formel, assis autour d'une table. Le choix de leur bureau ou du vôtre est aussi pertinent. Rendez-vous compte de l'effet produit par chacun de ces lieux de réunion. Si vous convoquez certaines personnes dans votre bureau, elles se sentiront peut être menacées, tout cela dépend de leur état d'esprit et des circonstances.

Au cours de la discussion, faites attention à vos propres réactions. Si vous ressentez le besoin de réagir ou de vous justifier, marquez un recul. Il est plus important que votre collègue se sente écouté avant vous. Votre tour viendra d'exprimer votre version des faits. Sans compter qu'il est bien plus facile de s'attaquer à un problème en tant que collègue.

Pour la plupart de ces discussions, vous devrez trier sur le volet les questions les plus judicieuses pour chaque niveau. En aucun cas, vous ne voudrez que l'employé perçoive cette discussion comme étant une inquisition ou un interrogatoire. Il est risqué d'avouer de but en blanc la raison pour laquelle vous avez organisé cette discussion. Certains peuvent penser que vous vous ingérez dans leur travail, d'autres que vous leur tendez un piège avec le dessein de les licencier-; d'autres encore peuvent être entièrement disposés à parler de leur activité.

Ces discussions peuvent fournir un modèle de départ pour encadrer et guider. Elles peuvent également servir de précurseur à un type de discussion qui se déroule en permanence au sein d'une organisation de partenariat. Certaines des discussions traitent de litiges entre pairs, comme celle intitulée « mettre fin à un malentendu de longue date ». Prendre la décision d'entamer de telles discussions nécessite beaucoup de courage. En revanche, les bienfaits que l'on peut en retirer en valent la peine.

C1 Encadrer un collègue

Contexte

De temps à autre, nous avons tous besoin d'un coup de pouce dans notre travail. Cependant, soit nous ne nous en rendons pas compte, soit nous sommes réticents à l'idée de demander de l'aide. Cette discussion indirecte doit être menée avec un collègue qui a été transféré dans une autre équipe pour travailler sur un projet commun et qui est confronté à des difficultés. Ce projet n'est pas en bonne voie.

Objectif rationnel

Poser les questions qui permettront de dresser un état des lieux et de définir l'aide que vous pourrez offrir.

Objectif d'évolution d'attitude

Faire comprendre à votre collègue qu'il peut s'exprimer à cœur ouvert et qu'il peut demander de l'aide dès que le besoin s'en fait sentir.

Conseils

Pour certains de vos collègues, le simple fait de parler de leur situation permet de la clarifier suffisamment pour qu'ils puissent aller de l'avant. C'est ce que l'on appelle de l'encadrement très indirect. Si votre collègue n'éprouve aucune difficulté à demander de l'aide et à faire part de ses soucis, vous pouvez vous permettre d'être beaucoup plus franc et d'avancer très rapidement jusqu'aux niveaux d'interprétation et de décision.
Entamez toujours une discussion en présupposant que votre collègue n'a pas besoin de conseils de votre part et attendez qu'il prenne seul l'initiative de parler de ses frustrations et de ses ennuis.

Autres applications

Ce type de discussion d'encadrement est d'une certaine manière similaire à toute conciliation.

DISCUSSION

Ouverture

Je me souviens qu'il y a quelques jours vous m'avez dit que vous alliez travailler avec l'équipe de communication sur un projet commun. J'aimerais réellement savoir comment cela s'est déroulé. Aimeriez-vous m'en parler ?

Questions d'observation

Quel est le problème auquel vous êtes confronté ?
Quel est le rôle que vous jouez ?
Qui d'autres y participent ?
Que font-ils ?
Comment met-on à profit vos qualifications et le temps dont vous disposez ?

Questions de réflexion

Quel est l'état d'esprit des participants à ce projet ? Enthousiasme ? Frustrations ?
Quelle peut en être la raison ?

Questions d'interprétation

À quel niveau doit-on opérer une percée ?
Qu'est-ce qui permettra de faire avancer le projet ?
De quelle manière pourriez-vous leur apporter votre secours ?
Que pourraient-ils encore tenter de faire ?

Questions de décision

De quelles ressources pensez-vous avoir besoin ?
Quelle sera votre prochaine action ?
Que puis-je faire pour vous aider ?

Clôture

Le problème auquel vous êtes confronté est très intéressant. N'hésitez pas à me faire savoir si je peux vous être d'une aide quelconque. Vous pourriez peut-être tirer profit d'une discussion avec *(nom de la personne)*.

C2 Entretien pour définir un emploi

Contexte

Le superviseur du service de la comptabilité découvre que quelques employés inscrivent de nombreuses heures supplémentaires durant lesquelles ils n'effectuent pas un travail qui a une relation directe avec leur fonction. Le superviseur décide de s'entretenir en particulier avec chacun d'entre eux afin de savoir réellement de ce qu'il en est. Nous espérons que ces discussions permettront d'aboutir à une distribution plus rationnelle des tâches et des responsabilités.

Objectif rationnel

Discuter en tête-à-tête avec l'employé pour tirer au clair les tâches qu'il doit accomplir et conjuguer vos efforts en vue de mieux répartir les responsabilités.

Objectif d'évolution d'attitude

Que l'employé se sente apprécié à sa juste valeur et soutenu par son équipe de travail.

Conseils

Certaines personnes peuvent vraiment être sur la défensive lorsqu'elles abordent de telles questions. D'autres peuvent être désireuses de parler de leur travail. C'est pourquoi il est risqué de livrer de but en blanc les raisons qui vous poussent à poser de telles questions. On peut parfois omettre les questions de décision lorsqu'on tente de clarifier les fonctions de chacun, car il n'y a peut-être pas lieu de prendre des décisions.

Autres applications

En apportant des modifications à certaines questions, une discussion similaire peut être menée dans le but de procéder à des évaluations trimestrielles répétées pour observer l'évolution de jeunes employés et juger de leurs besoins éventuels.

DISCUSSION

Ouverture

Je me rends bien compte que vous avez effectué un grand nombre de tâches qui ne relevaient pas de votre responsabilité et que ces derniers temps, vous avez dû faire beaucoup d'heures supplémentaires. Voudriez-vous répondre à certaines de mes questions afin de me permettre de discerner la fonction que vous occupez ?

Questions d'observation

Quelles sont toutes les tâches que vous accomplissez ?
Quelles sont celles qui vous prennent le plus de temps ?
Quels travaux effectuez-vous dont d'autres dépendent ?
Quelles tâches pensez-vous remplir dans l'indifférence générale ?

Questions de réflexion

Quelles sont les tâches qui vous tiennent à cœur ?
Quelle part de votre travail représente une surcharge ?
À quel moment pensez-vous ne pas être reconnu ?
Selon vous, que devrions-nous faire à ce sujet ?

Questions d'interprétation

De quelle façon évaluez-vous l'ampleur de votre tâche ?
Comment décririez-vous le rôle que vous jouez dans votre section?
Que diriez-vous de la portée du rôle que vous jouez ?
Quelles sont les tâches qui, à votre avis, ne devraient pas être confiées à vous ou à votre section ?

Questions de décision

Comment définiriez-vous vraiment votre emploi ?
De quelle manière pourrions-nous vous soutenir dans votre rôle ?

Clôture

Cette conversation m'a permis de mieux comprendre et de mieux juger du travail que vous effectuez, et de voir ce que nous pourrions mettre en œuvre pour vous seconder dans vos efforts. Je vous en remercie beaucoup. Je vais m'entretenir avec mes collègues au sujet de votre surcharge de travail. Nous allons ensuite revoir la manière dont certaines tâches sont effectuées ou bien réexaminer la définition de votre travail.

C3 Rapporter des faits aux instructeurs

Contexte

La directrice d'une société de formation a reçu pour deux de ses employés des formulaires d'évaluation à la suite d'un atelier qu'ils ont animé. Les commentaires qui y figuraient étaient suffisamment graves pour nécessiter une intervention de sa part. La directrice a bien sûr besoin que les instructeurs prennent conscience que de lourdes plaintes ont été déposées mais, en même temps, elle voudrait réussir à ce qu'ils tirent une leçon de leur situation et qu'ils puissent, plus tard, être réengagés.

Objectif rationnel

Discuter avec les instructeurs des plaintes déposées, en tenant compte de leurs réactions et en envisageant ensemble la manière dont ils auraient pu régler la situation différemment.

Objectif d'évolution d'attitude

Que les stagiaires endossent des responsabilités et qu'ils considèrent la critique comme étant constructive.

Conseils

Les questions de réflexion fournissent aux deux instructeurs l'occasion de se rendre compte que tout n'était pas parfait et de communiquer leurs impressions. Il se peut que vous ayez à ajouter des questions de réflexion s'ils mettent du temps à se rendre compte du problème. Tant que ce stade n'a pas été dépassé, il est impossible de passer à celui de l'apprentissage.

Autres applications

Ce type de discussion peut être également exploité par des directeurs qui souhaiteraient rapporter à leurs employés des faits concernant des problèmes sensibles.

DISCUSSION

Ouverture

Bonjour. J'apprécie que vous ayez pu tous deux vous joindre à moi pour cet entretien. Nous avons reçu des commentaires défavorables concernant l'atelier que vous avez tous les deux animé. J'aimerais que nous étudiions les formulaires d'évaluation, que nous discutions de ce qui s'est passé et que nous envisagions comment vous auriez pu gérer la situation autrement. Vous trouverez devant vous les photocopies des remarques qu'ont faites les participants.

Questions d'observation

Regardez les formulaires et dites-moi ce que les participants critiquent dans votre atelier et dans votre pédagogie.

Questions de réflexion

Quelle est votre première réaction à la lecture de ces remarques ? Pendant votre atelier, qu'est-ce qui a bien pu susciter de tels commentaires ?
Quelles impressions cet atelier a-t-il laissées à chacun d'entre vous ? Que pensez-vous de ce qui s'est passé ?

Questions d'interprétation

Quelles sont les critiques qui sont claires et qui atteignent leur cible ?
Quelles sont celles que vous estimez injustifiées ? Développez, je vous prie.
Qu'est-ce qui, dans votre atelier, a enrichi ceux qui y ont participé ? Quels conseils pourrions-nous en tirer pour l'avenir ?
Quelles leçons pourrions-nous en tirer ?

Questions de décision

Quelles modifications pourriez-vous apporter à votre méthode d'enseignement lors de vos prochains ateliers ?

Clôture

Cette discussion m'a permis de mieux comprendre votre activité et de voir ce que je pourrais faire pour vous épauler. Tout le monde fait des erreurs et porte des jugements erronés, mais ne pas en tirer de leçon est plus grave. Je pense que votre participation à cet entretien a fait de cet atelier une expérience enrichissante. Je vous remercie d'avoir fait preuve d'une telle honnêteté et la continuation de notre collaboration me réjouit.

C4 Engager la responsabilité d'un employé

Contexte

Un superviseur s'est aperçu qu'un membre de son équipe n'est pas efficace et qu'il ne respecte jamais les délais. Le superviseur a organisé cette entrevue.

Objectif rationnel

Faire que l'employé soit au courant de la gravité de la situation, entende son point de vue et élabore des moyens bien déterminés pour y remédier.

Objectif d'évolution d'attitude

Que l'employé s'engage à modifier son comportement et qu'il assume les conséquences de ses propres actes.

Conseils

Il se peut que vous deviez scinder cette discussion en deux. Lors de la première discussion, vous viserez à déterminer les faits, ce qui permettra au superviseur de cerner le problème. Lors de la deuxième, le superviseur pourrait expliquer à l'employé un éventail de directives et ensuite en discuter afin de déterminer jusqu'à quel point l'employé est prêt à répondre aux exigences de son travail.

Autres applications

Une autre solution serait de mettre fin à la discussion à la dernière question d'interprétation. C'est à ce moment-là que le directeur propose un éventail de directives élaborées spécialement pour cet employé. Il lui demande de les examiner attentivement. Après un délai d'une semaine, le directeur peut fixer un nouveau rendez-vous pour que l'employé lui fasse part de ce qu'il pense de ces directives. (*Voir C5*)

DISCUSSION

Ouverture

Je suis préoccupé par les délais qui n'ont pas été respectés et par des plaintes que nous avons reçues concernant la qualité de votre travail. Je souhaiterais en discuter pour comprendre ce qui se passe et résoudre le problème.

Questions d'observation

Avez-vous quelque chose à me communiquer au sujet du déroulement de votre travail ?

Quels sont les délais que vous n'avez pas respectés ?

Quels sont les succès que vous avez remportés dernièrement ?

Comment pouvez-vous expliquer ce qui s'est passé ?

Questions de réflexion

Qu'est-ce que votre travail vous inspire ?

Quelles sont les plus grandes difficultés que vous avez rencontrées ?

À quel moment avez-vous subi des pressions ou éprouvé un sentiment de frustration ?

Questions d'interprétation

Quels sont, à votre avis, les véritables problèmes qui se cachent derrière les difficultés que vous ressentez ?

Comment avez-vous remarqué que d'autres personnes venaient à bout de telles difficultés ?

Quels sont les moyens pratiques que nous pourrions mettre en œuvre pour vous permettre de respecter les échéances ?

Questions de décision

Comment puis-je vous aider et vous que pouvez-vous faire pour assurer l'efficacité de votre travail ?

Quelle est la première action que nous devons entreprendre?

Clôture

Je crois que ces initiatives donneront les résultats escomptés. Je vous remercie. Si d'autres difficultés surgissaient à nouveau, je vous prie de venir m'en parler pour que nous étudions les mesures à prendre.

C5 Élaborer une série de directives à soumettre à l'employé

Contexte

Un employé effectue un travail insuffisant et ne respecte jamais les échéances. Après une sérieuse discussion avec cet employé, le superviseur élabore une série de directives pour définir avec précision la qualité du travail qui doit être fournie. L'employé a disposé de quelques jours pour étudier les directives. Le but de la discussion organisée par le superviseur est de connaître les impressions de l'employé et d'obtenir qu'il accepte de les respecter.

Objectif rationnel

Répondre aux questions qui pourraient se poser au sujet des directives et déterminer ce que l'employé doit modifier dans son comportement afin d'améliorer ses performances.

Objectif d'évolution d'attitude

Que l'employé adopte les directives et s'engage à les respecter.

Conseils

Votre souhait est que l'employé considère activement avec vous les directives. Si l'employé propose de modifier les directives, il sera possible de l'envisager plus tard. En revanche, les directives proposées doivent être perçues comme une expérience pour voir si l'employé aussi bien que le superviseur peuvent les respecter.

Autres applications

Cette discussion peut servir de deuxième discussion dans «-Engager la responsabilité d'un employé » (*Voir C4*).

DISCUSSION

Ouverture

Il est ressorti, lors de notre dernière discussion, qu'une grande partie du problème vient du manque de précision quant à ce que nous attendons de vous. C'est pourquoi j'ai élaboré les directives que je vous ai remises la semaine dernière. À ce moment-là, nous étions d'accord et pensions qu'il serait utile de profiter de l'occasion pour les étudier ensemble. Voici une nouvelle copie des directives qui serviront de base à notre discussion.

Questions d'observation

Quels sont les mots ou les phrases qui attirent le plus votre attention ?
Quelles sont, à votre avis, les directives qui ressortent le plus ?
Quelles sont celles qui sont claires ?
Quelles sont celles qui le sont moins ?

Questions de réflexion

Quelles sont les directives qui vous sont les plus utiles ?
Quelles sont celles qui vous posent le plus de problème ?
Quelles sont les directives qui semblent les plus difficiles à suivre ? Pour quelle raison ?
Quelles sont les directives qui vous paraissent être « un jeu d'enfant » ?

Questions d'interprétation

Quels sont les messages que ces directives vous envoient?
Quelles modifications devriez-vous apporter pour répondre aux normes requises ?
Quelles valeurs pensez-vous que ces directives possèdent ?
Y a-t-il des directives que vous pensez ne jamais pouvoir suivre ? Pour quelle raison ?

Questions de décision

Quelles modifications (si nous devons en faire) pouvons-nous apporter à ces directives pour qu'elles soient efficaces ?
Quelle structure de soutien pourrait être mise en place pour vous aider ?
À quelle date pouvons-nous fixer un nouveau rendez-vous pour évaluer où vous en êtes ?

Clôture

Eh bien ! j'ai le sentiment que cette discussion nous a permis de progresser. Merci et je vous en prie, n'hésitez pas à vous adresser à moi dès que vous aurez la moindre question.

C6 Se pencher sur une situation délicate

Contexte
Deux employés sont venus séparément trouver leur directeur pour lui parler d'un litige qui les oppose. Vous prenez votre temps pour prévoir ce que vous allez répondre. Ainsi cette discussion est celle que vous, vous imaginez.

Objectif rationnel
Observer, juger et peser le poids de la situation pour décider de votre réponse.

Objectif d'évolution d'attitude
Trouver le courage d'intervenir d'une manière constructive et non défensive.

Conseils
Lorsque vous tenez une discussion dans votre tête, vous pouvez très facilement vous égarer et tourner en rond. Prendre en note vos réponses à chaque question peut vous aider à ne pas perdre le fil. Vous pourrez toujours les déchirer par la suite.

Autres applications
Ce type de discussion de réflexion, seul avec vous-même, peut vous aider à prendre des décisions délicates.

DISCUSSION

Ouverture
Il faut que je cesse de tourner en rond et que j'avance étape après étape.

Questions d'observation
Quelle est l'information dont je dispose au sujet de cette situation ?
Quels événements ont une incidence dans cette affaire ?
Quels ont été les propos de chaque personne ?

Questions de réflexion
Qu'est-ce que mon intuition me dicte de répondre ?
En quoi est-ce risqué ? Pourquoi ?

Questions d'interprétation
Quelles sont les solutions de remplacement qui s'offrent à moi ?
Quel est le pour et le contre de chaque solution ?
Quelles sont les valeurs-clés à retenir ici ?

Questions de décision
Que devrais-je entreprendre ?
Que devrais-je éclaircir ?
Comment le leur communiquer ?
Par quoi dois-je commencer ?

Clôture
Peu importe le caractère désagréable de cette situation, nous la résoudrons de manière équitable.

C7 Aider un employé à résoudre une crise familiale qui influe sur son travail (n° 1)

Contexte

Vous recevez un employé dont un membre de la famille requiert des soins continus et intermittents à des horaires souvent inattendus et irréguliers.

Objectif rationnel

Envisager d'autres méthodes de travail pour que l'employé puisse continuer à travailler tout en faisant face à des situations familiales d'urgence et pour s'assurer que l'employé est au courant des services d'aide qui sont à sa disposition sur son lieu de travail et en dehors.

Objectif d'évolution d'attitude

Aider l'employé à se sentir épaulé dans ses tentatives pour faire face à son travail et aux besoins de sa famille.

Conseils

Cette discussion implique un échange d'information entre deux personnes.

En réduisant le stress immédiat, l'employé peut être capable de mieux endurer la situation et de se remettre au travail plus rapidement. Vous pourriez ajouter des questions qui fourniront d'autres informations ou des solutions de rechange. L'employé peut être en mesure de gérer des problèmes professionnels à partir de chez lui ou des problèmes personnels à partir de son lieu de travail. Ne vous faites pas d'idée préconçue avant même d'entamer la discussion. Vous devez être

DISCUSSION

Ouverture

J'aimerais discuter de la situation de votre mère. Je comprends très bien qu'elle nécessite des soins à des moments parfois imprévisibles. Je voudrais envisager d'autres moyens qui vous permettraient d'exécuter votre travail et de répondre aux besoins qu'elle pourrait avoir. J'aimerais que vous sachiez que nous ferons véritablement tout ce qui est en notre pouvoir pour vous aider. *(À cet instant, vous devez définir la politique que la compagnie adopte dans une telle situation.)* Alors, examinons la situation et définissons les solutions que nous pouvons élaborer.

Questions d'observation

Quelle est réellement la situation ? *(Obtenez plus de précision au sujet de cette maladie et du type de situations que vous devrez gérer ou auxquelles vous devez réagir.)*

À l'heure actuelle, de quel autre soutien bénéficiez-vous de la part d'autres membres de votre famille ou d'amis ?

À quelle autre aide avez-vous commencé ou envisagez-vous de faire appel ?

Questions de réflexion

Avez-vous déjà été confronté à une situation comme celle-ci dans le passé ? Connaissez-vous d'autres personnes qui se sont retrouvées dans une situation identique ?

Comment vous en sortez-vous ?

Qu'est-ce qui vous est le plus difficile à surmonter ?

Qu'est-ce qui vous est le moins difficile à surmonter ?

Questions d'interprétation

Qu'est-ce qui, pour vous, représente le plus de tension et de stress pour l'instant ?

Quels sont les problèmes à longue échéance qui vous préoccupent le plus ? Alors que vous faites face à cette nouvelle situation, quelles répercussions à court terme prévoyez-vous qu'elle entraînera sur votre travail ?

Que pourrions-nous modifier pour satisfaire à ces besoins ?

Quelles seront les répercussions à long terme sur votre travail ?

Quelles solutions de rechange devons-nous prévoir pour nous occuper des problèmes à longue échéance ?

C7 Aider un employé à résoudre une crise familiale qui influe sur son travail (n° 1) (suite)

clair en ce qui concerne la politique qu'adopte votre organisation dans de telles circonstances.

Autres applications
Ce type de discussion pourrait aisément être utilisé pour résoudre un bref différend entre employés.

Quels sont les services d'aide publique dont vous avez connaissance et qui pourraient vous aider à résoudre ces problèmes à longue échéance ?

Questions de décision
Que devrions-nous faire durant la prochaine ou les deux prochaines semaines ?
Comment rétablir la situation ?
Quand désirez-vous que nous nous rencontrions à nouveau ?

Clôture
Résumons la situation. Nous sommes d'accord pour… *(P assez en revue ce que vous avez décidé d'entreprendre et qui en sera responsable.)* Nous avions également convenu de nous retrouver pour en débattre à nouveau… Si la situation venait à changer, faites-le moi savoir et nous trouverons une solution adaptée à celle-ci.

POINTS À RETENIR PAR LE FACILITATEUR

Les responsabilités du facilitateur

Suivre simplement un plan de discussion et prendre toute la responsabilité de la manière dont la discussion se développe sont deux démarches totalement différentes. Un animateur de discussion qui se contente de lire une série de questions préparées et prend note, sans commentaire aucun, des réponses qui lui sont données, n'accorde pas à son groupe toute l'attention qu'il mérite. Personne n'aime être traité comme un numéro.

Le facilitateur doit faire plus qu'élaborer un plan et brancher le pilotage automatique. Pour que la discussion soit efficace, il faut qu'il y ait un réel échange entre les questions et les réponses. Vous pouvez, au beau milieu de la discussion, vous rendre compte que les questions que vous avez préparées sont mal adaptées à la situation. Il se peut qu'un niveau comporte trop peu de questions pour permettre d'aller au bout de la réflexion. Le ton des questions peut s'avérer trop formel par rapport à l'humeur du groupe. Dans ce cas, vous devriez être capable, en quelques instants de réflexion, d'inventer de nouvelles questions, d'en supprimer d'autres, ou de reformuler. Cela implique une attention de tous les instants, pour être capable d'interpréter les réponses sur-le-champ et d'inventer immédiatement de nouvelles questions qui forceront le groupe à pousser plus loin sa réflexion.

C8 Aider un employé à résoudre une crise familiale qui influe sur son travail (n° 2)

Contexte

Cette discussion variera s'il s'agit d'une crise de courte durée (un décès dans la famille ou un problème de santé très grave de courte durée) ou d'une crise de longue durée (un parent âgé, victime de la maladie d'Alzheimer et qui erre en permanence, un membre de la famille en phase terminale). Cet exemple est valable pour un problème de courte durée. Vous avez un rendez-vous avec un de vos employés dont la femme a dû être hospitalisée d'urgence à la suite d'une crise cardiaque et qui risque fortement d'avoir à subir une opération majeure.

Objectif rationnel

Définir les changements qui pourraient être apportés à son travail pour lui permettre de résoudre sa crise familiale ou bien atténuer le stress de manière temporaire et informer l'employé de l'existence de services qui pourront y contribuer et qui sont à sa disposition sur son lieu de travail et ailleurs.

Objectif d'évolution d'attitude

Permettre à l'employé de se rendre compte qu'il n'évolue pas dans l'indifférence générale et que la crise qu'il traverse ne met pas son emploi en péril.

Conseils

Très souvent, lorsqu'un employé se trouve confronté à une situation d'urgence, il imagine immédiatement le scénario catastrophe, c'est-

DISCUSSION

Ouverture

Je voudrais m'entretenir avec vous au sujet de la situation dans laquelle votre épouse se trouve. Je crois avoir compris qu'elle était gravement malade et que vous avez besoin de passer davantage de temps en compagnie de votre famille. Je voudrais passer en revue tout ce que nous pouvons mettre en œuvre pour vous aider à traverser cette épreuve. J'aimerais que vous sachiez que nous sommes prêts à faire tout ce qui est en notre pouvoir pour vous aider et pour que vous puissiez vous occuper de votre famille. *(C'est à ce moment-là que vous précisez la politique ou bien l'approche que la société adopte dans de telles circonstances.)*

Questions d'observation

Parlons un peu de votre situation. De quelle maladie souffre votre épouse ?

À quelle durée estime-t-on sa période de convalescence ?

De quel soutien bénéficiez-vous actuellement de la part d'autres membres de votre famille ?

Questions de réflexion

Dans le passé, avez-vous déjà été confronté à une situation identique ?

Qu'avez-vous le plus de mal à gérer ?

Questions d'interprétation

En ce moment, pour vous, qu'est-ce qui produit le plus de tension et de stress ?

Quels sont les problèmes à longue échéance qui vous préoccupent ?

Maintenant que vous faites face à cette nouvelle réalité, quelles répercussions pensez-vous qu'elle aura prochainement sur votre travail ?

Quelles sont les fonctions qui, selon vous, pourrait être assumées par d'autres personnes pour un laps de temps afin de vous soulager d'une partie de votre stress ?

Qu'envisagez-vous d'autre pour résoudre vos difficultés à plus long terme ?

Quels sont les services d'aide publique dont vous avez connaissance qui pourraient vous aider à résoudre les problèmes à long terme ?

C8 Aider un employé à résoudre une crise familiale qui influe sur son travail (n° 2) (suite)

à-dire qu'il devra quitter son travail pour être en mesure de voir au problème. Vous devez obtenir suffisamment d'informations objectives sur la situation et la capacité de l'employé à la gérer afin de vous permettre de préparer des scénarios et des solutions de rechange qui prouveront à l'employé qu'il peut conserver son emploi tout en s'occupant de cette situation d'urgence. Au cours de la discussion, le facilitateur et l'employé entameront un processus et créeront une sorte de partenariat pour aviser de la situation d'urgence. Il faudra certainement plusieurs entretiens pour cela. Le facilitateur doit être préparé à rester maître de la situation et à faire aller le processus de l'avant. Des mesures provisoires ne rendent service à personne, ni à la situation, ni à l'employé.

Autres applications

Ce type de discussion peut être adapté au cas d'un employé qui a été victime d'un grave accident ou d'une grave maladie.

Questions de décision

Que devrions-nous entreprendre au cours de la prochaine semaine ou des deux prochaines ?

Comment allons-nous nous organiser ?

Quand devrions-nous prévoir notre prochaine entrevue ?

Clôture

Résumons sur quoi nous nous sommes mis d'accord. Établissons la liste des tâches que vous vous êtes fixées et décidons qui en sera responsable. *(Faites une liste.)* Nous avons également convenu d'en reparler le… *(Fixer une date.)* Si la situation venait à changer, faites-le moi savoir.

C9 Contrôler le travail d'un nouvel employé

Contexte
À la moitié ou à la fin d'une période de probation, il est utile d'avoir une discussion structurée avec un nouvel employé afin d'obtenir son point de vue sur son travail et sur ce qui pourrait être fait pour accroître son efficacité.

Objectif rationnel
Savoir comment le nouvel employé s'en sort.

Objectif d'évolution d'attitude
Insister sur son expérience initiale et ses conflits et l'aider à affronter ses difficultés.

Conseils
Au cours de cette discussion, vous ne devrez sûrement que choisir les questions les plus appropriées à chaque niveau. Autrement, l'employé pourrait penser que cet entretien n'est qu'un mur de questions.

Autres applications
Une discussion similaire comportant des questions légèrement différentes pourrait être menée tous les trimestres, la première année, avec des employés afin d'effectuer des évaluations d'étapes et se rendre compte de la façon dont ils se débrouillent, et voir aussi à leurs besoins. En y apportant encore quelques modifications, un enseignant pourrait l'exploiter dans une discussion avec un étudiant.

DISCUSSION

Ouverture
En ma qualité de superviseur, je dois aussi passer un peu de temps avec chacune des nouvelles recrues afin de voir où elles en sont et m'assurer qu'elles reçoivent bien le soutien dont elles ont besoin. Alors faites-moi part de tout ce que vous pensez et nous pourrons tous en apprendre quelque chose.

Questions d'observation
À quel travail avez-vous pris part depuis votre arrivée chez nous ? Quels ont été vos partenaires de travail et quelles sont les tâches que vous avez accomplies ensemble ?

Questions de réflexion
Qu'est-ce que vous avez le plus aimé ? Quoi d'autre encore ? Pour quelles raisons ?
Qu'est-ce que vous avez le moins aimé ? Pour quelles raisons ?
Quand avez-vous été vraiment très fier de ce que vous avez réalisé ?
Qu'attendiez-vous de ce travail ?
En quoi le fait d'être ici vous plaît-il ? Que trouvez-vous difficile ?
Quand avez-vous ressenti qu'on ne vous reconnaissait pas suffisamment à votre juste valeur ?

Questions d'interprétation
Qu'avez-vous appris de votre travail en lui-même ?
Quand avez-vous eu des difficultés à comprendre l'utilité de certaines tâches ? En effectuant votre travail, qu'avez-vous appris sur votre propre compte ?

Questions de décision
Quels sont les objectifs professionnels que vous vous êtes fixés pour les prochains mois ?
Y a-t-il quelqu'un en particulier qui pourrait vous prêter main forte pour vous permettre de les atteindre ?
Vers qui pensez-vous pouvoir vous tourner lorsque vous avez besoin d'aide ou de conseils ?
Aimeriez-vous avoir ce genre de discussion plus ou moins souvent ?

Clôture
Je vous remercie de m'avoir consacré votre temps et de m'avoir fait profiter de vos conseils. Cette discussion a été très constructive. N'hésitez pas à me faire signe si vous désirez me parler de quoi que ce soit.

C10 Mettre fin à un malentendu de longue date

Contexte

Il y a plus d'un an, la société s'était prêtée à un exercice qui était supposé être une formation antiracisme. Cependant, la séance s'était terminée sur un sérieux malentendu entre deux personnes du bureau qui appartenaient à deux groupes ethniques différents. Elles n'ont toujours pas éclairci leur malentendu ; elles se sentent blessées et ne parviennent pas à gérer la situation efficacement.

Objectif rationnel

Aboutir à une compréhension mutuelle du problème.

Objectif d'évolution d'attitude

Refermer les blessures et mettre en place de nouvelles étapes.

Conseils

Il faut faire preuve d'une souplesse extraordinaire pour mener une discussion de ce type. Il est très compliqué de suivre pas à pas un modèle qu'on s'était fixé à l'avance. Préparez une longue liste de questions pour essayer de prévoir les différentes directions que les réponses pourraient emprunter.

Autres applications

Ce type de discussion pourra aider à résoudre des tensions qui existeraient entre diverses équipes ou sections ou lors de conflits dont l'abcès n'a pas été crevé.

DISCUSSION

Ouverture

Je suis heureux que nous ayons cet entretien parce que je ne vois pas très bien comment mettre un terme aux malentendus qui ont eu lieu dans notre bureau. Je craignais que mes efforts pour vous aider ne soient mal interprétés. Le sujet que nous abordons ici est très délicat. Nous devons d'abord mettre en place des règles de base. Nous allons utiliser un processus en suivant la progression naturelle des questions. Maintenant-—-et ceci est très important-—-, si vous n'êtes pas d'accord avec les propos tenus par une autre personne, écoutez-la d'abord. Nous laisserons chaque personne s'exprimer à sa guise, sans l'interrompre. Nous essaierons de recueillir autant de points de vue que possible, et ce, auprès de chaque partie. Notre produit final ne correspondra pas exactement à ce qu'une personne aura dit, mais sera plutôt une synthèse de la sagesse de chaque personne. Existe-t-il d'autres règles de base dont nous ayons besoin afin d'y prendre part ?

Questions d'observation

Quand, pour la première fois, avez-vous remarqué que la situation se dégradait ?
Que s'est-il passé ?
Quels sont les propos qui ont été tenus ?
Recueillons ces informations avec le plus grand nombre d'angles différents. Il se peut que vous ayez eu vent de plusieurs versions.

Questions de réflexion

Qu'est-ce qui vous a le plus bouleversés ?
Qu'est-ce qui vous a le moins préoccupés ?
Quelles sont les expériences que vous aviez déjà vécues qui ont été ravivées ?
Quelle est votre réaction actuelle ?
Qu'est-ce qui vous a surpris dans la réaction des autres ? Pourquoi ?

Questions d'interprétation

Qu'est-ce qui, d'après vous, se cache derrière ce malentendu ?
Que vouliez-vous vraiment dire ?
Que croyez-vous que l'autre personne voulait réellement dire ? Pourquoi ?
Quelles leçons tirez-vous de tout cela ?

C10 Mettre fin à un malentendu de longue date (suite)

Questions de décision
Que devrions-nous entreprendre pour mettre un terme à cette situation ?
Quelle démarche devrions-nous suivre ? Quelle est celle que chaque personne devrait suivre ?

Clôture
Il est tout à fait normal de rencontrer des malentendus, mais il est très important d'engager sa propre responsabilité pour les régler.

C11 Répondre à une plainte personnelle

Contexte

Le directeur a reçu une lettre d'un employé qui énumère tous les défauts qu'il vous trouve. Le directeur vous a remis une copie de cette lettre. Vous décidez d'avoir une discussion avec l'auteur de cette lettre.

Objectif rationnel

Éclaircir la raison qui l'a poussé à écrire cette lettre.

Objectif d'évolution d'attitude

Réparer les pots cassés.

Conseils

Il est très difficile de mener cette discussion tout en demeurant objectif. Vous voir comme un facilitateur extérieur et inscrire les réponses sur un chevalet de conférence ou une feuille peut vous aider. Cependant, pour que cela reste objectif, vous devez clairement obtenir l'accord des participants pour utiliser une telle méthode.

Autres applications

Cette discussion pourrait être employée dans d'autres cas de face-à-face comme lors d'une réconciliation après une sérieuse dispute.

DISCUSSION

Ouverture

Le directeur vient juste de me remettre la lettre que vous avez écrite à mon sujet. Pourrions-nous en parler ensemble ? Cette lettre m'a réellement blessé et j'aimerais comprendre ce qui ne va pas.

Questions d'observation

Voici une copie de la lettre. Est-ce vraiment vous qui avez écrit cette lettre ? Qu'est-ce qui en a été l'origine ?

Questions de réflexion

Dans quel état d'esprit étiez-vous lorsque vous l'avez rédigée ? Que pensez-vous que j'ai ressenti à la lecture de cette lettre ?

Questions d'interprétation

Quel était votre but ?
Quel est le problème sous-jacent que nous devrions tous les deux résoudre ?

Questions de décision

À partir d'aujourd'hui, que devrions-nous modifier dans notre comportement ?

Clôture

Je vous propose de faire une liste de nos résolutions et de la signer.

C12 Ramener à la raison un client mécontent

Contexte

Un client est furieux à propos du service offert par votre société et il déverse tout un flot de réclamations sur vous.

Objectif rationnel

Calmer le client, élucider le problème et le résoudre en satisfaisant le client.

Objectif d'évolution d'attitude

Faire que le client sente que ses réclamations ne restent pas sans réponse et que l'on trouvera des solutions pour y répondre.

Conseils

La première étape est d'essayer de calmer le client en prenant son mécontentement en considération, en montrant que vous êtes tout ouïe et que vous souhaitez conjuguer vos efforts pour trouver une solution.

Une fois que le client l'a compris, vous pouvez passer à la première question d'observation qui a également un effet apaisant.

Autres applications

Ce type de discussion peut aussi être employé au sein d'une organisation tel que dans le cas de plaintes déposées par un employé mécontent.

DISCUSSION

Ouverture

Je me rends bien compte que vous êtes mécontent. Je souhaite comprendre le problème et le résoudre pour vous satisfaire.

Question d'observation

Alors, je vous en prie, dites-moi ce qui s'est passé.

Question de réflexion

Quels sont les désagréments que cela vous a causés ?

Question d'interprétation

Maintenant, qu'attendez-vous de nous pour résoudre ce litige ?

Questions de décision

Très bien, je crois avoir compris que vous voulez A.__, B.__. Est-ce bien cela ?

Quelle est la première démarche que vous souhaitez que nous adoptions ? La seconde ?

Estimez-vous que nous sommes sur la bonne voie ?

Y a-t-il autre chose que nous devrions entreprendre ?

Clôture

Je vous remercie d'avoir porté ce problème à notre connaissance. Nous allons faire tout ce qui est en notre pouvoir pour vous satisfaire et le résoudre.

Discussions pour l'interprétation de l'information

Sur cette période dorée, pendant ses heures sombres
Tombe du ciel une pluie météorique
D'événements…ils gisent incontestés, éparpillés,
Sagesse suffisante pour nous délivrer de nos maux
Est le tourbillon quotidien, mais il n'existe pas de métier
Pour la tisser en une étoffe.

Edna St. Vincent Millay : *Huntsman, What Quarry ?*

Dans ce chapitre, le lecteur trouvera les discussions suivantes :

D1. Interpréter une histoire
D2. Partager la lecture d'un article
D3. Discuter d'une cassette vidéo de formation
D4. Discuter d'un film
D5. Évaluer des tendances sociales
D6. Mener une discussion d'actualité
D7. Étudier les changements des organisations
D8. Évaluer une offre commerciale

D9. Adapter vos services aux besoins du client

D10. Interpréter une évaluation du système de contrôle

D11. Analyser les exécutions du budget

D12. Méditer sur une réunion qui a été chaotique

D13. Analyser l'impact de nouvelles lois concernant un produit

D14. Réfléchir sur une proposition pour la réorganisation d'un service

La citation de Edna St. Vincent Millay décrit particulièrement bien notre décennie où des « pluies d'événements » s'abattent quotidiennement sur nous. Nous attendons avec impatience la venue de quelqu'un qui voit clair dans tous ces événements, qui puisse en extraire le fil nécessaire pour tisser une toile de connaissances et de sagesse. La fonction d'interprétation nous permet de comprendre les événements, ce qui fait que les décisions que nous prenons sont tirées d'un contexte précis au lieu d'être de simples réflexes conditionnés. La fonction interprétative apporte un sens à notre existence, nous ouvre les yeux sur les modèles que suit l'évolution des événements si bien que nous sommes en mesure de déterminer la signification de ce que nous entendons et de ce que nous lisons.

Dans ce chapitre, certaines des discussions ne paraissent pas directement convenir à un lieu de travail : par exemple, « Interpréter une histoire ». N'est-ce pas dans les écoles que l'on raconte des histoires ? Ce serait déplorable que les histoires soient confinées aux mondes scolaire et enfantin, car l'influence qu'elles peuvent jouer sur les adultes n'est pas négligeable. Imaginez un chef dont l'équipe a baissé les bras et est désespérée parce qu'elle n'a pu accomplir une tâche ardue. Le chef d'équipe se creuse la tête pour redonner le moral à son équipe et se souvient d'une histoire qu'il avait lue dans l'un des ouvrages de Joseph Campbell. Il décide de la raconter à son équipe et d'organiser ensuite une discussion pour l'analyser. L'équipe comprend le message, en infère les applications et, remotivée, se remet au travail en silence. Raconter une histoire peut être un moyen détourné pour aider une équipe à se sortir d'une mauvaise passe. L'histoire à laquelle l'annexe D fait référence possède une structure mythique-; elle est une véritable métaphore de la vie. De telles histoires peuvent avoir une très grande influence.

De la même manière, les discussions qui portent sur les tendances et sur les thèmes d'actualité semblent être du ressort des sociologues. Cependant, imaginez une équipe de marketing travaillant sur une nouvelle stratégie. Le chef de l'équipe lit dans le journal du matin un article qui fait la lumière sur des changements survenus dans le marché. Il le découpe, en fait des copies pour tous les membres de l'équipe et mène une discussion structurée sur le texte. C'est la meilleure façon de commencer la journée d'un bon pied et de s'assurer que l'équipe suit l'évolution du marché.

Une discussion portant sur l'actualité peut être tenue à toute période de l'année, et elle est sûre de placer le travail en cours dans un nouveau contexte. Une à deux fois par an, il est certain que les vagues déferlantes de l'histoire viendront s'échouer et déposer quelques «événements provoquant la surprise générale », comme le lancement de la sonde sur Mars, la bombe d'Oklahoma ou encore un «-miracle » qui se produit dans une communauté locale.

Nous placerons ici les discussions cinématographiques, car il arrive que des groupes de personnes se rendent ensemble au cinéma. Pourquoi ne pas se retrouver après la séance et discuter du film ? Il est inestimable d'arriver à bâtir une compréhension mutuelle.

De toute évidence, toutes les autres discussions contenues dans ce chapitre conviennent au milieu de l'organisation. En revanche, même si la tâche principale est d'interpréter différentes sortes de données, il est encore important de laisser aux niveaux de l'observation et de la réflexion la place qui leur est due.

D1 Interpréter une histoire

Contexte
Beaucoup de gens estiment que les histoires ne sont que pour les enfants. Un chef d'équipe voit les choses d'une toute autre manière. Son équipe a perdu un contrat crucial et a baissé les bras. Il se demande comment changer l'humeur de son équipe. Il découvre une histoire qui a un rapport direct avec l'affaire et il décide que les membres de l'équipe doivent l'entendre.

Objectif rationnel
Comprendre le sens symbolique (ou moral) d'une histoire.

Objectif d'évolution d'attitude
Que l'équipe combatte indirectement la mauvaise situation dans laquelle elle se trouve en analysant une histoire. .

Conseils
Il est primordial d'être le plus expressif possible en la lisant. Il est impératif de la lire deux ou trois fois à l'avance. Cela fonctionne nettement mieux si vous ne dévoilez qu'à la fin l'origine de cette histoire.

Autres applications
En adaptant un peu les questions spécifiques, cette discussion pourra être employée pour tirer un enseignement d'une bonne histoire ou d'un mythe au travail, à l'école ou à domicile.

DISCUSSION

L'histoire : *Le prince - cinq armes (voir l'Annexe D)* ou d'autres histoires motivantes.

Ouverture
J'ai entre les mains une histoire qui est faite pour vous. Je l'ai découverte l'autre jour et j'ai décidé que nous devions tous l'entendre. Certains pensent que les histoires ne sont que pour les enfants. Moi, je pense que des histoires comme celle-ci sont pour tout le monde. Cette histoire est intitulée *Le prince - cinq armes*. Contentez-vous de vous relaxer et d'écouter. Elle pourrait nous être bénéfique.

Questions d'observation
Quels sont les mots ou les phrases que vous avez remarqués ?
Quelles étaient les répliques de dialogue ?
Qui sont les deux personnages principaux ?
Que se passe-t-il dans cette histoire ? En premier ? Ensuite ?
Et puis ? *(Continuez jusqu'à ce que les parties principales de l'histoire aient été rappelées.)*

Questions de réflexion
Quelles sont les associations que vous avez faites avec cette histoire ?
Qu'est-ce qui vous a surpris ?
Que ressentiez-vous à la fin de l'histoire ?

Questions d'interprétation
Quel sens donnez-vous à cette histoire ?
Retrouvez-vous, dans votre vie, des similitudes avec cette histoire ?

Questions de décision
Si vous étiez spectateur de la dernière scène, quels auraient été vos commentaires ?
Comment cette histoire attire-t-elle notre attention ?
Que nous suggère-t-elle de faire ? d'être ? de savoir ?

Clôture
Les histoires peuvent être distrayantes, mais elles peuvent également nous ouvrir les yeux sur notre propre existence de bien des manières surprenantes et charmantes.

D2 Partager la lecture d'un article

Contexte

Un membre de l'équipe trouve un article intéressant qui a un lien direct avec le projet sur lequel l'équipe travaille. Après s'être assuré que le chef de l'équipe lui donnait son aval, il mène la discussion suivante.

Objectif rationnel

Que l'équipe comprenne où l'histoire veut en venir.

Objectif d'évolution d'attitude

Qu'elle l'applique à sa propre situation.

Conseils

Pour optimiser l'effet produit, chacun des participants doit obtenir une copie de l'article et doit pouvoir la consulter. La décision de savoir si tous doivent participer à la lecture ou si le facilitateur (qui a eu le temps de la préparer) doit la lire est toujours prise à pile ou face. S'il s'agit d'une œuvre dramatique ou poétique, il est préférable que le facilitateur la lise.

Autres applications

Cette approche de discussion peut être adoptée après avoir proposé aux membres de l'équipe de rédiger une page au sujet des problèmes à long terme, et ensuite de les lire et d'en discuter.

DISCUSSION

Ouverture

Lors de l'une de mes lectures, j'ai récemment trouvé cet article et j'ai pensé que vous pourriez tous être intéressés. Écoutons d'abord et nous en discuterons ensuite. *(Distribuez des copies.)*

Questions d'observation

Quels sont les mots, les répliques ou les phrases dont vous vous souvenez ?
Quels sont les mots que vous avez trouvés les plus frappants ?

Questions de réflexion

Pendant la lecture, qu'aviez-vous à l'esprit ?
Quand avez-vous commencé à écouter attentivement ?
Lors de la lecture, que ressentiez-vous ?
Quand avez-vous le plus associé votre situation avec l'histoire ?
Quand avez-vous commencé à être mal à l'aise ?

Questions d'interprétation

Quels sont les faits que cet article relate ?
Quel est le message que ce passage essaie de transmettre ?
Qu'est-ce que cela peut apporter à notre travail ?

Questions de décision

D'après vous, qui devrait l'entendre ? Pourquoi ?
Qu'est-ce que cet article nous suggère de modifier ?
Comment intituleriez-vous cette page ?

Clôture

Ce fut une discussion très intéressante et je me réjouis que nous puissions partager nos points de vue à ce sujet.

D3 Discuter d'une cassette vidéo de formation

Contexte

Le groupe vient de regarder une cassette vidéo de formation. La facilitatrice désire qu'il réfléchisse à ce qu'il a ressenti et à ce qu'il a appris de cette cassette. Elle a organisé cette discussion à l'avance et a prévenu le groupe qu'il y aurait une discussion après le visionnement de la cassette.

Objectif rationnel

Comprendre le contenu de la cassette.

Objectif d'évolution d'attitude

Inviter les membres du groupe à prendre part à une aventure en partant de leurs premières impressions pour en venir à un véritable dialogue sur les implications que pourrait avoir la cassette dans leur travail.

Conseils

Si le contenu comporte des éléments compliqués, vous devriez peut-être vous attarder davantage sur les niveaux d'interprétation et de décision. Cela implique la création d'une ou deux autres questions.
Il est toujours très important que la discussion n'empiète pas sur les horaires prévus. Si le groupe est réellement pris dans la discussion et a besoin de plus de temps, assurez-vous que tout le groupe est d'accord pour continuer.

Autres applications

Il est possible d'avoir recours à ce type de discussion dans tous les cas de présentation multimédia, comme une vidéo promotionnelle ou une documentation de marketing.

DISCUSSION

Questions d'observation

Quelles sont les images de la cassette que vous avez toujours à l'esprit ?
Quels sont les mots ou les phrases qui ont attiré votre attention ?
Quelles couleurs avez-vous vues dans la vidéo ?
Quels bruits avez-vous entendus ?
Quelles sont les scènes qui ont capté le plus votre attention ?
Quels sont les personnages qui ont été décrits ?

Questions de réflexion

Qu'est-ce qui vous a le plus intrigués dans cette cassette ?
À quel moment avez-vous été le plus absorbés par la cassette?
Quelle partie avez-vous trouvée ennuyante ?
Quels sont les autres événements ou expériences que vous ayez associés avec un des passages de la cassette ?

Questions d'interprétation

Quelles sont les idées-clés qui ont été exprimées ?
Quels sont les concepts que cette vidéo a changés pour vous ?
Qu'est-ce que vous jugez important ?
Qu'avez-vous appris de nouveau ?

Questions de décision

Qu'est-ce que vous avez trouvé de particulièrement utile dans cette cassette ?
À quel moment auriez-vous souhaité que l'on approfondisse le sujet ?
Comment intituleriez-vous cette cassette ?

Clôture

Et bien, l'échange d'impressions et d'idées à la suite de cette séance de formation s'est révélé très utile. Faisons une pause et retrouvons-nous à onze heures.

D4 Discuter d'un film

Contexte

À l'occasion d'une sortie entre collègues de travail, ceux-ci se rendent au cinéma et prévoient d'aller boire un verre après la séance pour discuter du film.

Objectif rationnel

Mettre en commun les expériences personnelles vécues pendant le film.

Objectif d'évolution d'attitude

Se divertir tout en recherchant la signification d'un film.

Conseils

Vous pourriez remettre en contexte la question « Avec qui vous êtes-vous identifié-?-» en proposant quelque chose comme : «-Une école de psychologie prétend que notre première réponse à cette question n'est jamais notre vraie réponse. » La question « Quel moment de votre vie pourriez-vous mettre en parallèle avec le film ? » est la clé de toute la discussion. Si vous vous apercevez que les réponses à cette question sont trop légères, vous devrez probablement la reposer en faisant le tour du groupe, mais faites-le non-chalamment autrement vous donnerez l'impression de punir les participants pour leur désinvolture.

Autres applications

Une discussion du même type peut être tenue après un spectacle (pièce de théâtre, ballet ou concert de musique symphonique).

DISCUSSION

Ouverture

Nous connaissons très bien les conversations typiques qui suivent une séance de cinéma. « Ce film m'a plu. Et vous ? » « Non, je ne l'ai pas du tout aimé. Je déteste cette actrice. » Ce sont des déclarations qui ont leur sens, mais une discussion intéressante à propos d'un film dépasse largement le stade des « j'ai bien aimé » ou «-je n'ai pas aimé ». Alors, tout simplement, pour cette discussion, asseyons-nous confortablement, grignotons du pop-corn et laissons nos esprits reparcourir tout le film.

Questions d'observation

Quels sont les passages du film dont nous nous souvenons ?
Ceux qui se déroulent à l'extérieur ? à l'intérieur ?
Quels sont les objets qui vous ont marqués ?
Quels sont les bruitages du film dont vous vous souvenez ?
Quels étaient les personnages principaux ?
Vous rappelez-vous certaines des répliques du film ?
Quels sont les symboles que vous avez repérés dans le film ?

Questions de réflexion

Qui avez-vous apprécié ?
Qui avez-vous détesté ?
À quel moment avez-vous été témoin d'une émotion dans le film ?
À quel moment avez-vous, vous-même, ressenti une émotion ?
Dans quel état d'esprit étiez-vous à la sortie ?
Quel est le personnage avec lequel vous vous êtes identifiés ?
Quel est le personnage avec lequel vous vous êtes identifiés contre votre gré ?

Questions d'interprétation

Dans quelle lutte le personnage principal était-il engagé ?
Comment gérait-il ce combat ?
Quel est le sujet réel de ce film ?

Questions de décision

Quel titre donneriez-vous à ce film ?
Associez-vous cette histoire à un moment quelconque de votre vie ?

Clôture

Et bien, c'était vraiment tout un film ! C'est intéressant de constater qu'un film peut nous inciter à parler de nos propres vies.

D5 Évaluer des tendances sociales

Contexte

Une équipe de gestion a décidé de commencer la nouvelle année en discutant des récentes évolutions du marché et des modes.

Objectif rationnel

Partager les points de vue sur les tendances qui voient le jour à notre époque, leur influence sur notre vie quotidienne et professionnelle.

Objectif d'évolution d'attitude

Envisager les façons créatives de réagir à ces tendances.

Conseils

Pour la première question, vous devrez avoir deux ou trois exemples en réserve qui pourront servir d'illustration. Plus ils seront explicites et concrets, mieux ce sera puisqu'il y a de fortes chances que les participants s'aideront de vos exemples pour répondre à leur tour.

Autres applications

Vous pourriez tenir des conversations identiques sur les évolutions qui se produisent sur le lieu de travail, en marketing, dans le service à la clientèle, dans les domaines manufacturiers et des logiciels, etc.

DISCUSSION

Ouverture

Certains chercheurs maintiennent que les tendances vont de bas en haut, puisqu'elles partent de la Californie, de la Colombie-Britannique ou d'autres centres névralgiques de la mode pour ensuite se diriger à l'Est. Mais j'estime qu'elles vont de bas en haut, de haut en bas, bref d'un peu partout et qu'elles peuvent être originaires de « je ne sais où » ou de bien d'autres endroits encore. Afin de repérer des tendances, nous ne nous limitons pas à l'analyse des études démographiques ; nous observons aussi les événements économiques, sociaux et politiques.

Si une tendance n'est constituée que d'une direction ou que d'une séquence d'événements, ceci ne constitue pas une tendance à elle toute seule. Il faut au moins deux points pour faire une ligne et deux événements pour constituer une séquence. Si bien qu'au premier abord, vous ne pourrez pas déterminer s'il s'agit ou non d'une séquence.

Imaginez que vous lisiez dans le journal que 85 % des bacheliers qui ont déposé leur candidature pour un emploi dans une société locale ont échoué à un test évaluant les qualifications de base. Cela est un événement et non une tendance. Un an plus tard, vous lisez que 90 % d'entre eux ont échoué au même test. Cela commence à ressembler à une tendance. Alors, parlons des tendances que nous avons rencontrées.

Questions d'observation

Quels sont les derniers événements dont nous avons pris connaissance en lisant la presse quotidienne depuis à peu près un an ? Que se passe-t-il en ce moment dans votre quartier ?

Questions de réflexion

Quels sont les sujets de discussion qui sont abordés pendant la pause café ou à table, au dîner ? Quels sont les soucis et les inquiétudes des gens actuellement ? Qu'est-ce qui justifie que la société mette les gens en situation de crise : les enfants, les travailleurs, les personnes âgées, etc. ? Qu'est-ce qui leur offre une lueur d'espoir ?

Questions d'interprétation

Dans tout ce qui a été dit, à quel moment voyez-vous une direction émerger ? Quel nom donneriez-vous à cette direction ?

D5 Évaluer des tendances sociales (suite)

Quelqu'un d'autre : À quel autre moment voyez-vous une direction se profiler ?

Comment la nommeriez-vous ?

Quelqu'un d'autre en a-t-il remarqué une autre ? Comment la nommeriez-vous ?

Choisissez une de ces tendances et expliquez dans quelle mesure elle influe sur l'économie, sur la situation politique ou encore sur la culture de ce continent.

Encore quelqu'un d'autre ?

Questions de décision

Voilà, nous sommes en présence d'environ trois directions que la société suit, soit de trois tendances.

Quelles conséquences cela aurait si vous suiviez l'une d'entre elles et qu'elle vous emmène à faire un voyage vers l'avenir ?

De quelle façon tireriez-vous profit des occasions offertes par cette tendance et comment y répondriez-vous utilement ?

Clôture

L'un des signes distinctifs d'une personne qui a reçu une éducation est de reconnaître les signes du temps et d'y répondre. Cette discussion fait partie de celles qu'il faut mener de manière informelle si nous voulons rester en harmonie avec l'époque à laquelle nous vivons.

POINTS À RETENIR PAR LE FACILITATEUR

Rendre hommage au travail du groupe

Nous évoluons grâce aux reconnaissances et au soutien. Saluer la contribution d'une personne est un moyen sûr pour encourager la participation. Profitez de la moindre occasion pour soutenir une participation bénéfique. Acceptez et reconnaissez les opinions personnelles comme elles vous sont présentées. Lorsqu'un petit groupe fait un rapport, il est souhaitable d'encourager les applaudissements. Trouvez des moyens adaptés pour récompenser les succès. À la fin d'une séance, favorisez la réflexion du groupe sur ses progrès et fêtez l'accomplissement de son travail.

D6 Mener une discussion d'actualité

Contexte
Une équipe ou un conseil d'administration décide d'ouvrir sa réunion en discutant de l'actualité mondiale.

Objectif rationnel
Fournir un contexte au travail ou à la planification de l'organisation.

Objectif d'évolution d'attitude
Symboliser la capacité de l'organisation à s'adapter à la période dans laquelle elle vit.

Conseils
Soyez prêts à faire un tour de table, s'il le faut. Pour la première question, il est important de prendre des notes ; ainsi, vous pourrez relire aux participants les événements qu'ils vous ont proposés. Il serait judicieux de choisir un événement d'actualité qui est suffisamment riche pour donner lieu à toute une conversation. (Méfiez-vous des gros titres de la presse à scandale.)

Autres applications
Lisez aussi «-Évaluer les tendances sociales ».

DISCUSSION

Ouverture
Pourquoi ne pas parler pendant quelques minutes de ce qui se passe dans le monde ? Cela offrira un contexte à notre travail d'aujourd'hui. Parlons de l'actualité. Bon, en utilisant le terme d'-«-actualité-», je ne veux pas parler obligatoirement d'un sujet d'actualité, car chaque jour apporte son lot de nouveaux sujets auquel nous sommes confrontés par l'intermédiaire des médias. En revanche, peu d'entre eux sont vraiment des sujets d'actualité ou même encore des nouvelles. La plupart des sujets se répètent sans fin, à tel point que certains disent même que les « journaux du jour » sont les « journaux d'hier ». Cependant, il y a des sujets d'actualité qui indiquent que quelque chose de fondamental a changé et que nous pourrions bien devoir aussi changer. Alors, pourquoi ne pas échanger sur les sujets que nous avons entendus et qui nous apprennent quelque chose de réellement nouveau ?

Questions d'observation
Alors, dites-moi quels sont les sujets d'actualité qui vous ont déroutés ces dernières semaines ?
(Prenez des notes.)
Très bien. Je vais vous relire la liste de tous les sujets que nous avons évoqués et je vous invite à en choisir un sur lequel nous nous mettrons d'accord pour dire qu'il est le grand gagnant.
(Relisez la liste.)
Quel est celui qui était suffisamment considérable pour avoir un effet sur chacun d'entre nous ?
(Obtenez deux ou trois réponses. Choisissez-en une qui soit suffisamment nouvelle et compliquée pour susciter une discussion intéressante.)
Très bien. Qui peut nous en dire un peu plus à ce sujet ?

Question de réflexion
De quelle manière pensez-vous que cette nouvelle vous touche ?

Questions d'interprétation
Quel est le message que cette nouvelle nous transmet sur notre époque ?
Quels sont les vieux concepts que cette nouvelle remet en question ?
Quel est le nouveau concept que cette nouvelle nous propose ?

D6 Mener une discussion d'actualité (suite)

Question de décision
De quelle façon ce sujet et son message nous suggèrent-ils d'envisager une nouvelle perspective ou d'adopter un nouveau comportement ?

Clôture
Les événements de l'histoire bouleversent toujours la conception du monde que nous avons et en viennent toujours à modifier la représentation que nous nous faisons de la vie.

D7 Étudier les changements des organisations

Contexte

Les milieux sociaux des organisations et des grandes sociétés sont en perpétuelle mutation. Rester à la fine pointe des changements et demeurer maître des événements sont cruciaux si une société veut conserver son avantage sur ses concurrents. Des dizaines de revues, d'ouvrages et de programmes télévisés se consacrent à rapporter cette actualité à un plus large public. Une discussion portant sur ce qui se passe dans le monde des organisations peut constituer une bonne préparation avant une réunion de planification ou de gestion.

Objectif rationnel

Tirer au clair les changements qui surviennent dans le monde des organisations et des affaires.

Objectif d'évolution d'attitude

Déterminer quels changements sont pertinents pour le travail de l'organisation en vue de notre mission, de notre philosophie et de nos valeurs.

Conseils

Le facilitateur devra prendre note des réponses à la première question de façon à pouvoir y faire référence lorsqu'il devra choisir celle dont il voudra débattre.

Autres applications

D'autres conversations du même type peuvent être tenues au sujet des changements qui sont survenus dans les styles de direction ou dans la culture d'entreprise.

DISCUSSION

Ouverture

En guise d'introduction à notre planification, il serait peut-être utile de discuter ensemble de ce qui se passe aujourd'hui dans les organisations et les grandes sociétés. Puisque cela nous touche, nous et notre travail, directement ou indirectement, rester à la fine pointe des changements dans les organisations et décider de l'effet qu'ils produisent sur notre organisation sont des choses que nous devons faire souvent dans «-l'organisation apprenante ».

Questions d'observation

Quels sont les titres que vous avez lus dernièrement qui ont un lien avec les organisations ?

Quels sont les articles ou les dossiers qui traitaient de ce domaine et qui ont retenu votre attention ?

De quels faits traitaient-ils ?

Quels sont les changements dont vous avez pris connaissance ?

Quels autres événements ont attiré votre attention dans ce domaine ?

Questions de réflexion

Quels sont les événements qui vous ont consternés ou choqués ?

Quelles étaient les bonnes nouvelles ?

Quels sont les événements qui vous ont poussé à vous dire « si seulement on pouvait aussi essayer ça » ?

Questions d'interprétation

Qu'est-ce qui, dans ces rapports, vous paraissait vraiment nouveau et important ?

(Prenez des notes et relisez-le tout au groupe.)

Quelles sont, en gros, les répercussions qu'auront ces changements sur la société ?

Dans quelle mesure peuvent-ils avoir un effet sur notre organisation ?

Quels sont les changements et les nouveautés dont nous avons parlés qui correspondent à notre mission et à notre philosophie ?

Quels sont ceux pour lesquels ce n'est pas le cas ?

Questions de décision

Quels sont les phénomènes dont nous devons surveiller l'évolution-?

Quelles sont les nouvelles politiques que ces changements appellent les organisations à adopter ?

Que devons-nous mettre en œuvre pour permettre à notre organisa-

D7 Étudier les changements des organisations (suite)

tion d'adopter ou de rejeter les changements qui sont en cours ?

Clôture

En tant qu'entité apprenante, ce qui se passe dans le monde des organisations est une partie du contexte que nous devons maîtriser, de manière à rester au courant des changements.

D8 Évaluer une offre commerciale

Contexte
Une société vous a envoyé une cassette vidéo qui présente un de ses produits, dernier cri. Vous réunissez un groupe de collègues pour regarder cette cassette. Après l'avoir visionnée, vous leur proposez de rester quelques minutes pour en discuter.

Objectif rationnel
Échanger les impressions sur le produit.

Objectif d'évolution d'attitude
Décider s'il faut ou non recommander l'achat de ce produit.

Conseils
Avant d'entamer la discussion, le chef de groupe devrait recueillir toute autre information disponible qui permettrait de répondre plus facilement aux questions qui n'ont pas été abordées dans la cassette.

Autres applications
De telles discussions peuvent faciliter l'examen d'offres concurrentielles ou la présentation de sous-traitants éventuels.

DISCUSSION

Ouverture
Un représentant de la société OPQ nous a laissé une cassette qui présente sa ligne d'équipement de bureau. Ainsi, nous pourrons décider si c'est bien ce que nous désirons. Je voudrais lui donner ma réponse lundi prochain. Regardons cette cassette et discutons-en ensuite.

Questions d'observation
Quels sont les passages de la cassette dont vous vous souvenez ?
Quels sont certains des mots ou quelles sont certaines des phrases dont vous vous souvenez ?
Comment s'appelle le produit qui vient de nous être présenté ?
Qu'avez-vous remarqué de particulier à son sujet ?
Que fait-il ? Comment le fait-il ?
Que ne fait-il pas ?
Quels sont les renseignements que nous avons obtenus sur les frais d'achat et d'exploitation ?
Quels sont les autres renseignements objectifs que cette cassette nous a fournis ?

Questions de réflexion
En quoi ce produit vous a-t-il surpris ?
En quoi cette présentation vous a-t-elle plu ?
En quoi ne vous a-t-elle pas plu ?
À quel moment avez-vous ressenti un sentiment désagréable ?

Questions d'interprétation
Quel avantage représenterait l'achat de ce produit ?
Comment pourrions-nous l'utiliser ?
Que nous apporterait-il ?
Quel désavantage présente-t-il ?

Questions de décision
Y a-t-il d'autres questions pour lesquelles nous voudrions une réponse avant d'envisager l'achat du produit ?
Qu'est-ce que vous nous conseillez de faire à propos de ce produit ?

Clôture
Je tiendrai compte de vos recommandations pour faire mon rapport au comité de direction. Je vous remercie beaucoup de m'avoir accordé ce temps pour regarder cette cassette ainsi que de m'avoir apporté votre contribution. Merci.

D9 Adapter vos services aux besoins du client

Contexte

Une personne vous a appelé à propos de votre service de conseil et d'expertise. Vous faites participer votre interlocuteur à une conversation afin de mieux comprendre les besoins du client.

Objectif rationnel

Arriver à saisir plus précisément pourquoi ce client éventuel est intéressé par votre service de conseil et d'expertise, y compris toute intention cachée.

Objectif d'évolution d'attitude

Que le client éventuel soit persuadé que vous le prenez au sérieux et que vous pouvez l'aider.

Conseils

Un élément essentiel est d'obtenir qu'il vous raconte comment, dans le passé, il s'est sorti de situations identiques. Ensuite, vous pouvez mettre l'accent sur les nouveautés et ne pas vous contenter de répéter le schéma qu'il connaît déjà.

Autres applications

Ce type de discussion est utile dans toute une série de situations qui impliquent de la conciliation, de la vente ou des systèmes d'expertise.

DISCUSSION

Ouverture

Je vous remercie de votre appel. Que puis-je faire pour vous ?
Eh bien, cela me semble intéressant !
Puis-je vous poser encore quelques questions avant de vous faire une proposition ?

Questions d'observation

Pouvez-vous me donner un peu plus de détails à propos du problème auquel vous êtes confronté ?
Quelle est la personne qui pâtit le plus de ce problème ?

Questions de réflexion

Quelles sont vos expériences passées qui ressemblent à celle-ci ?
Comment en êtes-vous venu à bout dans le passé ?
Que pensaient les autres à propos de ce qui en a résulté ?
Qu'en avez-vous pensé ?
Qu'est-ce qui vous inquiète le plus en ce moment ?

Questions d'interprétation

Quelle sorte d'approche voudriez-vous adopter cette fois-ci ?
Qu'attendez-vous comme résultat ?
Quelles répercussions aurait ce résultat sur l'avenir ?
Sur qui ce résultat aura-t-il encore un effet ?
Qui participera à la prise de décision ?

Questions de décision

Si vous deviez résumer vos besoins, que diriez-vous ?

Clôture

J'ai déjà des idées à l'esprit à ce sujet. Nous pouvons en parler sur-le-champ ou nous pouvons prévoir un nouveau rendez-vous, comme vous préférez.

D1O Interpréter une évaluation du système de contrôle

Contexte

Après l'évaluation annuelle du système de contrôle, tous les services reçoivent une série de recommandations concernant le contrôle de qualité. Il faut que vos employés comprennent les recommandations et les changements qui s'imposent.

Objectif rationnel

Comprendre ces recommandations et les changements qu'elles impliquent.

Objectif d'évolution d'attitude

Permettre aux membres du groupe d'accepter les recommandations, d'entrevoir aussi bien les limites que les possibilités qui leur sont inhérentes et de se remettre au travail sans se sentir brimés.

Conseils

Si, après les trois premières questions de réflexion, vous estimez que le travail relationnel est déjà fait, n'hésitez pas à en sauter plusieurs et à passer directement au niveau suivant. Les questions sont des outils qui permettent au groupe d'aller plus en profondeur et non une suite d'étapes obligatoires.

Autres applications

Une discussion de ce type peut être utile lorsqu'il s'agit de se pencher sur un document qui touche tout un groupe tels les propositions de loi, les rapports ou les articles de journaux.

DISCUSSION

Ouverture

Revoir les recommandations d'une évaluation peut s'avérer être une expérience déconcertante. La manière d'aborder ces recommandations est cruciale. Commençons tout d'abord par les faits objectifs en prenant note des recommandations.

Questions d'observation

Au fur et à mesure que vous lisez cette feuille, pouvez-vous me dire les recommandations concrètes qui sont faites ? Quelles sont les autres ? Y en a-t-il que nous n'ayons pas prises en compte ? Pour quelles recommandations aimeriez-vous recevoir plus d'informations ?

Questions de réflexion

Si vous vouliez mettre ces points en couleur, quels sont ceux que vous souligneriez en rouge pour signifier : danger ?
En vert pour : feu vert ? En gris pour : à éclaircir ?
À quel moment avez-vous été surpris ?
Quels sont ceux auxquels nous sommes favorables ?
Quels sont ceux pour lesquels vous avez des doutes ?
Quels sont ceux que vous reconnaissez être incontournables, mais que vous n'appréciez pas ?

Questions d'interprétation

Essayez de vous mettre à la place des inspecteurs qui ont élaboré ces points. À votre avis, pourquoi ont-ils fait ces recommandations ?
Quelles sont celles qui auront le plus d'influence ?
Celles qui en auront le moins ? Quelles seront les modifications qu'elles apporteront à l'organisation dans son ensemble ?
Quelles seront les modifications que cela représentera pour les personnes présentes dans cette salle ?

Questions de décision

Que devrons-nous faire en ce qui concerne ces recommandations ?
Quelle sera notre première démarche ?
Comment intituleriez-vous cette liste de recommandations ?

Clôture

Je pense que nous nous sommes tous entraidés pour arriver à comprendre le contenu de ce document et sa signification pour nous. Je pense également que nous commençons à utiliser notre imagination pour trouver les moyens de travailler en répondant à ces nouvelles normes.

D11 Analyser les exécutions du budget

Contexte

Vous, le chef d'entreprise, êtes assis et discutez avec le comptable pour revoir les revenus trimestriels et les comparer avec le budget pour préparer une réunion du comité des finances. Tout en dialoguant, vous apportez tous deux des réponses à chaque question.

Vous êtes tous les deux à la fois l'intervieweur et l'interviewé.

Objectif rationnel

Juger de la situation financière actuelle concernant le budget annuel, évaluer les variables dans l'état des recettes et des dépenses, et échanger vos opinions sur le dernier trimestre.

Objectif d'évolution d'attitude

Être capable de définir des prévisions budgétaires réalistes.

Conseils

En complément des chiffres du budget, une liste des facteurs de succès critiques ou des hypothèses budgétaires pourra vous assister dans votre conversation.

Autres applications

Cette conversation pourrait également avoir lieu avec une équipe qui aurait à se concentrer sur les justifications de l'exécution du budget pour leur service, ou avec une équipe de gestion ou un comité financier.

DISCUSSION

Ouverture

Jetons un coup d'œil aux chiffres que nous avons devant nous et comparons-les avec le budget que nous avons envisagé.

Questions d'observation

En regardant les revenus, quels sont les chiffres que vous remarquez ?

Quelles sont les variations les plus importantes dans les revenus ? À la hausse ou à la baisse ?

Quelles sont les variations les plus marquées dans les dépenses ?

Quels sont les chiffres qui répondent à nos attentes ?

Quelles sont les estimations qui doivent être revues ?

Questions de réflexion

Quels sont les chiffres qui nous satisfont ?

Quels sont ceux qui nous inquiètent ?

Quels sont ceux qui nous surprennent ?

Au cours de ce trimestre, qu'est-ce qui nous a préoccupés ?

À quel moment avons-nous remarqué des percées dans nos ventes-?

Questions d'interprétation

Maintenant, examinons les chiffres des revenus importants.

Quels sont les facteurs qui les ont stimulés ?

Examinons maintenant les chiffres de revenus bas.

Quels sont les facteurs qui sont entrés en jeu ?

Passons aux dépenses. Quelles sont les raisons pour lesquelles elles sont élevées ? Et celles qui sont moindres ?

Pour le trimestre terminé, comment nous sommes-nous comportés ?

Quelles indications cela nous donne-t-il sur la santé financière de toute cette opération ?

Questions de décision

Qu'est-ce que cette information implique ?

Quelles sont les modifications que nous devons apporter pour le trimestre prochain ?

Quelles sont les actions qui pourraient marquer une nette différence si nous commencions à les mettre en œuvre dès à présent ?

Clôture

Nous allons inclure ces remarques dans notre rapport au comité des finances.

D12 Méditer sur une réunion qui a été chaotique

Contexte

Le directeur d'un département vient d'organiser une réunion du personnel concernant la qualité globale de la campagne. En répondant aux questions, certains employés sont restés évasifs ; d'autres ont éclaté de rire sans vouloir en expliquer le motif. Le directeur a décidé de rappeler quelques membres du personnel le jour suivant afin de discuter de cette réunion.

Objectif rationnel

Découvrir ce qui s'est réellement passé lors de cette réunion.

Objectif d'évolution d'attitude

Reconnaître ce qui s'est produit durant la réunion précédente et déterminer les problèmes à régler.

Conseils

L'animateur doit refléter la perplexité du groupe. Il doit montrer qu'il est curieux, et non déçu, qu'il veut satisfaire cette curiosité, car il suppose que le groupe éprouve le même sentiment.

Autres applications

Une telle conversation est utile lorsqu'une séance de planification s'écarte complètement de son objectif, ou lorsqu'une série de rumeurs empoisonne la vie au bureau.

DISCUSSION

Ouverture

J'ai décidé de vous faire venir ce matin afin de parler de la réunion d'hier après-midi. Lorsque je suis allé me coucher hier soir, je ne parvenais pas à m'endormir parce que j'essayais de comprendre ce qui s'était passé à la réunion. J'ai finalement trouvé le sommeil quand j'ai eu l'idée de rappeler certains d'entre vous ce matin afin d'en parler. Commençons par le niveau d'observation. Imaginez qu'on vous repasse l'enregistrement vidéo ou audio de la réunion d'hier.

Questions d'observation

Quels furent les sujets abordés lors de la réunion d'hier ?
Qu'avons-nous dit ?
Qu'avez-vous entendu d'autre lors de la réunion : les gestes, les chuchotements, les rires, etc.

Questions de réflexion

En quoi les réponses vous ont-elles surpris ?
À quel moment de la réunion vous êtes-vous énervés ou agités ? Pourquoi ?

Questions d'interprétation

Qu'est-ce que la réunion a permis de réaliser ?
Qu'est-ce qu'elle n'a pas permis d'effectuer ?
Qu'est-ce qui s'est réellement passé à cette réunion ? J'aimerais entendre au moins trois interprétations différentes, donc, pensez-y un instant.
Écoutons : qu'est-ce qui s'est réellement passé ?
Quelqu'un d'autre : qu'est-ce qui s'est passé ?
Encore une autre personne.
Quelqu'un qui ne s'est pas encore exprimé à ce sujet : que pensez-vous de ce qu'elles ont affirmé ?
Quelqu'un peut-il résumer ce qui vient d'être dit ?

Questions de décision

Comment devons-nous faire face à cette situation ?
Quelles seront les trois premières étapes ?

Clôture

Nous ne sommes peut-être pas allés jusqu'au fond du problème, mais nous avons un bon début. J'apprécie réellement le temps que vous m'avez accordé ; je vais taper le rapport de cette réunion et en mettrai une copie dans vos casiers.

D13 Analyser l'impact de nouvelles lois concernant un produit

Contexte

Le gouvernement vient de faire paraître une nouvelle série de règlements concernant un produit. Une équipe de directeurs, de créateurs et de producteurs considère l'impact qu'auront ces nouvelles règles sur leur produit.

Objectif rationnel

Analyser d'un point de vue objectif le contenu des règlements, déterminer dans quelle mesure ils concernent le produit de l'entreprise et établir les premières mesures à prendre afin de travailler en respectant ces nouvelles normes.

Objectif d'évolution d'attitude

Dépasser les premières réactions de peur, de consternation ou de colère afin d'atteindre un état de consentement et d'action.

Conseils

Ne vous attendez pas à ce que cette discussion débouche sur un plan d'action complet. Elle peut mettre en marche l'alignement des produits sur les nouveaux règlements en obtenant une contribution des distributeurs. L'étape suivante nécessitera quelques comptes rendus dont la plupart seront probablement de nature technique.

Autres applications

Cette discussion peut également être mise en pratique pour déterminer l'impact que pourraient avoir les tendances du marché sur un produit.

DISCUSSION

Ouverture

Tout d'abord, j'aimerais vous remercier d'être venus dans un si bref délai. J'ai pensé qu'il valait mieux examiner ces règlements le plus rapidement possible afin de voir s'ils ont des conséquences sur nos produits et de décider des changements à effectuer. Une copie de ces règlements se trouve en face de vous ; vous avez 20 minutes pour les lire. N'hésitez pas à inscrire des notes pour votre référence.

Questions d'observation

(Après avoir laissé un laps de temps suffisamment long.)
Bon, mettons-nous en groupe. Quels sont, selon vous, les règlements qui pourraient avoir un rapport avec notre produit ? Quels sont les autres règlements que vous avez indiqués ?

Questions de réflexion

Quand avez-vous commencé à critiquer ces réglements ? Pourquoi ?
Où avez-vous vu de nouvelles possibilités dans ces règlements ? Précisez votre réponse.

Questions d'interprétation

Quel est le sujet principal de ces règlements ?
Quels sont les points spécifiques qui influenceront notre produit ?
Que devons-nous faire différemment ?
De quelles recherches ou de quels tests pourrions-nous avoir besoin ?
Qu'est-ce que cela signifie pour les prochaines semaines ? Pour les prochains mois ?

Questions de décision

Quelles sont les premières mesures à prendre pour faire face à cette situation ? Quel devra être l'objet de notre prochaine réunion ?
Que devrons-nous avoir à ce moment-là ?
Quel travail devrons-nous réaliser ?
À qui doit revenir la responsabilité de préparer les points particuliers de la prochaine réunion ?

Clôture

Cette réunion fut très utile. Nous aurons besoin de comptes rendus techniques de la part des ingénieurs, mais il semble que nous pouvons nous en occuper sans que cela ne représente un énorme problème. Merci pour le temps que vous avez accordé à cette réunion. Nous nous reverrons le ----*(date de la prochaine réunion).*

D14 Réfléchir sur une proposition pour la réorganisation d'un service

Contexte

Une des sections de votre organisation nécessite une restructuration afin de fournir de nouveaux services. Un petit groupe a rédigé une proposition. Il est temps que le reste de la section examine cette proposition et donne ses idées. Pour cette discussion, le service est divisé en groupe de sept ou huit personnes. Chaque groupe aura la conversation suivante.

Objectif rationnel

Déterminer les points sur lesquels il existe un accord général et les questions qui nécessitent d'être approfondies.

Objectif d'évolution d'attitude

Examiner en profondeur une proposition nous concernant.

Conseils

Se concentrer sur les questions du niveau de l'observation peut s'avérer particulièrement difficile. Il nous faut garder l'attention des personnes sur le contenu réel de la proposition. Lorsqu'une proposition concerne l'emploi des gens, le stade de la réflexion est essentiel. Assurez-vous de leur demander à la fois leur réaction positive et leur réaction négative, ce qui permettra de dépasser les plaintes superficielles. Lors de la prise de décision, il y a risque que certaines personnes fassent des recommandations qui ne protégeront que leurs anciennes fonctions.

Autres applications

Une telle discussion pourrait être utilisée pour faire face aux rachats d'entreprise et aux fusions ou pour traiter d'un budget revu à la baisse.

DISCUSSION

Ouverture

Nous avons tous entendu parler de cette proposition et nous nous sommes demandés en quoi elle peut nous concerner. En fait, elle nous offre l'occasion aujourd'hui d'optimiser la manière dont nous nous occupons de nos nouvelles tâches. Prenez quelques minutes pour lire cette proposition, après quoi nous pourrons en parler.

Questions d'observation

Après avoir lu la proposition, quels ont été les mots ou les expressions qui vous ont sauté aux yeux ?
Quelles en sont les principales parties ?
Donnez quelques idées fondamentales de la proposition.
Quelles sont les autres propositions ?

Questions de réflexion

Qu'est-ce qui vous intéresse dans cette proposition ?
Qu'est-ce qui vous rend anxieux ou inquiets ?
Pour quelle partie éprouvez-vous plus de difficultés ?

Questions d'interprétation

Quels sont les nouveaux rôles qui pourraient être nécessaires d'instaurer dans ce nouveau service ?
Quels avantages y voyez-vous ?
Quelles chances cette proposition représente-t-elle pour le service ?
Et pour les employés ?
Quelles sont les valeurs de cette proposition ?
Quelles sont les valeurs qui ne sont pas présentes dans cette proposition ?

Questions de décision

Quels sont les principaux domaines dans lesquels vous aimeriez que plus de travail soit effectué ?
Quelles sont vos réactions ?
À quelle partie voudriez-vous apporter votre aide ?

Clôture

Ce fut une discussion animée. Nous avons obtenu quelques idées très créatives. Le rapport de cette conversation sera remis au groupe qui a émis cette proposition. Il nous rapportera une nouvelle ébauche lorsqu'il sera prêt. Si vous avez d'autres recommandations, vous pouvez me les donner par écrit.

Discussions permettant la prise de décision

Il est dans la nature de l'idée d'être communiquée, écrite, dite, faite. L'idée est comme l'herbe : elle a soif de lumière, aime la foule, profite de la diversité, grandit mieux lorsque foulée.

Ursula Le Guin

Le point principal de nombreuses discussions, ayant pour but la prise de décision, est d'aider le groupe à clarifier les valeurs qui en créeront le cadre. De cette façon, le groupe élabore un ensemble commun permettant de diriger la prise de décision. Ce chapitre comprend les discussions suivantes :

E1. Aider un collègue à prendre une décision
E2. Assigner des tâches à une équipe
E3. Décider des priorités de travail
E4. Discuter de la réponse que le personnel a faite à un document stratégique
E5. Régler une impasse décisionnelle au sein d'un groupe
E6. Décider d'une stratégie pour une foire commerciale
E7. Revoir la mission d'une équipe

E8. Appliquer une nouvelle politique du conseil d'administration

E9. Déterminer les priorités d'un programme

E10. Définir le mandat pour l'évaluation d'un important projet

E11. Élaborer le budget annuel

E12. Régler des problèmes d'ergonomie dans le milieu du travail

E13. Revoir un protocole de bureau

Ces discussions aident le groupe à parvenir à un consensus sur ce qui doit être réalisé. Dans la prise de décision interviennent les fonctions d'observation, de jugement, d'évaluation, de décision et d'action. Il arrive que les groupes soient bloqués à une des étapes de la prise de décision : ils rassemblent bien plus de données qu'il est nécessaire, ou perdent trop de temps à l'étape du jugement ou de l'évaluation, de sorte que la décision est sans cesse ajournée. Il se peut également que les groupes effectuent ces processus de manière exemplaire, qu'ils prennent une décision, mais ne la respectent pas. Les facilitateurs de groupe doivent être conscients de ces penchants, particulièrement s'il s'agit d'une décision difficile mêlant la vie privée de chacune des personnes.

Lorsqu'un sujet est complexe et très vaste, il importe de dépasser la simple conversation. C'est ainsi qu'un petit groupe pourrait travailler sur des détails très spécialisés et rapporter ses recommandations au groupe. Par exemple, dans le cas de la discussion «-Définir le mandat pour l'évaluation d'un important projet », la discussion seule ne peut mener à l'établissement d'un mandat, mais elle permettra de déterminer les tâches nécessaires à l'accomplissement de ce travail. De même, la discussion « Déterminer les priorités d'un programme » est une discussion colossale et très complexe. Nous vous déconseillons de vous lancer sur elle. Toutefois, quand elle pourra vous être utile, préparez-la très consciencieusement.

Il arrive que ces discussions s'échauffent ; il se peut également que vous ayez à intervenir activement afin d'éviter des débats. En effet, si les débats sont autorisés, et que l'animateur de la discussion écarte une idée qui est présentée, les personnes ne se sentiront pas en sécurité et donc, ne participeront pas ouvertement. Le facilitateur doit à la fois rester totalement neutre (accorder la même importance à chaque valeur) et protéger activement le processus. Parfois, il arrive que les personnes préfèrent de loin rejeter la faute sur autrui plutôt que d'endosser la responsabilité de la situation. Ce choix peut les amener à cesser leur participation ou à essayer de saboter le processus. Dans pareil cas, l'animateur de discussion doit se montrer respectueux tout en étant déterminé. Il est crucial que le groupe parvienne à prendre une décision, même si ce n'est que pour reporter à plus tard la conclusion de la séance.

E1 Aider un collègue à prendre une décision

Contexte
Un de vos collègues vous a parlé d'un choix difficile devant lequel il se trouvait. Il ne sait pas quoi faire, il est bouleversé et semble désirer que quelqu'un prenne une décision à sa place. Il aimerait que vous l'aidiez.

Objectif rationnel
L'aider à examiner le problème point par point.

Objectif d'évolution d'attitude
Laisser votre ami se rendre compte de sa capacité à examiner les options et à prendre sa propre décision.

Conseils
Ce n'est pas aussi simple qu'il y paraît. En fait, prendre une décision audacieuse peut s'avérer extraordinairement difficile. Pour votre collègue, la discussion ressemble probablement plus à un exercice de collecte d'idées ou de perspectives. Il est peu plausible qu'elle aboutisse à une réelle décision. Le collègue cherche l'empathie ainsi que la compréhension et la précision des conséquences. Il se peut que vous ayez à décider du moment où votre rôle prendra fin. Vous préférez certainement poser les questions de manière moins formelle, sur le ton d'une discussion en tête-à-tête. Par exemple, au niveau de l'observation : « Alors, dis-moi, qu'est-ce qui se passe-?... Oh, je vois. Mais je ne comprends pas bien...Tu veux dire que cela est arrivé-? Hum. Et bien, d'après ce que tu m'as dit, il s'ensuit que..... Ai-je oublié quelque chose ? »

Autres applications
Cette approche peut également être utilisée pour fournir des conseils professionnels ou encore pour aider un collègue qui se trouve face à un problème éthique ou financier.

DISCUSSION

Ouverture
J'ai du temps libre maintenant, Georges. Pourquoi ne pas aller à la cafétéria et voir si l'on peut en parler.

Questions d'observation
Quels sont les éléments antérieurs concernant cette situation que tu dois prendre en considération ?
Comment décrirais-tu le problème et la situation ?
Quels sont les différents aspects du problème ?

Questions de réflexion
Quelles sont les contraintes auxquelles tu dois faire face ?
Qu'est-ce qui rend la décision si difficile à prendre ?
À quoi peut-on comparer le fait de se trouver dans cette situation ?

Questions d'interprétation
Quelles sont les différentes options qui s'offrent à toi pour régler cette situation ?
Quelles sont les valeurs que tu veux préserver en prenant cette décision ?
Considérons la première option. Quels sont ses avantages et ses inconvénients ?
Considérons la seconde option. Quels en seraient les avantages et les inconvénients ?
Quelle est l'option que tu aimerais analyser plus en détail ?
Examinons cette option. Est-ce qu'elle offrira une réelle solution à la situation ?
Quelles seraient ses chances de réussite ? Est-ce qu'elle résoudra adéquatement cette situation ?

Questions de décision
Quel sera l'impact de cette décision sur ta vie ?
Quelles sont les conséquences auxquelles tu dois te préparer ?
Quelle sera la première mesure à adopter ?

Clôture
Il s'agit d'un choix difficile. Tu ne seras probablement pas certain d'avoir pris la « bonne décision-». Tu sais simplement qu'un choix était nécessaire, et après avoir examiné les différentes options, tu as décidé. Je pense que tu as fait preuve d'un réel courage.

E2 Assigner des tâches à une équipe

Contexte

Votre équipe a exposé les grandes lignes des tâches et des rôles qui seront nécessaires pour réaliser un projet. À présent, vous êtes prêt à assigner les tâches pour l'exécution de ces travaux. Chacun a déjà réalisé un travail considérable et le processus précédent, qui visait à assigner les différentes tâches, n'a pas bien fonctionné.

Objectif rationnel

Établir une série d'attributions des tâches.

Objectif d'évolution d'attitude

S'assurer que les affectations permettent d'effectuer le travail sans imposer des heures supplémentaires injustes ou un stress additionnel à l'équipe.

Conseils

La partie la plus importante du processus consiste à voir à ce que tout le monde conçoive un modèle pour le projet entier. Cela permettra à chacun de s'attaquer à l'ensemble du problème et non pas à s'en tenir aux points qui sont en rapport avec la description de son propre travail.

Autres applications

On pourrait utiliser cette discussion pour concevoir un modèle ou un scénario.

DISCUSSION

Ouverture

Nous avons déterminé le travail à accomplir pour ce nouveau projet ; il nous reste à décider comment il faudrait que nous nous organisions pour le réaliser. Par le passé, nous avons déjà effectué un certain nombre de tentatives qui ont toutes créé du stress ou amené à faire des heures supplémentaires. Cette fois-ci, nous voulons accomplir cette tâche en respectant les délais et sans nous écarter de ce que nous faisons actuellement. Nous devons considérer toutes les solutions possibles et choisir celle que nous croyons être la plus appropriée.

Questions d'observation

Bien, regardons le calendrier des travaux. Quelles sont les différentes parties du projet ?
Quelles tâches nécessitent le plus de temps ?
Quelles autres tâches, parmi celles que nous avons déjà commencées, devrons-nous accomplir simultanément ?

Questions de réflexion

Comment avons-nous affecté les différentes fonctions pour ces projets dans le passé ?
Qu'est-ce qui a bien fonctionné ?
Qu'est-ce qui vous a déçus dans ce processus ?

Questions d'interprétation

Qu'avons-nous appris sur notre façon de nous organiser pour réaliser un projet ?
Quels sont les critères que nous pouvons utiliser pour assigner les tâches dans ce projet ?
Avons-nous besoin d'autres renseignements ?
Séparez le groupe en trois sous-groupes de différents départements. Chaque équipe doit rapidement concevoir un modèle de la manière dont le projet devra être réalisé ainsi que désigner la personne ou le groupe qui pourrait s'en occuper.
Après une demi-heure de travail, l'animateur de la discussion rappelle les équipes.
Bien, voyons ce que propose chaque équipe comme modèle.
Équipe A : Y a-t-il des questions concernant la clarification du modèle de l'équipe A ? Voyons maintenant l'équipe B, etc.
Qu'est-ce qui ressort de ces trois modèles ?
Quels sont les liens ou les éléments communs ?
Quelles sont les grandes différences ?

E2 Assigner des tâches à une équipe (suite)

Quelles sont les conséquences de ces modèles ?
Quels sont les meilleurs éléments dans chacun de ces modèles ?

Questions de décision
Rassemblons les meilleurs éléments en une seule solution.
(Écrire ces éléments sur un chevalet de conférence.)
Quelles sont les autres mises au point à effectuer pour assurer le
succès ? Quelles sont les étapes suivantes ?

Clôture
Ce fut une bonne expérience qui nous a montré comment faire un
travail d'équipe pour construire un modèle. Cela nous a permis de
comprendre comment le fait d'être une équipe nous permet de faire
preuve de souplesse quand il faut affecter des tâches pour réaliser
un travail, tout en assurant une juste répartition de la responsabilité.

POINTS À RETENIR POUR LE FACILITATEUR

Préparez mentalement la discussion

Faites la discussion pour vous-même, en vous posant chacune des questions. Voyez comment
les questions vous interpellent, et demandez-vous comment vous y répondriez. Cet exercice
vous donne le point de vue du participant sur les questions, et après l'avoir fait, vous voudrez
probablement modifier certaines questions parce que vous vous serez rendu compte qu'elles
n'expriment pas vraiment ce que vous vous voulez demander. En faisant tout d'abord la discussion
pour vous-même, vous découvrez les points faibles de votre préparation, vous pouvez corriger le
tir avant la réunion. Certaines questions devront peut-être être reformulées plus simplement, sans
doute faudra-t-il ajouter des sous-questions à certains endroits, d'autres questions paraîtront peut-
être trop formelles. Pour chaque modification, tâchez de vous mettre dans la peau d'un participant.

Collez vos papiers adhésifs dans les quatre colonnes et classez-les de manière à obtenir les
meilleures séquences. Le processus de la discussion est en fait plus comparable à un flux qu'à une
succession d'étapes. Travailler l'enchaînement des questions aide donc les membres du groupe à
ressentir une impression de conversation ininterrompue où les réponses surgissent en fonction du
flux de leur conscience.

E3 Décider des priorités de travail

Contexte

Votre équipe vient de recevoir un contrat important pour réaliser un projet qui en comporte plusieurs. Ce projet a un délai de trois mois, ce temps alloué est proche du maximum que l'on peut lui accorder. Vous rassemblez votre équipe afin de déterminer quelles sont les priorités.

Objectif rationnel

Mettre au point un plan pour l'équipe afin de remplir le contrat dans les délais.

Objectif d'évolution d'attitude

Donner aux membres de votre équipe, qui sont encore incertains, la confiance et la certitude qu'ils peuvent y arriver.

Conseils

Cette discussion peut avoir lieu pour déterminer les actions ou les affectations nécessaires à chaque étape du projet. Il se peut que vous désiriez créer un calendrier global pour établir les actions et les affectations pour chaque projet, et que vous le mettiez à la disposition de l'équipe.

Autres applications

Ce genre de discussion peut permettre de mieux organiser les priorités de travail pour un trimestre. Elle peut être adaptée à une discussion en tête-à-tête concernant les tâches prioritaires pour une journée particulière ou une semaine. Ce procédé se rapproche de la méthode ToP que l'on utilise pour le plan d'action, et qui pourrait être plus appropriée à cette situation, si toutefois elle est connue du facilitateur. Le plan d'action est l'un des ateliers de la méthode ICA de facilitation de planification (voir Spencer, *Winning Through Participation*, p. 133)

DISCUSSION

Ouverture

Les prochaines semaines constitueront en quelque sorte un défi. Cependant, je pense qu'il s'agira d'une réelle aventure, et nous pouvons en venir à bout à condition de déterminer nos priorités. Analysons ce qu'il faudra effectuer pour accomplir notre fonction. Revoyons le contrat.

Questions d'observation

Quelles sont les parties principales du contrat ?
Quels sont les résultats prévus ?

Questions de réflexion

Quel travail sera relativement facile ? Lequel sera difficile ?
Quelles expériences similaires avons-nous connues avec ce genre de résultats ?

Questions d'interprétation

Quelles sont les principales tâches à accomplir dans ce projet ?
Quelle dextérité et quelles habiletés apportons-nous à ce projet ?
Quels sont les talents ou les ressources qui nous font défaut ?
Quels sont les talents ou les ressources que d'autres équipes ou d'autres organisations devront nous fournir ?
Quels problèmes devront être résolus ?
Bien, prenons la liste des tâches principales. Lesquelles sont les plus importantes ?
Comment pourrions-nous faire le lien entre ces tâches ?

Questions de décision

Si nous voulons mener à bien ce contrat en trois mois, quelles sont les principales tâches qu'il nous faudra accomplir au cours du premier mois ? Et au cours du deuxième et du troisième mois ?
Qui travaillera à chacune de ces tâches ?
Maintenant, lorsque vous examinez la liste des priorités dans son ensemble, voyez-vous un élément fondamental qui nous manque ?
À présent, faisons un tour de table, et parlez chacun des priorités et expliquez ce que vous devrez faire pour mener à bien votre part du projet.

Clôture

Je suis toujours très impressionné de voir ce qui se produit lorsque nous travaillons réellement tous ensemble à une tâche. Je vais prendre les notes de cette réunion et inscrire nos priorités sur le grand tableau.

E4 Discuter de la réponse que le personnel a faite à un document stratégique

Contexte

Un expert-conseil externe a créé une nouvelle stratégie marketing qui est présentée au personnel.

Objectif rationnel

Obtenir des recommandations de la part du personnel afin de parfaire la stratégie marketing de l'expert-conseil.

Objectif d'évolution d'attitude

Permettre au personnel de participer à la création d'une stratégie, et ce, sans aucune aide.

Conseils

Vous pouvez vous attendre à ce que le personnel soit quelque peu sur la défensive par rapport au document. L'ouverture de la discussion sera très importante pour permettre une réaction plus active.

Autres applications

Cette discussion peut s'appliquer à toute stratégie ou recommandation apportée à un groupe.

DISCUSSION

Ouverture

Je vais distribuer des copies de la nouvelle ébauche de la stratégie marketing que l'expert-conseil a préparée. Bien que ce projet ait été constitué soigneusement en étroite collaboration avec la direction, il doit être évalué et parfait par ceux qui vont l'utiliser et qui sont le plus concernés : vous.

Questions d'observation

Prenez 10 minutes pour examiner la copie. Soulignez les mots, les expressions et les images qui captent votre attention.

Quels sont les mots ou les phrases que vous avez soulignés ?

Quelles sont les questions de clarification que vous voudriez poser à l'auteur ?

Questions de réflexion

Qu'est-ce qui vous a intéressés ?

Qu'avez-vous trouvé d'inquiétant ?

Qu'est-ce qui vous est familier ?

Qu'y a-t-il de différent par rapport à ce que nous faisons actuellement-?

Questions d'interprétation

Comment cette stratégie marketing nous sera-t-elle utile ?

Quelles sont les limites ou les lacunes que vous remarquez ?

Quelles sont les répercussions que cette stratégie aura sur nos fonctions ?

Questions de décision

Quels changements aimeriez-vous apporter ?

De quoi avons-nous besoin pour mettre en pratique cette stratégie ainsi complétée ?

Clôture

Nous apprécions le travail de l'expert-conseil externe qui nous a préparé cette stratégie. Cette discussion nous a permis d'adapter ce projet à notre propre situation. Nous devons encore faire disparaître quelques inconvénients, mais nous pouvons dès à présent commencer à travailler en la respectant.

E5 Régler une impasse décisionnelle au sein d'un groupe

Contexte

Lorsqu'un groupe est en désaccord sur une situation, il est généralement question de valeurs en contradiction. La plupart du temps, le fait d'aider le groupe à choisir les valeurs à utiliser pour prendre une décision résout l'impasse.

Objectif rationnel

Permettre au groupe d'établir un ensemble de valeurs communes pour faciliter une décision de groupe.

Objectif d'évolution d'attitude

Permettre au groupe de connaître le soulagement et la victoire en faisant une découverte capitale concernant la décision.

Conseils

Dans cette discussion, il est utile pour les participants de répondre par des phrases brèves. Permettre au groupe de poser des questions de clarification, ce qui les aidera à comprendre l'idée sans s'attarder sur d'autres formulations. Il est important de représenter chaque contribution et de les placer côte à côte afin d'avoir une vue d'ensemble.

Autres applications

On peut élargir ce genre de discussion pour en faire un vrai atelier s'il est nécessaire d'examiner les valeurs dans de plus amples détails. Il peut également être abrégé afin d'être utilisé dans un projet plus vaste.

DISCUSSION

Ouverture

J'ai été appelé en tant que partie neutre afin de vous aider à examiner les valeurs dont vous avez parlé. J'ai quelques questions qui peuvent vous permettre de trouver une solution à cette impasse et atteindre une décision de groupe.

Questions d'observation

Établissons une liste des aspects du sujet que nous traitons.
Qu'avez-vous essayé jusqu'à présent ?
À quel genre de résultat vous attendez-vous ?

Questions de réflexion

Quels ont été vos sentiments dans cette situation ?
À quel moment vous êtes-vous énervés ?
À quel moment étiez-vous irrités ?
En ce qui concerne les efforts précédents, qu'est-ce qui vous a intéressés ?
Quel est le ton émotionnel du groupe en ce moment ?

Questions d'interprétation

Quelles sont les valeurs que nous voulons utiliser dans cette prise de décision ?
(Dresser une liste sur un chevalet de conférence.)
Y a-t-il d'autres choses que nous devrions garder à l'esprit au moment de prendre la décision ? *(Ajouter-les à la liste.)*

Questions de décision

Quelles sont les valeurs les plus importantes qui se rapportent à cette décision ? *(Regarder sur le chevalet de conférence.)*
De quelle manière ces valeurs prioritaires éclaircissent-elles la décision ?
Donc, quelle est la décision de ce groupe ?
Est-ce qu'il s'agit de l'opinion générale ?
(Si la réponse est négative :) Est-ce que quelqu'un d'autre voudrait formuler l'opinion générale ?
Qui respecte ces valeurs ?
Que devons-nous faire pour continuer à la suite de cette décision ?
Quelles seront les étapes suivantes ?

Clôture

Ce fut une discussion éclairante et très utile. Je pense que vous avez une base commune et que vous pourrez aller de l'avant.

E6 Décider d'une stratégie pour une foire commerciale

Contexte

Les équipes de marketing et de ventes passent en revue les foires commerciales saisonnières pour choisir celle où elles exposeront. Le président décide d'avoir une discussion pour récolter les données et la réaction du groupe.

Objectif rationnel

Passer en revue les foires commerciales qui auront lieu au cours d'une année, créer un ensemble de valeurs pour les classer par ordre de priorité et effectuer une première sélection des foires.

Objectif d'évolution d'attitude

Provoquer une pensée créative et stratégique dans le domaine du marketing des foires commerciales.

Conseils

Certains peuvent se demander pourquoi les données de cette discussion devront être transmises à un autre groupe et pourquoi ce groupe ne peut pas faire l'ensemble du travail. La raison en est la suivante : un groupe général de discussion ne peut prendre des décisions que jusqu'à un certain point. En effet, pour les détails plus complexes ou techniques, un programme supplémentaire doit être attribué à un petit groupe spécialisé. Dans ce cas-ci, ce groupe spécialisé doit faire une analyse des coûts de participation pour chaque conférence, obtenir des estimations de l'année passée de la part du bureau des

DISCUSSION

Ouverture

Ce matin, nous avons rassemblé les équipes de marketing et de ventes pour qu'elles passent en revue les foires commerciales et décident de celles qui correspondent à notre objectif et à notre budget. Nous avons rassemblé et mis à chaque place de la documentation concernant les foires saisonnières. Prenons environ 15 minutes pour l'examiner avant de commencer la discussion.

Questions d'observation

Entre nous, nous avons recueilli le maximum de documentation ; vous avez chacun la liste des foires commerciales devant vous. Quelles sont les foires commerciales qui se démarquent des autres ? Lesquelles pourraient nous convenir ? Quels en sont les coûts de participation ?

Questions de réflexion

Quelles sont celles qui semblent être les plus attrayantes ou les plus utiles pour nos clients ? Lesquelles devrions-nous éviter ? Lesquelles sont en harmonie avec nos produits ou nos services ?

Questions d'interprétation

Y a-t-il d'autres valeurs que nous n'avons pas encore examinées ? Quelle est une des valeurs que nous devrons garder lors de la sélection ? Quelles sont les autres valeurs que nous devrons conserver ? Quelles foires commerciales semblent correspondre à ces valeurs ?

Questions de décision

Nous cherchons à dresser une petite liste de 10 foires avec laquelle nous pourrons travailler. Considérons soigneusement les valeurs et les prix. Quelles sont les foires commerciales qui correspondent le mieux aux valeurs que nous avons déterminées ? Quelles sont celles qui y correspondent le moins ? Quelles sont les 10 présentations que nous allons conseiller à une autre équipe pour qu'elle les analyse plus soigneusement ?

E6 Décider d'une stratégie pour une foire commerciale (suite)

finances, obtenir un tableau du groupe de marketing concernant les coûts, les écrans de visualisation, etc. Tout ceci représente un travail minutieux et implique un mélange de courtes réunions, de comptes rendus, et de nombreux va-et-vient, ce qui n'est certainement pas l'objet de la discussion structurée.

Autres applications
Cette discussion pourrait aussi s'appliquer à un représentant en marketing désireux de trouver des nouvelles gammes de produits.

Clôture
Ce fut amusant et très éclairant. Ce que nous allons faire à présent, c'est prendre les foires commerciales que vous nous avez conseillées et désigner une équipe qui se chargera de l'analyse coût/bénéfice pour chacune d'entre elles. En ce fondant sur ces analyses et en tenant compte des autres valeurs que vous avez mentionnées, nous obtiendrons un tableau définitif qui permettra à chaque équipe de s'organiser.

E7 Revoir la mission d'une équipe

Contexte

Le personnel remplit plusieurs contrats différents et se sent divisé en ce qui concerne les objectifs et les priorités. Les directeurs se disputent sur la nature des affaires qu'ils traitent. Ils décident de consacrer leurs efforts à redéfinir leur mission.

Objectif rationnel

Rappeler la mission première des directeurs, récapituler la manière dont le travail a changé et, en tenant compte de ces éléments, renommer le service unique qu'ils offrent.

Objectif d'évolution d'attitude

Obtenir une image précise de la direction que prend l'équipe.

Conseils

Changer la formulation de la mission est chose difficile, à moins qu'un échantillon représentatif de l'organisation ne soit mis en place. Assurez-vous que le centre de cette discussion concerne la mission de l'équipe —son travail— et non la mission générale de l'organisation.

Autres applications

On peut créer de telles discussions pour recentrer des groupes sur une tâche ou permettre une correction en cours de travail.

DISCUSSION

Ouverture

Pendant un certain temps, je me suis senti divisé entre tâches et objectifs. Parfois, je pense que nos équipes ont différentes missions. Aujourd'hui, j'aimerais connaître vos opinions au fur et à mesure que nous essaierons de redéfinir notre mission, de manière à clarifier notre vision et notre tâche.

Questions d'observation

Pour commencer cette discussion, quelle était la mission première de cette équipe ?
Quelles étaient certaines fonctions individuelles ?
Quel fut le dernier compte rendu d'un des aspects de cette mission ?
Jusqu'à quel point l'équipe a-t-elle accompli cette mission ?
Pouvez-vous me donner des exemples de réussites ?
Donc, qu'est-ce qui a modifié notre fonction ?

Questions de réflexion

Quels sentiments vous a apportés le fait de faire partie récemment de cette équipe ?
Quand vous êtes-vous le plus démenés pour établir vos priorités ?
À quel moment avez-vous eu envie d'abandonner ?

Questions d'interprétation

Qu'est-ce qui a changé dans la situation de notre équipe depuis le début de nos projets ? Quels sont les objets ou les services communs que nous avons apportés à tous nos projets ?
Comment pourriez-vous décrire nos affaires, et quelle différence pouvons-nous apporter ?

Questions de décision

Comment pourriez-vous rassembler toutes ces données pour formuler notre mission ? Bien, si ceci est notre énoncé, du moins pour le moment, comment influe-t-il sur nos priorités ?
Quelle différence cela apporte-t-il à nos contrats actuels ?
Quelle différence cela crée-t-il sur la manière dont nous travaillons ensemble ?
Comment devrions-nous utiliser cette formulation ?

Clôture

Bon. Cette discussion fut parfois difficile, mais elle a été très utile. Gardons cette formulation pour le moment et nous en reparlerons lors de l'organisation du prochain trimestre.

E8 Appliquer une nouvelle politique du conseil d'administration

Contexte

Le conseil d'administration a voté une politique et nous devons décider de la manière dont nous pouvons l'appliquer efficacement.

Objectif rationnel

Comprendre une nouvelle politique du conseil d'administration.

Objectif d'évolution d'attitude

Se mettre d'accord sur la signification de cette politique et sur la manière dont, en tant qu'équipe, nous allons l'appliquer.

Conseils

Avant que le groupe ne passe aux questions concernant l'application, les participants doivent avoir suffisamment analysé la politique et l'avoir acceptée. Ne forcez pas l'application. Si celle-ci est très controversée, plusieurs discussions pourraient être nécessaires pour fournir un modèle d'application.
S'il existe une certaine résistance ou hésitation face à la politique, il se peut que vous désiriez ajouter ces questions lors de la phase d'interprétation : Quelles sont les forces de cette politique ?
Quelles sont ses faiblesses ?
Quels sont les avantages de son application ?
En quoi cette politique vous concerne-t-elle ?
Quelles sont les autres perspectives de ces sujets ou de cette politique ?

Autres applications

Une telle discussion pourrait être utilisée lorsqu'un groupe prend une décision qui doit être mise à exécution par une autre équipe ou par une autre personne.

DISCUSSION

Ouverture

Comme vous l'avez peut-être entendu, le conseil d'administration a voté une nouvelle politique vendredi dernier. En voici une copie pour chacun d'entre vous. Veuillez l'examiner pendant quelques minutes-; ensuite, nous pourrons en parler.

Questions d'observation

Lorsque vous avez lu cette nouvelle politique, quels ont été les mots ou les expressions qui ont attiré votre attention ?
Quels sont les éléments de cette politique ?
Quelles sont les questions de clarification qui se posent relativement à cette politique ?

Questions de réflexion

Qu'est-ce qui vous intrigue dans cette politique ?
Qu'est-ce qui vous inquiète ?
Avez-vous des questions concernant cette politique ?

Questions d'interprétation

Quelles sont les questions que cette politique soulève ?
Quel est, selon vous, l'objet de cette politique ?
Quelles sont ses implications sur notre service ?
Quels sont les changements qui pourraient nous être demandés ?

Questions de décision

De quoi avons-nous besoin pour appliquer cette politique ?
Que devons-nous clarifier ?

Clôture

Je pense que nous pouvons désormais nous charger de cette politique de manière créative et responsable. Je transmettrai vos idées à la direction.

E9 Déterminer les priorités d'un programme

Contexte

Votre organisation dirige différents programmes. Afin de déterminer le temps, l'énergie et les fonds qu'il faut investir dans chaque programme, vous devez concevoir un tableau de priorités.

Objectif rationnel

Permettre à l'équipe de direction de former un consensus concernant les trois niveaux de priorité du programme.

Objectif d'évolution d'attitude

Avoir l'assurance que les ressources de l'organisation sont utilisées de manière stratégique.

Conseils

Avant d'entreprendre la discussion, rassemblez l'information utile pour faire un grand tableau, en montrant des données actuelles concernant les dépenses en matière de personnel, de temps et de fonds. Lors de l'ouverture de la discussion, assurez-vous de clarifier ses limites. Si certains points n'ont pas à être pris en considération, assurez-vous de le mentionner avant le début de la discussion.

Il peut être utile d'enregistrer les réponses aux questions d'interprétation. Gardez-les simples et claires.

L'utilisation de points de couleurs ou de niveaux de priorités « haut », «-moyen-» et « faible » peut faciliter la prise de décisions.

DISCUSSION

Ouverture

À cette étape de notre étude des services, nous devons avoir une idée approximative de l'allocation de nos ressources, ainsi que de la manière dont cela rejoint les priorités que nous nous sommes fixées. Sur le chevalet de conférence, nous avons noté certaines idées de base concernant les allocations réelles de personnel, les heures supplémentaires et les profits pour chacun des programmes.

Questions d'observation

Parlons brièvement de ce qui ressort du tableau.
Quelles sont les données que vous remarquez ?
Où trouvons-nous les dépenses les plus importantes en matière de temps ? Et en matière de fonds ?
Que remarquez-vous en ce qui concerne les bénéfices ?

Questions de réflexion

Prenons un moment pour parler de notre expérience concernant nos programmes.
Qu'est-ce qui fonctionne bien ?
Quelles sont les difficultés que nous rencontrons ?

Questions d'interprétation

Bien. Maintenant, faisons place à une évaluation subjective de nos programmes.
Quels sont ceux qui nous sont les plus faciles à réaliser ?
Lesquels nécessitent le moins de dépenses d'énergie ? De temps ? D'argent ?
Quels sont ceux qui sont les plus appréciés de notre clientèle ?
Lesquels obtiennent les résultats les plus visibles et les plus rapides ?
Lesquels fourniront les résultats les plus durables ou les bénéfices les plus importants à long terme ?
Quelles sont les autres occasions ?

Questions de décision

À présent, utilisons ces impressions pour établir trois niveaux de priorité : haut, moyen et faible. Quels sont les programmes qui sont clairement, sans équivoque, hautement prioritaires ? *(Indiquez-les.)* Lesquels sont faiblement prioritaires ? *(Indiquez-les différemment.)* Maintenant que nous avons une idée des extrémités du spectre des priorités, classons le reste en trois niveaux de priorité : haut, moyen et faible.
Quelles sont, à présent, les implications pour notre travail ?

E9 Déterminer les priorités d'un programme (suite)

Autres applications
Ce genre de discussion peut également être utilisé pour traiter de compressions budgétaires.

Quelles sont les mesures suivantes que nous devons prendre ?

Clôture
Ce précieux travail sera d'une grande utilité lors des prochaines étapes de notre examen.

POINTS À RETENIR POUR LE FACILITATEUR

Les questions fondamentales

Pour chaque discussion, il existe des centaines de questions possibles. Pour la plupart de vos discussions, une partie de leur préparation est de savoir avec précision le genre d'information que vous désirez obtenir du groupe. À cette fin, l'animateur doit regarder l'objectif rationnel de la discussion pour déterminer les questions principales d'interprétation ou de décision. Cette relation entre l'objectif rationnel et les questions fondamentales constitue la charnière de la discussion. Cette charnière détermine si la discussion prend une direction précise ; si, par exemple, la discussion a trait à l'affectation de fonctions, les questions principales porteront sur l'expérience dans ce domaine : ce qui a fonctionné et ce qui a échoué. C'est de cette expérience que le groupe tirera ses réels apprentissages qui l'aideront, lorsque viendra le temps d'assigner la prochaine série de tâches.

E10 Définir le mandat pour l'évaluation d'un important projet

Contexte

Plusieurs personnes se sont rassemblées pour mettre au point le mandat pour l'évaluation d'un projet. Le projet présente quelques problèmes qui sont peut-être plus nombreux que ce que pensent les membres du personnel. Ils savent tous que l'évaluation est importante, mais n'ont jamais vraiment discuté des critères ou des moyens d'évaluation du projet. Ils doivent exposer les grandes lignes du mandat pour qu'un expert-conseil externe fasse le travail.

Objectif rationnel

Créer un mandat en rapport avec l'évaluation.

Objectif d'évolution d'attitude

Fournir une tribune pour permettre aux membres de l'équipe d'avoir leur mot à dire sur la manière avec laquelle leur travail devrait être évalué.

Conseils

Informez les participants du sujet de la réunion bien à l'avance. Demandez-leur de faire leur propre liste de questions et de propositions quant à leur résolution.

Autres applications

Ce même genre de discussion peut être utilisé pour créer des enquêtes et commencer d'importantes études.

DISCUSSION

Ouverture

Je sais que nous nous intéressons tous à l'évaluation du projet. Aujourd'hui, nous avons l'occasion de travailler ensemble sur les critères qui constitueront les termes du mandat des experts conseils. À vrai dire, le travail sera fait par l'expert-conseil, mais nous pouvons influer sur ce travail.

Questions d'observation

Quelle fut votre participation dans le projet X ? Que faisiez-vous réellement ?

Quels ont été, selon vous, les aspects les plus intéressants et les plus créatifs de ce projet ?

Quels sont les sujets qui devraient être abordés par cette évaluation ?

Questions de réflexion

Qu'est-ce qui a été plaisant ou passionnant dans ce programme ?

Qu'est-ce qui vous a causé des soucis ou du stress en ce qui concerne le projet X ?

Quelles sont les ambiguïtés concernant ce projet qui vous ont réellement laissés perplexes ?

Questions d'interprétation

Quelles sont les questions récurrentes concernant le projet X ?

Quels sont les éléments du projet qui doivent être évalués ?

À quelle question faut-il absolument répondre pour réaliser cette évaluation ?

Questions de décision

Quelles méthodes pouvons-nous utiliser pour aborder ces questions ?

Qu'est-ce que cette évaluation doit réellement nous faire découvrir ?

Où devrons-nous puiser cette information ?

Comment l'obtenir ?

Clôture

Nous avons assez d'éléments pour commencer la rédaction des termes du mandat pour faire l'évaluation.

E11 Élaborer le budget annuel

Contexte

Vous élaborez le budget pour l'année à venir. Chacune des équipes ou des sections doit :
1) Préparer la partie du budget qui la concerne.
2) Établir un lien entre le budget et ses projets et ses objectifs de travail pour l'année.
3) Dresser une liste d'hypothèses qui ont été émises lors de l'élaboration du budget.
4) Établir des comparaisons avec les recettes et les dépenses de l'année précédente.

Objectif rationnel

Se mettre d'accord sur la vue d'ensemble du budget et les critères qu'il faudrait établir pour effectuer les changements.

Objectif d'évolution d'attitude

Permettre à chaque équipe de constater son interdépendance et d'apprécier le fait qu'elle fasse partie d'un tout.

Conseils

Il se peut que des questions supplémentaires soient nécessaires afin d'assurer un accord sur les critères ou sur les autres aspects du niveau d'interprétation.

Autres applications

On pourrait utiliser cette discussion pour évaluer les besoins de l'organisation pour l'année prochaine en ce qui concerne le matériel et les fournitures.

DISCUSSION

Ouverture

Vous avez tous dû préparer un budget pour l'année à venir en tenant compte des objectifs et des plans de travail de votre équipe. J'ai rassemblé ces renseignements en utilisant une feuille de travail pour chaque section. La feuille se trouve en face de vous. Notre centre d'intérêt aujourd'hui est triple :
• Comprendre la base de chaque budget.
• Clarifier les sujets dont nous avons besoin pour terminer le calcul du budget.
• Décider des valeurs que nous utiliserons dans les budgets.
Actuellement, nous avons dépassé le budget en ce qui concerne les dépenses ; en revanche, concernant les recettes, nous sommes en-dessous de nos prévisions budgétaires.

Questions d'observation

Veillez à ce que chaque équipe passe en revue le budget sans interruption et établisse le lien avec son projet ou son objectif de travail pour l'année. Après chaque compte rendu, demandez au groupe : Quelles étaient vos hypothèses lorsque vous avez établi ce budget ?
(Demandez au groupe entier :)
Quelles questions de clarification avons-nous sur ce compte rendu ?

Questions de réflexion

Qu'est-ce qui nous surprend dans ces compte rendus concernant le budget-?
Qu'est-ce qui nous trouble ?

Questions d'interprétation

Quelles sont les questions qui surgissent lorsque nous examinons ces budgets ?
De quelle façon devons-nous modifier nos hypothèses ?
Dans quelle mesure pourrions-nous modifier nos projections pour améliorer la situation générale, c'est-à-dire pour augmenter les revenus, ou pour diminuer les dépenses ?
Où devons-nous revoir le budget pour s'assurer que l'équipe possède les ressources adéquates ?
Lors de cette conversation, quels sont les critères que nous utilisons pour établir les modifications qu'il faudrait apporter au budget ?
Y a-t-il d'autres conseils que nous devrions garder à l'esprit pour effectuer ces modifications ?

E11 Élaborer le budget annuel (suite)

Questions de décision
Sur quelles recommandations sommes-nous d'accord ?
Quelles seront les étapes suivantes ?

Clôture
Je vais prendre ce travail et effectuer les modifications que nous recommandons. Si d'autres changements s'avèrent nécessaires, je construirai un modèle sur la base des critères que nous avons établis ensemble. Nous nous reverrons pour traiter de ce sujet dans deux semaines.

POINTS À RETENIR POUR LE FACILITATEUR

Il ne s'agit pas d'enseigner

N'oubliez pas que le facilitateur n'est pas un professeur et qu'il n'existe pas de mauvaises réponses. N'oubliez pas aussi que chacun détient une pièce du casse-tête, et que c'est en écoutant et en comprenant toutes les perspectives que l'on obtient un tableau complet.

Souvenez-vous de faire confiance à la sagesse du groupe

Un bon facilitateur croit en la sagesse du groupe. Sauf preuve du contraire, il admet que le groupe dans son ensemble connaît plus de choses que n'importe quel membre pris individuellement, y compris le facilitateur. Lorsque toutes les perspectives ont été énoncées, un tableau plus holistique apparaît, tel un diamant qui nous laisse découvrir ses multiples facettes. Le but de cette conversation est de construire ce diamant.

Souvenez-vous d'utiliser des questions ouvertes

Pensez à n'utiliser que des questions ouvertes, c'est-à-dire des questions auxquelles on ne peut répondre par un simple «-oui-» ou «-non-». En effet, de telles réponses ne sont pas adaptées à une discussion animée-; de plus, elles ne vous apprennent pas grand-chose. Une question comme : «-En ce qui concerne…, qu'aimez-vous… ou que n'aimez-vous pas ?-» est bien plus intéressante que «-Aimez-vous cela ?-»

Posez des questions spécifiques

Les questions spécifiques permettent d'obtenir de meilleurs résultats. La question «-Quels sont les points que Jacques a énumérés ?-» suscitera des réponses plus précises que la question « De quoi vous souvenez-vous dans le discours de Jacques ?-»

Assurez-vous de passer suffisamment de temps sur un sujet

Certains facilitateurs font l'erreur de ne pas laisser assez de temps pour des discussions complexes ou des décisions difficiles. Il est facile de mener les membres d'un groupe à prendre une décision toute prête qui entraîne un gain de temps, mais elle laisse chacun mal à l'aise, car ils pensent n'avoir qu'effleuré le problème. Le fait de laisser suffisamment de temps respecte le sujet et permet au groupe de s'y attaquer convenablement.

E12 Régler des problèmes d'ergonomie dans le milieu du travail

Contexte

Un changement de situation force le personnel à partager le même espace, alors qu'auparavant, il avait des bureaux privés.

Alors que le personnel commence à s'installer, des problèmes surgissent. Le personnel a besoin de solutions pour partager cet espace de manière efficace et équitable, afin de répondre aux besoins de chacun. La première mesure est d'arriver à un consensus concernant les critères et les valeurs de chacun.

Objectif rationnel

Par le biais d'une discussion commune, parvenir à un consensus sur les critères concernant l'utilisation de l'espace.

Objectif d'évolution d'attitude

Créer une atmosphère suffisamment amicale de sorte que les membres du personnel puissent partager le même espace et travailler ensemble de manière agréable.

Conseils

Pour la question «-Quelles valeurs devons-nous garder-?-», vous devrez noter les réponses sur une feuille ou sur un chevalet de conférence de manière à pouvoir les relire au groupe lors de la prise de décisions, afin qu'il puisse décider des valeurs principales.

Autres applications

Cette discussion peut s'appliquer à n'importe quel groupe ou service qui fait face à un problème.

DISCUSSION

Ouverture

Nous sommes tous d'accord sur le fait que nous devons organiser une réunion pour parler de nos besoins en matière de place afin de pouvoir travailler tous ensemble et de manière efficace dans l'espace qui nous est attribué. Nous devons nous rappeler que les nécessités de chacun sont différentes. Nous ne devons pas nous montrer moralisateurs à ce sujet. L'objectif de cette réunion est de créer des critères et des valeurs concernant l'utilisation de l'espace. Pour le moment, nous n'avons manifestement à notre disposition que le secteur qui nous a été réservé, et ce, jusqu'à la construction de la nouvelle aile, l'année prochaine. Nous ne proposerons probablement pas la parfaite série de critères, mais l'important est de citer les valeurs et les besoins qui nous permettront de construire un modèle. Commençons par nous demander :

Questions d'observation

Quels sont nos besoins en matière d'espace ?
(Posez la question à chaque personne que cela concerne.)
D'après les réponses, quels sont les besoins qui ont été exprimés ?

Questions de réflexion

À quoi pensiez-vous lorsque les autres répondaient ? Quels sont les besoins qui vous ont surpris ? Quels sont ceux qui vous ont réjouis ? Qu'est-ce qui vous déçoit dans l'utilisation actuelle de l'espace ?

Questions d'interprétation

En vous fondant sur les propos de chacun, qu'appréciez-vous dans l'utilisation actuelle de l'espace ? Quels sont les principaux problèmes ? Où voyez-vous des solutions possibles à ces problèmes ou à ces besoins ? Quelles sont les valeurs qu'il faudra maintenir lors de la création de ces solutions ?

Questions de décision

Permettez-moi de vous relire ces valeurs. Lesquelles sont fondamentales et lesquelles sont secondaires ? Qui travaillera avec moi pour concevoir un modèle basé sur ce que nous avons dit durant cette réunion ?

Clôture

Ce fut une bonne discussion. Je pense que nous avons une idée plus précise quant à la manière de régler ces problèmes. Merci pour le temps que vous y avez consacré. L'équipe spéciale rapportera son compte rendu mercredi prochain.

E13 Revoir un protocole de bureau

Contexte
Il est évident que les anciens protocoles de bureau ont été oubliés ou sont devenus désuets. Une équipe spéciale a été désignée afin de créer les lignes directrices d'un protocole qui puisse correspondre à la situation actuelle.

Objectif rationnel
Obtenir une série de lignes directrices qui permettra aux membres du groupe de travailler ensemble de manière amicale et efficace dans le même espace.

Objectif d'évolution d'attitude
Être en mesure d'assumer la responsabilité en ce qui concerne l'environnement du groupe.

Conseils
Dans cette discussion, différents mots sont utilisés pour exprimer la même idée : «-lignes directrices-», «-modèles d'exploitation-», «-supposition-», «-protocole-». La référence est la même : les comportements communs que les gens attendent les uns des autres sur le lieu de travail.
Le ton que vous emploierez lors de l'ouverture de la discussion et les questions que vous poserez doivent indiquer l'objectivité de la tâche. Évitez de donner l'impression, par votre ton ou par les mots ou par les expressions que vous utilisez, que le groupe a mal agi. Le contexte de cette discussion est le suivant : les temps et la situation ont changé, et cela nécessite l'établissement d'un nouveau protocole d'exploitation.

Autres applications
Ce genre de discussion peut permettre de traiter des problèmes relationnels et des problèmes de travail au sein même d'un groupe ou entre différents groupes.

DISCUSSION

Ouverture
Pour nombre d'entre nous, il est évident que les anciennes lignes directrices du protocole de bureau ont été oubliées ou sont devenues désuètes à la suite du changement qui est intervenu dans les conditions de travail. Nous ne voulons pas être accablés par une nouvelle série de règlements ; nous devons revoir les schémas de fonctionnement et les postulats concernant le bureau, ce que nous désignons sous le terme de «-protocole-».

Questions d'observation
Quels sont les schémas de fonctionnement ou les postulats que nous continuons à observer ?
Quels sont ceux que nous semblons avoir oubliés, volontairement ou non ?

Questions de réflexion
Quels postulats sur lesquels travaillent actuellement les membres de ce groupe semblent être à l'ordre du jour ?
Quels postulats sur lesquels travaille ce groupe vous ont surpris ?
Quels sont ceux qui vous rendent anxieux ou mal à l'aise ?

Questions d'interprétation
Qu'est-ce que révèlent les réponses précédentes en ce qui concerne les lignes directrices opérationnelles dont nous avons besoin ? Établissons une liste.
Y a-t-il d'autres lignes directrices qui nous seraient utiles ?
Quelles sont celles qui peuvent être énoncées plus clairement ?
Est-ce qu'elles vont donner les résultats escomptés ?

Questions de décision
Quels changements entraînera ce nouveau protocole ? Quelles étapes devrons-nous aborder pour formaliser les lignes directrices du protocole ?

Clôture
J'apprécie réellement votre participation. C'était la seule façon de résoudre ces problèmes : rassembler les personnes concernées et trouver une solution.

Comment gérer et superviser une discussion

Aujourd'hui, un directeur doit posséder les qualités d'un facilitateur : il doit être capable d'obtenir des réponses d'autres personnes, peut-être auprès de personnes qui ne savent même pas qu'elles savent.

John Naisbitt et Patricia Aburdene : *Reinventing the Corporation*

Connaître la structure d'une organisation est sans importance, car essayer de prendre des décisions sans la participation des employés ne fonctionne plus. Que la structure soit verticale ou horizontale, qu'elle soit hiérarchique, matricielle ou variable, la participation, elle, permet d'aller plus facilement de l'avant. On obtient de meilleures solutions auxquelles tout le monde se fie étant donné la grande participation de chacun. Si la participation n'est pas structurée dans l'organisation, elle se produira de toute façon, et peut-être de manière très négative. Les outils participatifs sont cruciaux pour le succès.

Les directeurs de l'ère postindustrielle ont d'abord réalisé qu'ils ne possédaient pas toutes les réponses et, ensuite, qu'il existait, autour d'eux, une sagesse à exploiter par le questionnement. Le pouvoir réside dans le fait de poser des questions. Aujourd'hui, une des compétences principales des directeurs est leur aptitude à poser des questions et à obtenir des réponses de la part des autres.

Les directeurs doivent comprendre qu'à partir du moment où ils commencent à utiliser la discussion au lieu de décréter, une ligne est franchie. Ils créent un autre genre d'organisation — l'organisation apprenante, ou organisation en association. L'efficacité accrue de cette organisation donne les pleins pouvoirs à ceux qui sont concernés. Peut-être qu'un jour la discussion structurée fera obligatoirement partie de tout programme de maîtrise de gestion.

Les discussions de cette section illustrent la manière dont la direction peut établir des rapports plus créatifs avec les collègues, les superviseurs, les chefs d'équipe, les employés subalternes ou les équipes.

F1.   Solliciter l'avis des employés

F2.   Revoir les descriptions de tâches

F3.   Mener un entretien d'embauche

F4.   Méditer sur une réunion irritante

F5.   Réaliser une évaluation de la performance

F6.   Évaluer les besoins du personnel

F7.   Intervenir pour débloquer un projet

F8.   Interpréter un grief à l'usine

F9.   Déterminer les influences du marché

F10.   Évaluer des statistiques de ventes

F11.   Traiter des problèmes de délégation

F12.   Collaborer pour régler un problème de fourniture

F13.   Réfléchir sur une transition

F14.   Dresser le profil de deux entreprises et les comparer

F15.   Établir le calendrier des activités du personnel en vue d'une restructuration

F16.   Amener de nouveaux directeurs à réfléchir sur leur rôle de chefs

F17.   Évaluer l'impact d'un stage de formation

F18.   Fixer les lignes directrices en matière de participation

La liste ci-dessus ne prétend pas être un inventaire exhaustif des activités que mène un directeur ; cependant, elle suggère que la conduite de discussions devrait être une activité à laquelle un plus grand nombre de directeurs et de superviseurs devraient prendre part.

F1 Solliciter l'avis des employés

Contexte

Une directrice a décidé qu'une fois par mois, elle ferait le tour des employés de son service pour avoir une discussion avec chacun d'entre eux.

Objectif rationnel

Savoir ce qui se passe, ce qui entrave l'ascension de l'équipe et ce que les employés retirent de leur travail.

Objectif d'évolution d'attitude

Encourager la réflexion, l'innovation et le partage entre les membres de l'équipe.

Conseils

Il est important d'éviter que l'employé ait le sentiment d'être interrogé ou d'être traité d'une manière condescendante. Écoutez attentivement et prenez des notes. Toute réaction défensive aux réponses mettra probablement fin aux réactions honnêtes.

Autres applications

Cette discussion est similaire aux deux discussions intitulées « Encadrer un employé ».

DISCUSSION

Ouverture

Bonjour ! Je fais ma tournée régulière pour vérifier auprès du personnel le bon fonctionnement de leur travail. Puis-je prendre 5 ou 10 minutes de votre temps ? Bien.

Questions d'observation

L'essentiel de votre travail, si j'ai bien compris, consiste à…. Est-ce vrai ?

Que faites-vous d'autre ?

Y a-t-il eu des nouveauté *(ou des changements)* dans votre travail récemment ?

Questions de réflexion

Qu'est-ce qui fonctionne très bien ?

Avez-vous des plaintes ou des problèmes à me transmettre ?

Questions d'interprétation

Qu'est-ce qui vous a empêché de réaliser votre travail comme vous auriez aimé le faire ?

Savez-vous comment nous pourrions l'améliorer ?

Que puis-je faire pour vous aider ?

Questions de décision

À partir de vos observations, qu'est-ce qui faciliterait le travail de ce service ?

Quelles sont les recommandations que vous aimeriez apporter ?

Y a-t-il autre chose que vous voudriez me dire ?

Clôture

J'ai vraiment apprécié cette occasion de discuter avec vous, et merci pour ce que vous m'avez dit. Je vais m'assurer que d'autres personnes prennent connaissance de vos suggestions. À bientôt.

F2 Revoir les descriptions de tâches

Contexte

En vue de préparer un programme pour une répartition des tâches plus efficace, les membres du personnel ont décrit leur propre travail. À présent, ils partagent ces descriptions en petits groupes.

Objectif rationnel

Objectiver la description de tâches de chaque personne pour faire ressortir les chevauchements et les hypothèses désuètes.

Objectif d'évolution d'attitude

Permettre aux participants de se sentir reconnus pour leurs rôles et leur montrer que la direction les consulte avant de prendre des décisions importantes.

Conseils

Il vaudrait mieux que certaines parties de cette discussion se fassent en tête-à-tête. Tout dépend du degré de confiance qui existe au sein du groupe et des tiraillements qui s'y manifestent. Dans cette discussion, s'écouter mutuellement sans porter de jugement est très important.

Autres applications

Une telle discussion peut s'appliquer à une équipe qui tente de donner de la synergie à son travail. Dans une autre situation, le conseil d'administration et l'équipe peuvent déterminer le rôle que chacun d'eux sera amené à jouer au sein de l'organisation.

DISCUSSION

Ouverture

Aujourd'hui, nous désirons respecter authentiquement le rôle de chacun. Nous voulons également établir une coordination plus efficace de nos rôles de manière à atteindre de meilleurs résultats.

Questions d'observation

Lorsque nous regardons ces descriptions de tâches, quelles en sont les principales activités ?

Selon les descriptions, quel rôle joue chaque personne en ce moment ?

Questions de réflexion

Dans ces descriptions, quels points vous ont surpris ?

À quel moment vous êtes-vous dit : « Oui, c'est tout à fait vrai » ?

Qu'est-ce qui a été omis ?

Questions d'interprétation

Lorsque vous pensez aux tâches que nous aurons à accomplir au cours des prochains mois, avez-vous des questions ?

Où pourrait-il y avoir des lacunes dans notre travail d'équipe ?

Où pourrait-il y avoir des chevauchements ?

Quels sont les défis auxquels nous sommes confrontés qui pourraient changer notre travail ?

Quels sont les changements que vous aimeriez apporter à la description de votre propre travail ?

Questions de décision

Quels sont les changements que nous pourrions apporter pour combler les lacunes dans notre travail d'équipe ?

Comment pourrions-nous régler ces chevauchements ?

En nous fondant sur cette discussion, contre quelles décisions personnelles devez-vous lutter ?

Clôture

Merci pour votre participation. Je sais que ce genre de discussion n'est pas toujours facile, mais il est très utile d'avoir le point de vue de tout le monde.

F3 Mener un entretien d'embauche

Contexte

Vous faites passer des entrevues à un petit groupe de personnes qui se sont portées candidates à un poste. Vous avez pensé aux critères sur lesquels vous alliez vous baser pour prendre une décision : l'expérience de la personne, sa contribution à l'équipe, son expérience dans le domaine de la supervision et ses valeurs : est-ce qu'elles cadrent avec celles de l'entreprise ?

Objectif rationnel

Mieux comprendre la manière dont le candidat sera amené à s'intégrer dans l'équipe et l'organisation.

Objectif d'évolution d'attitude

Laisser le candidat évaluer à quel point il ou elle correspond à ce poste.

Conseils

Les questions du niveau de l'interprétation dépendent des critères que vous avez retenus pour la sélection.

Autres applications

Vous pouvez utiliser cette discussion pour sélectionner les membres d'une équipe avant un projet.

DISCUSSION

Ouverture

Merci d'être venu. Nous avons quatre autres candidats pour ce poste. Durant l'entretien, nous espérons comprendre la contribution exceptionnelle que vous pourriez apporter à cette organisation et à ce poste spécifique.

Questions d'observation

Selon vous, en quoi consiste le travail ?
(Fournir une description des responsabilités inhérentes au poste.)
Avez-vous des questions concernant l'essentiel des fonctions et leur contenu tels que nous vous les avons décrits ?

Questions de réflexion

Où avez-vous effectué un travail similaire ? Quelles étaient les tâches les plus difficiles ? Et les plus passionnantes ?

Questions d'interprétation

Quelles sont les capacités que vous possédez qui vous permettront de réussir ce travail ?
Quelle formation supplémentaire pourrait vous être nécessaire pour accroître votre efficacité dans ce travail ?
Qu'avez-vous appris en ce qui concerne le travail d'équipe ?
Quels sont vos points forts et vos points faibles en tant que membre d'une équipe ?
Décrivez votre style de supervision.
Comment viendriez-vous à bout de problèmes difficiles concernant le personnel, par exemple..*(Donnez un exemple type de votre entreprise.)*
Quel est votre style pour la prise de décision ?
Qu'est-ce qui est important sur votre lieu de travail ?
Quelle est, pour vous, la meilleure manière d'apprendre ?
Qu'avez-vous appris de plus important durant les 6 ou 12 mois derniers ?

Questions de décision

Avez-vous des questions qui me concernent ou qui nous concernent ?
Étant donné ce que vous savez à présent, pourriez-vous résumer les atouts que vous pensez apporter à cette entreprise ?

Clôture

Merci pour le temps que vous nous avez consacré. Nous prendrons une décision au cours des cinq prochains jours, et nous vous tiendrons au courant.

F4 Méditer sur une réunion irritante

Contexte
Vous vous êtes réuni avec quelques collègues le lendemain d'une réunion de personnel très irritante.

Objectif rationnel
Arriver à comprendre ce qui s'est passé lors de la réunion et tirer des leçons de la situation.

Objectif d'évolution d'attitude
Calmer les participants et l'animateur de la réunion de manière à ce que cette expérience ne brûle pas leur énergie ou ne se transforme pas en un problème plus important.

Conseils
Ce genre de réflexion est difficile à avoir seul ou avec une seule autre personne. Il est très facile d'embrouiller les idées ou de commencer à rejeter la responsabilité des problèmes sur quelqu'un d'autre, ce qui ne permet ni d'avancer ni de calmer les esprits. Il est important d'avoir plusieurs points de vue. Ainsi, noter les griefs que les participants ont les uns contre les autres vous permettra de rester discipliné en examinant vraiment à fond le processus.

Autres applications
En y faisant quelques petits ajustements, on pourra utiliser cette discussion pour méditer sur une expérience irritante et essayer de la comprendre.

DISCUSSION

Ouverture
Je pense que nous devrions faire un compte rendu oral de la réunion d'hier afin de pouvoir en tirer des leçons.

Questions d'observation
Lors de la réunion d'hier, quelles étaient les questions à l'ordre du jour ?
Quel était l'objectif premier de la réunion ?
Il est difficile de se rappeler, étant donné que tout s'est passé si rapidement, mais nous devons d'abord reconsidérer les données. Revoyons ce qui s'est réellement passé. Par quoi avons-nous débuté ? Ensuite ?

Questions de réflexion
À quel moment avez-vous commencé à vous sentir irrité ?
Quand avez-vous remarqué l'énervement des autres ?
Quelles sont les images qui vous viennent à l'esprit lorsque vous pensez à la réunion d'hier ?
Quelles parties de la réunion semblaient le mieux fonctionner ?

Questions d'interprétation
Quel scénario pouvez-vous voir ici ?
Quelles sont quelques-unes des raisons pour lesquelles tout cela s'est produit ?
(Si la réponse est « parce que George est un pauvre type », où que la faute est rejetée sur une autre personne, demandez : « Pourquoi pensez-vous qu'il ou elle ait agit de la sorte ? »)
Si certaines personnes en font voir de toutes les couleurs au groupe, quelles sont les valeurs qu'elles essaient de maintenir ?
Comment pourrait-on régler la situation ?
Que pourrions-nous faire différemment la prochaine fois ?
Que pouvons-nous tirer comme leçon de cette situation ?

Questions de décision
Rassemblons ce que nous avons appris en une ou deux énonciations telles que : « Cette situation nous a montré que … »
Quelles sont nos responsabilités ?

Clôture
Je suis très satisfait de faire partie d'un groupe qui est capable de tirer des leçons de ses expériences douloureuses.

F5 Réaliser une évaluation de la performance

Contexte

Dans l'entreprise X, chacun reçoit une appréciation personnelle une fois par an. L'appréciation consiste en un processus participatif qui permet de connaître les espoirs et les rêves du personnel et cherche à trouver comment l'organisation peut contribuer à la réalisation de ces rêves.

Objectif rationnel

Contrôler les progrès des membres du personnel et voir comment les aider.

Objectif d'évolution d'attitude

Permettre aux membres du personnel de se sentir appréciés et dignes de confiance, et aussi d'être très motivés pour réussir.

Conseils

Ce genre d'appréciation de performance suppose un type spécial d'organisation. Si celle-ci est encore quelque peu hiérarchique, les parties devront faire preuve de beaucoup de courage et de confiance pour conduire cette discussion et pour y participer. Vous ne pouvez avoir ce genre de discussion un trimestre et retourner à l'ancien style le trimestre suivant.

Autres applications

Voir « Encadrer le travail d'un nouvel employé ».

DISCUSSION

Ouverture

J'ai pensé qu'il était temps de réaliser une appréciation de votre performance parce qu'il y a longtemps que nous nous sommes pas rencontrés. J'aimerais savoir comment vous effectuez votre travail et comment nous pourrions réaliser vos espoirs en travaillant ici.

Questions d'observation

Comment a évolué votre travail depuis notre dernière discussion ? Comment votre description de tâche a-t-elle changé depuis ce temps ?

Questions de réflexion

Quels sont les projets que vous avez réalisés dont vous êtes le plus fier ? Quelles sont vos plus grandes déceptions ?

Questions d'interprétation

Quelle est, selon vous, la contribution la plus importante que vous ayez faite ? Quels sont vos objectifs pour les années futures dans cette organisation ? Quels sont vos espoirs, et vos rêves ? Que voulez-vous réaliser dans notre compagnie durant l'année à venir ? Où avez-vous rencontré des difficultés en poursuivant ces objectifs ? En ce qui concerne ces objectifs, que trouvez-vous de plus utile dans cette organisation ? De quel genre d'aide spécifique avez-vous besoin de ma part ou de celle de l'organisation pour réaliser vos espoirs et vos rêves ? Quels pourraient être certains signes qui me permettraient de voir que tout ne va pas bien et que je devrais venir vous parler ?

Questions de décision

Quelles seront vos étapes suivantes ?

Clôture

Ce genre de discussion est d'une importance capitale pour moi. J'espère qu'elle vous a été utile également. Surtout, n'hésitez pas à me contacter dès que vous sentirez le besoin de parler plus longuement de ces sujets.

F6 Évaluer les besoins du personnel

Contexte

L'équipe de direction discute du mécontentement du personnel et de ce qui doit être fait pour y mettre fin.

Objectif rationnel

Découvrir le problème du personnel et déterminer ce dont nous avons besoin.

Objectif d'évolution d'attitude

Inciter le personnel à passer de la défensive et des plaintes à la prise de responsabilités pour résoudre des problèmes.

Conseils

Une discussion avec le personnel en ce qui concerne leurs griefs clarifiera les problèmes réels par rapport à votre propre perception de ceux-ci. Il est important que l'animateur garde l'esprit ouvert quant aux causes de mécontentement jusqu'à ce qu'il ait toute l'information. Si la formulation de vos questions ou le ton de votre voix semble montrer une préférence pour une certaine explication, divers membres du groupe pourraient présumer que leur point de vue n'est pas nécessaire et donc éviter de révéler ce qu'ils savent, cette discussion n'apporterait rien d'utile. Veillez à ce que la partie préparatoire à l'interprétation soit assez longue pour que le groupe puisse dépasser ses premières hypothèses. Vous pourrez alors passer à la prise de décision.

Autres applications

Une discussion similaire pourrait évaluer les besoins d'étudiants dans une école ou ceux de patients dans un hôpital.

DISCUSSION

Ouverture

La plupart d'entre nous sont conscients que le personnel est très mécontent. Est-ce dû à l'hiver ? Est-ce qu'il a des griefs ? Est-ce que certains d'entre nous se comportent trop sévèrement ? Prenons un moment pour en parler et voir si l'on peut découvrir ce qui se passe. Nous pourrons alors déterminer, dans la mesure du possible, ce que nous devons faire.

Questions d'observation

Que savons-nous réellement de la situation du personnel ?

Quels exemples pouvez-vous donner qui pourraient montrer que le personnel éprouve quelques difficultés ?

Quels sont les comportements qui prouvent que ses besoins ne sont pas satisfaits ?

Questions de réflexion

Comment réagissez-vous à la situation ?

Quels aspects de la situation vous surprennent ?

Quels sont les aspects qui vous irritent ?

Quels aspects trouvez-vous légitimes ?

Questions d'interprétation

Comment pourriez-vous interpréter ce qui se passe ?

Comment pourrions-nous, en tant que directeurs, régler le problème ?

Comment voyez-vous les besoins du personnel?

D'après votre estimation, quels sont leurs besoins réels ?

Questions de décision

Quelles sont les conclusions qui se détachent de tout cela ?

Que devons-nous faire ?

Quelles sont les premières mesures à prendre ?

Qui prendra la responsabilité de ces mesures ?

Clôture

Ce fut une discussion utile. Il est toujours amusant de voir comment plusieurs cerveaux travaillant ensemble peuvent éviter de tirer des conclusions trop hâtives. Je pense que nous avons à présent la sagesse qui aidera le personnel à surmonter ce problème.

F7 Intervenir pour débloquer un projet

Contexte

Au sein d'une organisation, deux unités ont fusionné. Les membres des deux anciennes unités ont des points de vue très différents quant à l'exécution d'un projet spécial. La situation devient critique, car la nouvelle unité n'a pas livré un produit dans le délai prévu. Les membres de cette unité vous demandent, en tant que tiers neutre, de les aider à résoudre ce problème.

Objectif rationnel

Réfléchir sur la situation, régler les problèmes, comprendre qui a la responsabilité, découvrir où ils se situent en matière de réalisation et prendre des décisions en ce qui concerne les étapes suivantes.

Objectif d'évolution d'attitude

Permettre aux unités de se projeter dans une nouvelle situation créative et pleine d'espoir.

Conseils

Cette discussion comprend plusieurs aspects : les différentes équipes, l'unité entière et le projet. C'est pourquoi, il sera nécessaire de poser un certain nombre de questions d'observation pour clarifier les points de vue concernant toutes ces options. Si le groupe est prêt à aller plus vite, il se peut que vous n'ayez pas besoin de poser toutes ces questions.

DISCUSSION

Ouverture

Et bien, il s'agit presque d'une aventure qui nous a été imposée dans cette organisation. On m'a demandé de diriger une discussion dans laquelle les différentes équipes travaillant sur ce projet pourront se parler et venir à bout de ce casse-tête. Nous partageons tous la responsabilité de ce projet spécial, donc commençons par là :

Questions d'observation

Nous allons faire un tour de table avec cette première question. Commençons par vous, Pierre. Quelle est votre responsabilité dans ce projet ? *(Invitez chacun à répondre à son tour à cette question.)*
Qu'est-ce qui a été dit sur les différentes étapes *(ou sur la portée)* de ce projet ?
Qu'avons-nous effectué sur ce projet jusqu'à présent ?
Qu'est-ce qui nous reste à effectuer ?
Bon, laissons parler les différentes équipes. Est-ce que les personnes qui faisaient partie de l'ancienne unité A peuvent présenter leur optique concernant le projet ?
Quelles sont à vos yeux les valeurs présentes?
Aux personnes qui faisaient partie de l'ancienne unité B, comment considérez-vous ce projet ? *(Plusieurs réponses du groupe B.)*
Lorsque vous examinez ce projet, quel est le problème que vous voyez ? *(Interrogez les deux unités.)*
Quels sont les différents aspects de cette solution ?
D'accord. Recommençons à discuter en tant qu'une seule unité.
Qu'avez-vous remarqué en ce qui concerne les réponses que nous venons d'entendre ?

Questions de réflexion

Qu'est-ce qui vous a surpris dans la suggestion de l'autre partie ?
Qu'est-ce qui vous a le plus agacés dans cette proposition ?
Quelle est la partie qui constitue un défi ?
Comment notre humeur a-t-elle changé depuis le début de la discussion ?

Questions d'interprétation

Quel éclairage a été apporté sur nos problèmes ?
Quelles idées commencent à surgir concernant les causes des problèmes ?
Quelle est la leçon que l'on pourra bientôt en tirer ?

F7 Intervenir pour débloquer un projet (suite)

Autres applications

Avec quelques petites modifications, cette discussion pourrait également être utile soit au sein d'une équipe polarisée entre deux solutions «-correctes » à un problème, soit entre deux entreprises qui collaborent à un même projet.

Questions de décision

Qu'est-ce qui doit être mis en place ?

Que pouvons-nous faire pour amener les membres de cette unité et le projet vers une nouvelle situation créative ?

Quelles sont les nouvelles valeurs dont nous avons besoin pour y arriver ?

Quelles sont les mesures que nous devons prendre afin que le projet et notre unité aillent de l'avant ?

Clôture

Merci de votre franchise dans cette discussion. J'ai beaucoup appris. Je vous souhaite d'accomplir avec succès les étapes suivantes.

POINTS À RETENIR POUR LES PARTICIPANTS

Admettez que chaque membre de votre groupe possède un savoir et de l'expérience sur le sujet en question et qu'il voudra les partager.

Répondez de manière concise. Vous montrerez ainsi que vous êtes conscients que d'autres attendent pour participer. Monopoliser la discussion est une mauvaise habitude.

Certaines personnes savent très bien s'exprimer dans les discussions. Elles apportent des idées au pied levé. D'autres, plus calmes et ayant d'autres talents, prennent plus de temps à traiter la question. Le facilitateur devra les inciter à répondre.

Certains participants devront réfréner leur impatience naturelle qui les porte à interrompre, à compléter les pensées des autres sans permission ou à ajouter leur opinion à ce qui a été dit. Il est important d'attendre que les autres aient terminé de parler.

Acceptez les dires des autres comme représentant un savoir, même s'il ne s'agit que d'une partie de savoir. Faites vos propres commentaires, non pas en réfutant ce que la personne précédente a affirmé, mais en ajoutant à ce qui a été énoncé, même si vous donnez un point de vue complètement opposé. Imaginez-vous que votre réponse apporte une facette supplémentaire au diamant de la vérité de la discussion entière. Ne vous faites pas d'illusion à ce sujet, il est très difficile d'y parvenir. Nous sommes conditionnés pour discuter et contredire, en supposant que nous connaissions toute la vérité. Il s'agit d'une supposition arrogante qui représente un obstacle majeur à l'apprentissage par le dialogue.

F8 Interpréter un grief à l'usine

Contexte

Vous supervisez ou vous dirigez un service au sein d'une société. Six personnes qui travaillent à l'usine ont fait irruption dans votre bureau pour se plaindre des relations humaines. Toutes parlent fort et s'interrompent. Vous leur demandez de s'asseoir, leur offrez un café et leur dites que vous voudriez connaître le fin fond de l'histoire. Vous dirigez la conversation.

Objectif rationnel

Montrer que vous êtes disposé à écouter, mais aussi que vous êtes déterminé à comprendre l'origine du problème.

Objectif d'évolution d'attitude

Aider le groupe à passer de la colère à la responsabilité en débouchant sur une solution.

Conseils

Il est très important d'insister sur le fait que les interventions se feront une seule personne à la fois. Les participants ont besoin de sentir votre détermination à les écouter et à résoudre le problème en tant que collaborateur.

Autres applications

Ce type de discussion peut également être utile lorsque les membres d'un groupe ou d'une équipe se plaignent d'être traités de façon injuste.

DISCUSSION

Questions d'observation

Chacun à notre tour, expliquons ce qui s'est passé. Lucie, voudrais-tu commencer ?

Alors, un à la fois, que s'est-il passé ?

Quand cela s'est-il passé ?

Quelles sont les personnes concernées ?

Reconstituons ce qui s'est réellement passé. Il est difficile de s'en souvenir compte tenu que cela s'est passé tellement vite, mais nous avons besoin de remonter à la source. Que s'est-il passé en premier ?

Et ensuite ?…

Et puis ?…

De quels mots ou de quelles phrases vous souvenez-vous ?

Questions de réflexion

Où avez-vous commencé à vous sentir frustrés pour la première fois ?

Où avez-vous remarqué la frustration des autres personnes ?

À quel moment les choses se sont-elles envenimées ?

De quelles émotions vous souvenez-vous ?

Questions d'interprétation

Comment expliqueriez-vous ce qui se passe ici ?

Pourquoi cela s'est-il passé ?

Quel problème devons-nous résoudre ?

Quels sont les aspects de ce problème ?

Questions de décision

Que pouvons-nous faire pour faire face à ce problème ?

Que pouvons-nous faire pour améliorer notre situation ?

Quelles sont les nouvelles valeurs dont nous aurons besoin pour y parvenir ?

Que devons-nous faire ensuite pour progresser et faire progresser le projet ?

Clôture

Merci pour la franchise dont vous avez fait preuve au cours de cette discussion. Il est important de rappeler que nous devons travailler en collaboration sur ces problèmes. La direction peut faire quelque chose, mais les personnes qui se trouvent dans une situation difficile doivent être les premières à trouver des réponses créatives quand la situation leur échappe.

F9 Déterminer les influences du marché

Contexte
Les membres d'une équipe de mise en marché discutent du comportement du marché et de son influence sur leurs affaires avant d'entamer le plan d'action.

Objectif rationnel
Mieux cibler leur travail en stratégies de marketing grâce aux idées qui seront soumises au cours de cette discussion.

Objectif d'évolution d'attitude
Élargir le contexte pour avoir une bonne vision de l'avenir et élaborer un plan d'action.

Conseils
Comme beaucoup d'autres discussions dans ce livre, celle-ci présuppose que le groupe possède une sagesse considérable. Elle peut vexer les organisations qui font habituellement appel aux services de consultants pour obtenir de l'information qui sort de l'ordinaire. Les consultants savent beaucoup de choses, mais le groupe aussi. Si le groupe n'est pas habitué à ce genre de discussion, il serait utile d'expliquer brièvement la méthode de discussion. Il serait aussi très utile de faire un tour de table (demander à chacun de répondre) pour la première question.

Autres applications
Ce genre de discussion où l'on rassemble des données peut aussi s'appliquer à une discussion sur l'actualité ou sur les tendances (Voir discussions D5 et D6.)

DISCUSSION

Ouverture
Considérons à une plus grande échelle ce qui se passe sur notre marché, par exemple les tendances les plus importantes qui ont influencé le climat économique de la fin des années 1990.

Questions d'observation
Quels sont les événements qui se sont produits récemment dans le monde économique et qui ont pu l'influencer ?
Quels changements avez-vous remarqués ces derniers temps dans les préférences des personnes en matière d'achats ? En ce qui concerne ce qu'elles aiment et ce qu'elles n'aiment pas ?
En quoi répondent-elles différemment aux choses ?
Quelle différence les termes tels que mondialisation, marketing électronique et autres grandes tendances apportent-ils sur le marché ? Certains d'entre vous ont peut-être lu des auteurs comme Faith Popcorn. Que disent-ils à propos de ce qui a eu du succès sur le marché des années 1990 ?
Quelles sont les nouvelles tendances en matière de commerce ?
Quelles sont les nouvelles formes de techniques marchandes qui ont un impact ? Qui sont les pionniers et les modèles qui participent à ces événements et à ces tendances ?

Questions de réflexion
Qu'est-ce qui nous a surpris à propos de ces influences du marché ?
Comment ces influences ont-elles agi sur nous ?
Laquelle de ces influences trouvez-vous particulièrement fascinante ?
Laquelle vous inquiète ? Pourquoi ?

Questions d'interprétation
De quelle manière cette nouvelle activité peut-elle avoir une influence sur notre secteur commercial ?
Dans ce contexte, quels sont nos avantages en tant qu'entreprise ?
Quels sont nos points faibles ?
Quelles nouvelles initiatives devrions-nous prendre ?

Questions de décision
Quelles sont nos solutions face à cette conjoncture économique ?
Quelle partie de cette conversation devons-nous inclure dans la planification ?
Qui veut préparer un rapport résumant cette conversation ?

Clôture
Voilà, je pense que grâce à cette conversation nous sommes mieux informés pour élaborer notre stratégie de marketing.

F10 Évaluer les statistiques de ventes

Contexte

L'équipe responsable des ventes vient de rassembler les statistiques et les graphiques concernant les ventes de nos produits de l'année dernière par rapport aux années précédentes. Le directeur des ventes encourage l'équipe à analyser consciencieusement les tableaux.

Objectif rationnel

Réfléchir sur les résultats de l'année dernière à l'égard des autres années et examiner ce que cela implique sur les stratégies de ventes de l'année prochaine.

Objectif d'évolution d'attitude

Avoir une idée claire de la direction à adopter pour l'année prochaine et être impatient de trouver des solutions.

Conseils

Pour cette discussion, une des façons de procéder consiste à diviser le groupe en trois ou quatre sous-groupes. Chaque sous-groupe exprime ses observations et ses réflexions et donne son interprétation. Après, les sous-groupes se réunissent pour faire part de leur discussion. Ensuite, ils peuvent poser la question de décision à tout le groupe. Dans ce cas, chaque sous-groupe doit désigner quelqu'un pour faire un compte rendu avant d'entamer la discussion. Cette personne doit prendre de bonnes notes, et aussi participer à la discussion.

Autres applications

On peut adapter cette discussion à l'analyse d'une campagne publicitaire.

DISCUSSION

Ouverture

Nous aimerions prendre un peu de temps pour réfléchir aux statistiques des ventes de l'année dernière pour chacun de nos produits. Donc, veuillez prendre quelques minutes pour regarder les données et les graphiques, ajoutez quelques commentaires, des points d'exclamation, des points d'interrogation et commencez à tirer vos conclusions.

Questions d'observation

Où avez-vous mis des points d'exclamation ?
Quel graphique a attiré votre attention ? Sur quoi portait ce graphique ? Selon vous, qu'est-ce qui est important dans ce rapport ? *(Faire un tour de table.)*

Questions de réflexion

Qu'est-ce qui vous réjouit dans ces statistiques-?
Quelles sont celles qui vous surprennent agréablement-?
Quelles sont celles qui vous inquiètent-?

Questions d'interprétation

Quels produits ou services semblent bien marcher ? Pourquoi ? Lesquels, moins bien ? Pourquoi ?
En regardant le graphique des ventes, quels produits ou services ont mieux marché que l'an dernier?
Lesquels ont obtenu de moins bons résultats que l'an passé ?
Où sont vos questions de clarification ? Qu'est-ce qui vous inquiète ici ?
Quels échantillons voyez-vous percer dans nos ventes de l'année passée ?
Quelles nouvelles tendances sont en train de percer et ont besoin de soutien ? Comment expliquerions-nous la percée des tendances et des échantillons nouveaux ?
Que faire pour stimuler certaines tendances ?

Questions de décision

Comment cette discussion commence-t-elle à déterminer notre stratégie de vente pour l'année prochaine ?
Quelles actions devons-nous prendre ?

Clôture

Ce fut une conversation instructive. Merci à tous. Vu que nous entamons notre séance de stratégie, les idées de cette conversation nous seront utiles.

F11 Traiter des problèmes de délégation

Contexte
Des directeurs ont parlé individuellement au PDG de l'augmentation du stress et de la surcharge de travail qu'ils subissent ainsi que de leur impact sur leur vie de famille. Le PDG leur propose de discuter ensemble pour arriver à une solution. Il suggère que le problème pourrait provenir de leur refus de déléguer. Ils promettent d'étudier cette hypothèse.

Objectif rationnel
Partager des idées concernant la situation et trouver une solution.

Objectif d'évolution d'attitude
Se rendre compte qu'ils ont un problème commun et qu'ils ont besoin de considérer diverses solutions.

Conseils
La « délégation » que le PDG a proposée pour cette conversation est une solution vraiment satisfaisante. Elle mérite d'être prise au sérieux, mais l'animateur de la discussion doit être ouvert aux autres diagnostics de la situation et aux autres solutions et il doit également les prendre au sérieux lorsqu'ils sont mentionnés.

Autres applications
Cette discussion pourrait aussi être utilisée, moyennant quelques adaptations, pour traiter une surcharge d'information.

DISCUSSION

Ouverture
Parlons ensemble, partageons notre expérience face au stress et à la surcharge de travail et discutons de la proposition du PDG relative à la délégation. Espérons que nous pourrons arriver à une solution. Je vais considérer que la « délégation » fait partie de la solution. Cependant, je veux aussi entendre d'autres propositions.

Questions d'observation
Prenons une minute pour objectiver notre situation à chacun. Comment décririez-vous en une phrase la situation dans laquelle nous nous trouvons ? *(Faites un tour de table.)*
Combien d'heures par semaine travaille chacun d'entre nous ?
Quand arrivons-nous chacun au bureau et quand le quittons-nous ?
Quelle quantité de travail chacun d'entre nous ramène-t-il à la maison le soir ?

Questions de réflexion
À la fin de la journée, comment réagissez-vous à cela ?
Au début de la journée ?
Quel est l'aspect le plus décourageant de la situation ?
Qu'est-ce qui est dangereux dans cette situation ?
À présent, à quelle occasion déléguez-vous du travail aux autres ?

Questions d'interprétation
Comment en sommes-nous arrivés à cette situation ?
Pourquoi avons-nous tant à faire ? D'où vient tout ce travail supplémentaire ?
Quelle ébauche de solution entrevoyez-vous pour régler cette situation ?
Si nous envisagions la délégation en tant que partie de la solution, quel genre de tâches pourrions-nous déléguer ?
Quel genre de tâches ne serait-il pas bon de déléguer ?
Quels sont les points faibles de la délégation ?
Quelles seraient les conséquences pour notre personnel ?
Quels sont les avantages ?

Questions de décision
Que devrions-nous faire chaque jour pour nous assurer de déléguer des tâches ?
À qui pourrions-nous parler pour en connaître plus sur la délégation de tâches ?
Quelles autres solutions pourrions-nous envisager pour régler nos

F11 Traiter des problèmes de délégation (suite)

problèmes de direction — solutions autres que la délégation ?

Clôture

Et bien, je suis vraiment ravi que le PDG nous ait suggéré de nous rencontrer pour discuter de cela. Merci de nous avoir aidés à entrevoir d'autres possibilités. Nous devons également envisager d'autres solutions pour résoudre les problèmes. Quand serait-ce possible ? Réunissons-nous de nouveau mardi prochain, ici dans la salle de conférence à 15 h 00.

POINTS À RETENIR POUR LES PARTICIPANTS À LA DISCUSSION

Le participant a deux rôles principaux : parler et écouter. Écouter ce qui vient d'être dit est tout aussi important que de participer oralement à la conversation.

Répondez à la question posée au lieu de réagir à ce qui vient d'être dit. Imaginez quelle sera votre réponse à la question.

Écoutez ce qui se dit réellement au cours de la conversation. Souvent, il arrive que le participant écoute la première phrase de quelqu'un et se dise ensuite : « Oh, je sais exactement ce qu'ils vont dire et où ils veulent en venir. » Il est essentiel d'écouter l'exposé en entier pour comprendre ce qui vient d'être dit.

Soyez attentif aux comportements qui feignent de respecter l'intervention précédente mais qui, en réalité, la dénigre. Parfois, le participant commence comme suit : « Oh, justement, j'aimerais ajouter quelque chose à ce que Marianne a dit. » Puis il continue en disant quelque chose de tout à fait différent et opposé à ce que Marianne a dit. Ou alors, il dit : « J'abonde dans le même sens que Jean. » Mais en réalité, il touche à un point très différent. Ce faisant, le participant manipule l'autre personne, puis l'écarte.

F12 Collaborer pour régler un problème de fourniture

Contexte

Cette discussion porte sur une offre importante. L'acheteur s'assied avec le fournisseur pour clarifier la façon dont les deux grandes compagnies peuvent mieux collaborer. Les deux équipes savent combien les relations entre fournisseur et acheteur peuvent être déroutantes. Si la philosophie d'achat de l'acheteur est le «-J.A.T » (Juste à temps) et que la philosophie du fournisseur est de donner la priorité aux anciens clients, il peut en résulter de grands quiproquos. Pour cette discussion, la société XXX a envoyé son représentant, son directeur de production et son directeur des ventes. La société ABC est représentée par son directeur des achats et le chef du service de livraison. Un représentant de la firme XXX mène la discussion.

Objectif rationnel

Faciliter la coordination entre les deux systèmes pour qu'ils parviennent à faire du commerce ensemble de façon plus efficace.

Objectif d'évolution d'attitude

Ramener à la surface des hypothèses cachées de façon à éviter les malentendus.

Conseils

Il serait utile de noter les réponses relatives aux besoins et aux attentes sur un chevalet de conférence. Le groupe doit en être informé avant de parler.

Autres applications

On peut aussi utiliser cette discussion pour régler un problème de contrat de services.

DISCUSSION

Ouverture

Je suis le représentant du fournisseur XXX. Nous avons la possibilité de faire d'importantes affaires ensemble. C'est pourquoi nous voulons d'abord clarifier nos différentes façons de procéder et voir comment nous pouvons collaborer pour résoudre n'importe quels problèmes – espérons-le – avant qu'ils ne se produisent. À l'ordre du jour : l'approvisionnement en classeurs de tous nos magasins. Je pense que nous devons tous supposer que chacune des parties fera preuve de souplesse le cas échéant pour nous permettre de faire du bon travail, et nous ne voulons aucune récrimination mutuelle.

Questions d'observation

Une personne de la société ABC parle des besoins et des attentes qui entrent en ligne de compte pour cet achat.

Quelqu'un d'autre de ABC-: que voudriez-vous ajouter à ce qui vient d'être dit ?

Quelqu'un d'autre de XXX-: quels sont vos besoins et vos attentes en ce qui concerne cette vente ?

Une autre personne de XXX-: que voudriez-vous ajouter ?

Questions de réflexion

N'importe qui de chaque société : comment avez-vous réagi à ce type de situation auparavant ?

Questions d'interprétation

Quels sont les obstacles réels auxquels nous devons faire face ?

Que faudra-t-il faire pour surmonter ces obstacles ?

Que faudra-t-il faire d'autre ?

Questions de décision

Quelqu'un de ABC peut-il rappeler les décisions qui ont été entendues jusqu'ici ? Même chose pour quelqu'un de XXX.

De quoi devons-nous encore discuter ?

Clôture

Je pense que les principales conditions sont claires. Vu que j'ai une réunion avec le responsable des achats de ABC, je pense que nous pouvons résoudre le reste des détails pratiques sur la base de ces arrangements. Mesdames et messieurs, je vous remercie de m'avoir consacré un peu de votre temps. Cette discussion fut des plus productives.

F13 Réfléchir sur une transition

Contexte

Une organisation traverse une transition importante impliquant des changements au niveau de la direction et de la mission ainsi qu'un remaniement du personnel. Le changement est un fait accompli. La question n'est pas de savoir comment s'organiser pour éviter que cela se produise, mais comment y faire face de façon créative et avec compassion.

Objectif rationnel

Développer un esprit de groupe quant à la façon de gérer la transition de façon créative.

Objectif d'évolution d'attitude

Mettre en commun les inquiétudes, les craintes et les anxiétés, et entre-temps, se soutenir les uns les autres.

Conseils

La clé de cette discussion consiste à dégager de ce contexte de désespoir, de frustration et de confusion une issue possible.

Autres applications

Ce type de discussion peut aider les gens à faire face de façon créative à n'importe quelle crise sur le lieu de travail.

DISCUSSION

Ouverture

Certains parmi nous pensent qu'il serait bon de parler un instant et de partager nos inquiétudes en ce qui concerne la transition afin de voir comment nous pouvons nous aider les uns les autres pendant cette période.

Questions d'observation

Pourquoi chacun d'entre vous ne dirait-il pas quelques mots sur la façon dont ce changement a eu des répercussions sur sa vie ? Jeanne, tu veux bien commencer ?

Quelle est la cause de cette transition ? Pourquoi cette transition ? Comment des gens différents l'interprètent-ils ?

Questions de réflexion

Au cours de la transition, qu'est-ce qui vous a surpris ?

Quand avez-vous remarqué que des gens se réjouissaient de la transition ? Quand avez-vous remarqué qu'ils étaient frustrés ? Parmi les réponses que vous avez entendues, quelles sont celles qui vous ont le plus inquiétés ?

Qu'est-ce qui frappe le plus les gens à propos de toutes ces annonces de changement ?

Comment votre sentiment à l'égard de tout cela a-t-il évolué au cours de cette discussion ?

Questions d'interprétation

Quel est l'impact probable qu'aura la transition sur le personnel de ce service ?

Selon vous, quels avantages et quels débouchés apportera cette transition ? Quels inconvénients ou quels dangers y voyez-vous ?

Questions de décision

Quel conseil voudrions-nous nous donner l'un l'autre pour nous aider à surmonter cette transition ? Comment pouvons-nous nous soutenir pendant cette période ? Que faudra-t-il ?

Quels seront les premiers pas à faire pour obtenir notre réponse et notre système de soutien mutuel ? Qui s'en chargera ?

Clôture

Je pense qu'au cours de cette discussion, nous avons vu la force de l'esprit de groupe. Je pense que cette discussion est une première étape dans notre volonté de surmonter cette transition de façon créative.

F14 Dresser le profil de deux entreprises et les comparer

Contexte

Une firme concurrente s'est implantée dans votre région et offre des services similaires aux vôtres. Dans votre organisation, on parle beaucoup de parts de marché qui diminuent, de perte d'avantages à cause de la concurrence, de licenciement et de ciel qui vous tombe sur la tête. Vous décidez de réunir vos directeurs pour parler de la différence qui existe entre votre organisation et celle des concurrents, et de la force de cette différence sur le marché.

Objectif rationnel

Objectiver les avantages commerciaux et l'image publique de la société.

Objectif d'évolution d'attitude

Rétablir la confiance dans l'avenir.

Conseils

Si vous avez le temps, vous pourriez peut-être considérer chaque point de la question des « avantages spécifiques » comme une série de questions séparées telle que : quels avantages détenons-nous en ce qui concerne le produit ? Quels sont nos avantages en ce qui concerne les services ? Vous pourriez aussi garder toutes les réponses d'interprétation à l'intention de la division de la commercialisation.
Il est important d'éviter de censurer le groupe. Vous voulez que le groupe soit créatif, crée une nouvelle histoire et se repositionne avantageusement et stratégiquement.

DISCUSSION

Ouverture

Voilà, tout le monde parle de l'arrivée de JKL dans notre créneau commercial. Je pense qu'il serait utile de mettre ces discussions en commun et d'étudier, de façon réaliste, notre position face à cette concurrence. Hier, je vous ai donné à tous le prospectus, le rapport annuel, l'exposé de la mission et de la philosophie de JKL puis, je vous ai demandé de les parcourir. Regardons ce que nous avons découvert.

Questions d'observation

Que savons-nous de JKL ?
Que vendent-ils ?
Quels services offrent-ils ?
Depuis combien de temps ?
Que savons-nous de leurs avoirs ?
Que disent-ils de leur mission ?
Qu'avez-vous entendu concernant leur façon d'opérer ?

Questions de réflexion

Quelle fut votre réaction en entendant la nouvelle à propos de JKL-?
Comment le personnel y a-t-il répondu de façon générale ?

Questions d'interprétation

Pourquoi pensez-vous que le personnel ait répondu de la sorte ?
Dans quelle mesure cette réponse est-elle justifiée ?
Quels sont les avantages que notre organisation a sur JKL, en général ?
Qu'avons-nous qu'ils n'ont pas ?
En particulier, quels avantages avons-nous en ce qui concerne le produit, les services, les ventes, le marché, le service à la clientèle, la philosophie et les valeurs ?
Quel est notre désavantage par rapport à JKL ?
Quels dangers voyez-vous dans l'implantation de JKL ?
Quelles occasions y voyez-vous ?

Questions de décision

Que devons-nous faire pour tirer profit des avantages que nous possédons sur JKL ?
Comment remédier à nos faiblesses ?
Concernant tout cela, quelle est la nouvelle que nous devons faire circuler au sein de notre organisation ?
Quelles mesures spécifiques pouvons-nous prendre pour redonner

F14　Dresser le profil de deux entreprises et les comparer (suite)

Autres applications
Cette conversation peut aussi aider une firme à déterminer son unicité sur le marché.

le moral à notre société ?

En tant que directeurs, quelles autres mesures devrons-nous prendre ces prochains jours ?

Clôture

Et bien, cela m'a aidé à faire face à bon nombre de mes inquiétudes. Grâce à cette discussion, nous avons en main les éléments d'une nouvelle histoire concernant notre relocalisation dans un endroit où nous pourrons réussir. Je vais faire des copies de cette conversation pour chacun d'entre vous de sorte que vous puissiez parler avec vos départements et vos superviseurs.

POINTS À RETENIR POUR LES PARTICIPANTS À LA DISCUSSION

Les cinq présuppositions de la discussion structurée-:

1. Chacun dispose d'expériences à partager.

2. Nous avons besoin de l'expérience de chacun pour obtenir les meilleurs résultats.

3. Il n'y a pas de mauvaises réponses. *(Chaque réponse contient sa propre sagesse.)*

4. Le savoir collectif du groupe est plus riche que la somme des savoirs individuels.

5. Chacun écoutera et sera écouté.

F15 Établir le calendrier des activités du personnel en vue d'une restructuration

Contexte

Un groupe de cadres prépare un plan d'action pour restructurer l'ensemble de la compagnie. Les personnes du groupe se rencontrent pour créer un plan d'action pour les mois à venir. Elles savent toutes très bien ce qui est nécessaire, mais leurs opinions sont assez divergentes en ce qui concerne les problèmes pratiques. Elles savent que le personnel attend avec impatience que ces problèmes soient réglés.

Objectif rationnel

Réunir l'information disponible et passer de la planification à la phase de mise en œuvre.

Objectif d'évolution d'attitude

Mettre fin à une conjecture angoissante grâce à un ensemble de décisions concrètes.

Conseils

Prenez note sur le chevalet de conférence des réponses aux questions d'observation et de réflexion. Au niveau de l'interprétation, vous pouvez commencer à noter des idées sur un calendrier mural. Le fait d'inscrire les grandes lignes du travail sur des fiches permet de disposer assez facilement tous les éléments sur le calendrier.

Autres applications

Cette discussion convient pour n'importe quelle entreprise importante où l'échelonnement de la charge de travail et l'anxiété qui règne au sein du personnel posent problème. Elle s'applique à la restructuration, à la réorganisation et à la remise en route.

DISCUSSION

Ouverture

Nous avons un peu de temps pour établir un plan d'action qui va nous permettre de rassembler toute l'information que nous détenons et nous amener à une phase de réalisation. Nicolas a accepté de prendre des notes pendant cette conversation de sorte que chacun soit tenu informé.

Questions d'observation

Tout d'abord, rappelons-nous la vision d'ensemble. Quels sont les buts que nous devons atteindre sur le plan des résultats financiers avec cette restructuration ?

Qu'avons-nous déjà accompli jusqu'ici au cours de la première phase de cette restructuration ?

Quels sont les principaux résultats financiers que nous sommes autorisés à traiter ?

Jusqu'ici, qui a participé à la première phase de restructuration ?

Quelles sont les ressources, les études et les documents dont nous disposons à propos de nos différentes options ?

Questions de réflexion

Quelles sont quelques-unes de vos inquiétudes en relation avec ce projet ? Comment décririez-vous le climat de l'organisation en ce moment-? Quels sont les facteurs humains importants dont nous devons tenir compte ?

Questions d'interprétation

Quelles sont les différentes parties du travail à faire ?

Quelles décisions essentielles devons-nous prendre ?

Dans quelle mesure les ressources et les facteurs humains influent-ils sur là-propos de ces décisions ? Inscrivons les décisions sur un calendrier.

Questions de décision

Quelles sont les trois ou quatre phases qui sont appelées à composer naturellement la prochaine partie de notre travail ? Quelles ressemblances avec le sport, la nature et les loisirs pourraient nous aider à décrire ce que nous allons vivre ? À qui devrions-nous parler de tout cela ?

Clôture

Cette discussion nous a certainement aidés à mettre de l'ordre dans le chaos des mois à venir et à établir la structure au sein de laquelle nous allons travailler.

F16 Amener de nouveaux directeurs à réfléchir sur leur rôle de chefs

Contexte

L'organisation vient de promouvoir une certaine partie du personnel au rang de directeurs. Un directeur plus ancien les réunit pour réfléchir et partager leurs propres expériences quant à l'efficacité de leur qualités de chefs.

Objectif rationnel

Faire réfléchir les nouveaux directeurs sur leur propre expérience du temps où ils étaient supervisés pour apprendre ce qu'il faut faire et ne pas faire pour superviser de façon efficace.

Objectif d'évaluation d'attitude

Permettre aux nouveaux directeurs d'envisager leur travail comme une situation d'apprentissage dans laquelle ils peuvent partager leur sagesse et bénéficier du soutien de leurs collègues.

Conseils

Après avoir posé la première question, le facilitateur pourrait lui-même raconter une histoire afin de stimuler la réflexion. Ces histoires doivent être courtes et centrées sur le sujet. Le facilitateur peut faire varier la longueur et le type d'exemples qu'il attend. La conversation peut aussi se faire en tête-à-tête.

Autres applications

En changeant quelques mots, on peut utiliser cette discussion pour un nouveau conseil d'administration.

DISCUSSION

Ouverture

Soyez les bienvenus dans vos nouveaux rôles et félicitations à tous-! Je me suis dit qu'il serait bon de vous réunir plusieurs fois au cours des prochains mois pour organiser une série de discussions où vous apprendrez, non pas de moi, mais de chacun d'entre vous. Aujourd'hui, j'aimerais que nous réfléchissions à nos expériences de supervision. Certains parmi nous ont été superviseurs plus longtemps que d'autres, mais tous, nous avons longtemps été supervisés, et à partir de cette expérience, je suis sûr que chacun de vous sait précisément ce qui fonctionne et ce qui ne fonctionne pas. J'aimerais que nous partagions cette sagesse ce matin. Ma tâche se résume à poser des questions. Je n'ai pas grand-chose d'autre à ajouter. Donc, je vous en prie, n'hésitez pas à prendre la parole. J'aimerais commencer par quelques questions d'observation. Mon collègue Jacques sera assis au fond et prendra des notes de ce que vous dites. Ensuite, il les tapera pour vous à titre d'information. Dans cette discussion, rappelez-vous qu'il n'y a pas de mauvaises réponses.

Questions d'observation

Je veux que chacun d'entre vous repense au temps où il était supervisé et qu'il essaie d'en dégager des éléments utiles. Faisons un tour de table pour que chacun donne un exemple. Je réitère la question : donnez un exemple d'une expérience où vous avez été supervisé de façon efficace. *(Recueillez plusieurs réponses.)*
Donnez un exemple d'une expérience où vous avez été supervisé de façon inefficace.

Questions de réflexion

Comment vous sentez-vous lorsque vous êtes soumis à une supervision efficace ?
Que ressentez-vous au contact de superviseurs inefficaces ?

Questions d'interprétation

Qu'est-ce qui fait la différence entre une supervision efficace et une supervision inefficace ?
Quels sont les éléments d'une supervision efficace ?
Quels sont les éléments d'une supervision inefficace ?
Quel est le but de la supervision ?
Quels en sont les pièges ?

F16 Amener de nouveaux directeurs à réfléchir sur leur rôle de chefs (suite)

Qu'est-ce que la supervision efficace exige du directeur ?

Quel genre de changements les directeurs peuvent-ils opérer en eux-mêmes pour devenir des superviseurs efficaces ?

Questions de décision

Quelles sont les prochaines étapes que vous prévoyez entreprendre pour devenir un meilleur superviseur ?

Selon vous, de quel genre d'aide ou de soutien pourriez-vous avoir besoin dans les mois à venir ?

Que proposez-vous sur la façon de l'obtenir ?

Quelles seraient les prochaines étapes qui permettraient de mettre tout ceci en œuvre ?

Clôture

Cette discussion fut particulièrement encourageante. Vos idées ont été des plus perspicaces. Jacques s'assurera que vous ayez une copie de tout ce qui s'est dit ce matin. Je propose que vous la gardiez à portée de main vu que dans les mois à venir, vous étudierez sous tous ses aspects ce que signifie être directeur.

POINTS À RETENIR POUR LES PARTICIPANTS À LA DISCUSSION.

« Cherchez d'abord à comprendre, puis à être compris », telle est la cinquième habitude que nous suggère de prendre Stephen Covey dans son ouvrage *The Seven Habits of Highly Effective People*. Lorsque la discussion se passe vraiment bien et comprend, disons, 20 personnes dont une qui parle, les 19 autres essaient vraiment de toutes leurs forces de comprendre tout ce que cette personne dit. Ceci vaut également pour tout autre commentaire qui est prononcé au cours de la discussion. De bonnes discussions présupposent que chaque participant s'intéresse vraiment à ce que les autres disent et qu'il ne critique personne.

Le facilitateur comme les participants doivent bien surveiller les gens qui ne font des commentaires que pour attirer l'attention ou provoquer de l'irritation. La personne qui écoute ou le facilitateur se laissent alors entraîner par leur irritation et n'écoutent pas le reste de l'exposé de cette personne. Ils cessent d'écouter et ce faisant, ils n'arrivent pas à saisir entièrement l'essentiel de ce que l'autre dit. Le processus d'écoute est fourvoyé.

F17 Évaluer l'impact d'un stage de formation

Contexte

La direction a envoyé une grande partie du personnel à un séminaire de formation. Les différents directeurs concernés sont réunis afin d'évaluer la formation et la façon dont les membres du personnel ont mis ce qu'ils avaient appris en pratique. Cela va servir à évaluer le programme de formation et nous indiquera s'il faut l'offrir à d'autres membres du personnel.

Objectif rationnel

Avoir une vue d'ensemble de l'impact que la formation a eu sur les participants.

Objectif d'évolution d'attitude

Déterminer le succès relatif de la formation à partir de la perspective des changements de comportement et de l'efficacité au travail.

Conseils

La discussion ci-dessus prendra au moins une heure, en supposant que le groupe participe bien. Cependant, peut-être n'avez-vous pas besoin de toutes ces questions. Si vous avez entre 20 et 30 minutes, choisissez cinq à sept questions-clés, mais assurez-vous que les quatre groupes soient représentés : questions d'observation, questions de réflexion, questions d'interprétation et questions de décision.

Autres applications

Cette discussion pourrait servir à évaluer une conférence à laquelle participent plusieurs membres du personnel.

DISCUSSION

Ouverture

Nous sommes réunis ce matin pour discuter du programme de formation auquel une grande partie de votre personnel a participé il y a un mois. Nous voulons savoir quel impact le programme a eu sur les participants. Nous sommes particulièrement intéressés par ce que vous avez observé chez eux, leur changement de comportement tout d'abord et l'efficacité de leur travail. Toutes les réponses personnelles resteront strictement confidentielles. Seules les réponses impersonnelles seront utilisées dans nos exposés sur l'atelier.

Questions d'observation

Tout d'abord, revenons sur le séminaire. Quelles étaient certaines de ses composantes ?

Combien de personnes, parmi celles qui se trouvent sous votre direction, y ont participé ?

Quel genre de commentaires sur le programme avez-vous entendus de la part des participants ?

Qu'avez-vous remarqué chez les participants à la suite du programme de formation ?

Questions de réflexion

Qu'est-ce qui vous remplit d'enthousiasme en ce qui concerne les changements que vous avez remarqués ?

Quels résultats vous ont surpris ou déconcertés ?

Questions d'interprétation

Quels changements de comportement avez-vous remarqués ?

Quelles sont les choses que les participants font différemment depuis la formation ?

Dans quelles tâches avez-vous noté une augmentation de l'efficacité ? Pourriez-vous donner un exemple ?

Où n'en avez-vous pas vu ?

Dans quelle mesure le service à la clientèle s'est-il amélioré ? Pourriez-vous donner un exemple ?

Où avez-vous remarqué plus d'initiative ? Pourriez-vous donner des exemples ?

Quels problèmes semblent avoir été abordés lors du programme de formation ?

Quels problèmes restent encore à aborder ?

Qu'est-ce qui a aidé les participants à appliquer ce qu'ils ont appris ? Qu'est-ce qui les a gênés dans cette application ?

F17 Évaluer l'impact d'un stage de formation (suite)

Questions de décision

Sur la base de ce que nous venons d'entendre, comment résumeriez-vous l'effet que le programme de formation a eu sur le personnel ?

Quelles sont ses forces ?

Quelles sont ses faiblesses ?

Selon vous, devrions-nous organiser ce programme à nouveau pour d'autres membres du personnel ?

Quelles en seraient les étapes suivantes ?

Clôture

Vos remarques sur les participants et sur les effets du programme de formation ont été pertinentes et très utiles. Vous obtiendrez une transcription de notre discussion le plus tôt possible. Lors de notre prochaine réunion de direction, un des thèmes à l'ordre du jour sera la mise en œuvre des prochaines étapes que vous avez proposées.

POINTS À RETENIR POUR LES PARTICIPANTS À LA DISCUSSION

Il faut aussi veiller à ne pas nier la contribution ou la présence d'un autre. Il est facile de créer toute sorte d'histoires pour nuire à la participation des autres. « Elle n'est que secrétaire – qu'est-ce qu'elle en sait ? » ou « C'est juste la direction qui s'exécute. » Cela conduit à considérer la contribution d'autrui comme fausse, irréelle, bidon, ce qui fait qu'on ne peut s'y fier.

On entend aussi parfois affirmer que les gens qui ne disent rien n'ont rien à dire. Souvent, c'est parce qu'ils ne parviennent pas à placer un mot ou parce qu'ils sont trop timides pour participer sans y être encouragés par le facilitateur. Celui-ci peut dire : « Je remarque qu'il n'y a que quatre ou cinq personnes dans le groupe qui parlent. Je pense que nous sommes intéressés par ce que chaque personne pense du sujet. J'aimerais entendre les autres. »

Par leur position (secrétaire, gardien, livreur), certaines personnes sont dénigrées, elles n'ont pas la permission de dire quoi que ce soit. Le facilitateur ou les personnes sensibles et réceptives dans le groupe devraient prendre la liberté de remettre cette affirmation en question et inciter à la participation.

F18 Fixer les lignes directrices en matière de participation

Contexte

Un nouveau groupe de travail est en train de se former. Il comprend des gens de cultures et de services différents. Ils veulent établir des lignes de conduite en matière de participation parce qu'ils ont vraiment eu de mauvaises expériences avec certaines équipes auparavant.

Objectif rationnel

Faire appel à l'expérience du groupe afin de dégager des lignes de conduite en matière de participation.

Objectif d'évolution d'attitude

Les convaincre que le temps qu'ils vont passer ensemble peut être productif et raisonnablement peu stressant.

Conseils

Limitez le temps consacré aux questions d'observation. Cela peut devenir rapidement trop compliqué. Quant aux questions de décision, si vous terminez avec plus de 12 lignes de conduite, il serait peut-être utile de les grouper et de les nommer, ou encore de prendre la liste des lignes de conduite proposées et de demander au groupe d'établir des priorités.

Autres applications

Cette conversation peut aussi servir à établir des lignes de conduite pour n'importe quel projet commun.

DISCUSSION

Ouverture

Nous allons établir des lignes de conduite en matière de participation de sorte que notre collaboration soit productive et peu stressante. Je veux que vous repensiez à une situation de participation que vous avez réellement vécue. Elle peut avoir été fructueuse ou non.

Questions d'observation

Si j'étais dans la situation à laquelle vous pensez, qu'est-ce que j'observerais ?
Quels sont les mots que j'entendrais ?
Quelles sont les expressions que je lirais sur le visage des gens ?
Qui participait et qui était absent ?

Questions de réflexion

Quel a été le meilleur moment de la réunion ?
Quel en a été le pire ?
De quelle humeur étaient les gens à la fin de la réunion ?

Questions d'interprétation

Quel genre de comportement incitait à la participation ?
Pourquoi ?
Quel genre de comportement la freinait ?
Pourquoi ?
Qu'avons-nous appris sur les outils d'aide à la participation ?
Qu'avons-nous appris sur ce qui entrave la participation ?

Questions de décision

D'après ce que vous venez d'entendre, quelle serait la principale ligne de conduite à respecter en matière de participation ?
Quelle serait une autre ligne de conduite évidente ? *(Assurez-vous que vos réponses sont tirées de votre expérience.)*
Citez une ligne de conduite moins évidente.
Quelles sont d'autres lignes de conduite que nous n'avons pas mentionnées ?

Clôture

Merci pour vos suggestions. Je vais en faire un résumé que je placerai sur le tableau d'affichage et nous verrons si ces lignes de conduite nous conviennent au fur et à mesure que nous avançons.

Discussions personnelles et discussions de fête

En période de changements intenses, l'avenir appartient à ceux qui apprennent. Les érudits sont généralement parés à vivre dans un monde qui n'existe plus.
Eric Hoffer : *Reflections on the Human Condition*

Produire et diriger préoccupe tellement l'humanité qu'elle s'éloigne de plus en plus de la réalité. Il ne lui reste que peu de temps à vivre, elle est épuisée. Dès lors, faire la fête n'est pas qu'un luxe dans la vie. C'est l'occasion pour l'être humain d'établir sa propre relation au temps, à l'histoire et à l'éternité.
Harvey Cox : *Feast of Fools*

Dans cette section, le lecteur trouvera les conversations suivantes :

G1.   Réfléchir à sa journée
G2.   Tirer des leçons d'un événement de la vie
G3.   Favoriser son épanouissement personnel
G4.   Effectuer une réflexion interne lorsqu'on est facilitateur de groupe
G5.   Peser le pour et le contre d'une responsabilité supplémentaire
G6.   Fêter une grande victoire

G7. Fêter un départ à la retraite n° 1
G8. Fêter un départ à la retraite n° 2
G9. Célébrer l'anniversaire d'un membre du personnel
G10. Interviewer l'employé du mois

Dans ce livre, la plupart des discussions sont interpersonnelles : elles s'effectuent entre deux ou plusieurs personnes. Toutefois, les cinq premières discussions de cette section sont intrapersonnelles. Ce sont des conversations que vous avez avec vous-même. Vous posez les questions et vous y répondez. Ces réflexions fournissent des pistes de réflexion personnelle sur des événements et des problèmes au sein du lieu de travail.

Les trois premiers exemples utilisent la conversation comme un outil de connaissance personnelle. Le quatrième est un petit peu différent. La discussion est un dialogue interne qui s'effectue dans la tête du facilitateur de groupe lorsque les choses ne se passent pas comme prévu. La méthode de discussion est utilisée pour analyser rapidement les problèmes et les solutions. Le numéro cinq, « Peser le pour et le contre d'une responsabilité supplémentaire », fournit un exemple d'une façon de procéder qui peut aussi être utile lorsqu'on doit faire un choix devant de nouvelles possibilités.

Le deuxième type de conversation dans cette section concerne les fêtes qui ponctuent la vie des organisations. Une équipe efficace honore ses membres et leurs réalisations. Et ce, d'une façon créative, importante et souvent festive. Dans leur ouvrage intitulé *Leading with Soul*, Bolman et Deal témoignent du rôle de la vie rituelle et symbolique au sein des organisations :

> Les organisations dépourvues de la richesse d'une vie symbolique deviennent vides et stériles. La magie créée par les occasions spéciales est essentielle pour donner un sens à la vie en groupe... Sans rituels ni cérémonies, les transitions restent inachevées et créent une confusion de va et vient. « La vie devient une suite interminable de mercredis.-» Quand les cérémonies et les rituels sont authentiques et harmonieux, ils excitent l'imagination, donnent des idées et vont droit au cœur. Les cérémonies tissent le passé, le présent et le futur pour former le déroulement continu de la vie.

Aujourd'hui, de nombreux livres sur le commerce et la gestion parlent du climat sérieux et coincé dans lequel les organisations travaillent. Conscientes des effets d'un excès de gravité et de stress, quelques firmes ont désigné des « organisateurs de fêtes » et des « maîtres de festivals » pour s'assurer qu'ils programment assez d'événements sporadiques et un peu fous pour moduler l'humeur, lorsque nécessaire.

Les organisations traditionnelles ont leurs banquets, leurs cérémonies d'inauguration, leurs événements destinés à récompenser les meilleurs vendeurs. Cependant, Cathy DeForest parle de célébrations conscientes.

« ...des événements qui marquent des moments importants élevant la conscience des participants à un ordre supérieur de la réalité... Les célébrations conscientes proviennent d'un état de connaissance de soi et sont utilisées pour aider les gens à se rendre compte de leur potentiel et à être plus conscients de la connexion entre vie temporelle et vie spirituelle. Elles constituent un lien moderne avec la dimension spirituelle d'une organisation. Mais elles sont aussi un lien avec le passé – avec l'histoire et la sagesse des âges – et un lien avec l'avenir – les projets et les rêves. » (Adams, John D. (Éd.) : *Transforming Leadership,* p. 216)

Dans une organisation, les occasions de faire la fête sont nombreuses ; nous en avons étudié quatre dans cette section : l'anniversaire d'un employé, un départ à la retraite, la victoire d'une équipe et la mise à l'honneur de l'employé du mois.

G1 Réfléchir à sa journée

Contexte
Vous prenez quelques minutes pour revoir votre journée et répondre par écrit à une série de questions que vous gardez dans votre agenda.

Objectif rationnel
Réfléchir sur les événements de la journée et en tirer un sens.

Objectif d'évolution d'attitude
Avoir un aperçu de vos difficultés et de vos victoires.

Conseils
Vous pourriez conserver ces questions, en y ajoutant d'autres, le cas échéant, à la fin de votre agenda ou de votre journal intime. Il est important de faire cela chaque jour à la même heure, que vous soyez assis à votre bureau après le travail, dans le train ou dans l'autobus, ou dès que vous arrivez à la maison, afin de prendre l'habitude d'effectuer une réflexion quotidienne, clé pour continuer à apprendre toute notre vie. Ces réflexions, que l'on rapporte ainsi chaque jour dans un journal, constituent une trace pleine de valeur de votre passage dans la vie.

Autres applications
Moyennant quelques modifications, vous pourriez utiliser les questions de cette conversation pour réfléchir à un événement auquel vous avez participé.

DISCUSSION

Introduction
Je lis les questions et me prépare à écrire les réponses.

Questions d'observation
De quelles scènes, de quels événements, de quelles conversations ou de quels tableaux de la journée ai-je le souvenir ?
Qu'ai-je fait aujourd'hui ?
Que m'a-t-on dit ?

Questions de réflexion
Quel fut le climat émotionnel de la journée ? Ma journée ressemblait-elle plus à une bataille rangée qu'à un long fleuve tranquille ? – Quelle image résume bien le contexte émotionnel ou l'humeur de la journée ?
Quel fut le point d'orgue de cette journée ?
Quel fut le point mort ?
Qu'est-ce qui m'a posé problème ?

Questions d'interprétation
Qu'ai-je appris aujourd'hui ?
Quelles idées de la journée dois-je retenir ?

Questions de décision
À l'avenir, dans quel genre de situation pourrais-je utiliser ce que j'ai appris ?
Si je devais donner un nom à cette journée, quel serait-il ? *(Essayez de trouver un titre poétique qui reprend toutes vos réponses.)*
Qu'est-ce qui n'a pas été achevé aujourd'hui et qu'il faut que je continue demain ?

Clôture
Je jette un coup d'œil sur mes réponses. Y a-t-il autre chose que je désire noter ?

G2 Tirer des leçons d'un événement de la vie

Contexte
Vous venez de subir un incident au travail (ou à la maison) qui vous a réellement bouleversé. Vous êtes conscient qu'il vous faut prendre un peu de temps pour y réfléchir.

Objectif rationnel
Découvrir la signification de l'incident et en tirer des leçons.

Objectif d'évolution d'attitude
Laisser l'expérience vous changer.

Conseils
Notez les réponses aux questions dans votre journal ou dans votre bloc-notes de sorte que vous puissiez revenir sur cette réflexion par la suite . Si votre temps est limité, choisissez de ne répondre qu'à une seule question dans chaque catégorie.

Autres applications
Vous pourriez faire cette discussion avec un de vos enfants ou amis après de grands événements de leur vie. La fin de semaine est aussi un bon moment pour faire cette réflexion sur vous-même.

DISCUSSION

Ouverture (*pour vous*)
Ma vie est pleine d'événements. Certains sont agréables, d'autres pénibles, tragiques ou fascinants. Tous sont porteurs de sens et nous apprennent quelque chose. J'arriverai aussi à comprendre cet événement.

Questions d'observation
Je sais que l'événement d'aujourd'hui a complètement bouleversé ma vie. Que s'est-il passé ?
Quels étaient les principaux éléments en jeu ?
Comment a commencé cet événement ? Comment a-t-il progressé ?
Comment s'est-il terminé ? Qu'est-ce qui était au cœur de l'affaire ?
Qu'ai-je fait ? Quels rôles les autres ont-ils joués ?

Questions de réflexion
Comment me suis-je senti lorsque cela s'est produit ?
Après que ça se soit passé ?
Quels autres événements de ma vie associerais-je à celui-ci ?
Qu'est-ce qui dans cet événement m'a touché, m'a saisi et m'a incité à « faire attention » ?

Questions d'interprétation
Quelle est la signification de cet événement dans ma vie ?
En quoi suis-je différent depuis cet événement ?

Questions de décision
Quelle conséquence cet événement aura-t-il sur ma vie ?
Qu'exige-t-il de moi ?
Quelle décision faut-il que je prenne ?
Quel nom donnerais-je à cet événement ?

G3 Favoriser son épanouissement personnel

Contexte

Cette discussion est une façon d'aborder l'épanouissement personnel à partir de la grille de la méthode de discussion. Ces questions, auxquelles vous devez répondre dans votre journal, ont été élaborées par votre mentor. Le processus s'effectue sur plusieurs jours.

Objectif rationnel

Déterminer quelles sont les prochaines étapes que je devrai entreprendre pour assurer mon épanouissement personnel.

Objectif d'évolution d'attitude

Me livrer à un processus d'auto-examination et de réflexion.

Conseils

Les questions d'observation sont extrêmement personnelles dans ce cas-ci. Un peu de discipline s'impose pour y répondre. En répondant à ces questions, vous aborderez les quatre niveaux de la discussion. Vous pourriez imaginer que vous êtes en dehors de vous-même et que vous regardez à l'intérieur de vous tel un « observateur objectif ». Pour ce travail, il est hautement recommandé d'utiliser un bloc-notes, un journal intime ou un fichier de traitement de texte. Il peut être utile de laisser une marge à côté de ce que vous écrivez afin de pouvoir rajouter des commentaires pour une consultation ultérieure.

DISCUSSION

Ouverture

J'apprécie cette occasion de favoriser mon épanouissement personnel et la réflexion, et je me promets de répondre à chaque question le plus honnêtement possible.

Questions d'observation

Comment les autres ont-ils évalué mes talents et mon potentiel à différentes périodes ?

Quelles remarques ai-je reçues de mon directeur, de mon mentor ou de mes collègues ?

Quelle image dominante ai-je de moi-même?

Quelles autres images ai-je de moi de temps en temps?

Questions de réflexion

Comment parlerais-je de mon état émotionnel normal-?

À quoi est-ce que je réagis fortement-?

Qu'est-ce qui m'inspire-?

Qu'est-ce qui me démotive-?

Qu'est-ce qui me rend triste ou inquiet-?

Est-ce qu'aucun des renseignements cités dans cette section ne contredit les images que j'ai de moi-?

Quelles tendances ou quels liens vois-je dans cette information jusqu'ici-?

Questions d'interprétation

Que sais-je de mon type de personnalité ?

Comment est-ce que j'évalue ce que je peux offrir aux autres ?

Quelles sont mes forces ?

Quelles sont mes faiblesses ?

Quels défis reviennent régulièrement dans ma vie pour m'indiquer que je devrais développer d'autres facettes de ma personnalité ?

De quelles anciennes valeurs dois-je me débarrasser pour laisser la place à d'autres valeurs ?

Quelles nouvelles valeurs dois-je adopter ?

Quelle nouvelle image de moi-même renfermerait ces valeurs?

Quels nouveaux aspects visibles de mon mode de vie renfermeraient cette nouvelle image et ces nouvelles valeurs ?

G3 Favoriser son épanouissement personnel (continued)

Autres applications
Les adolescents peuvent utiliser ces questions comme points de départ pour rédiger leur journal.

Questions de décision
Quel symbole faut-il que je crée à présent pour me souvenir de la nouvelle image, des nouvelles valeurs et du nouveau mode de vie que je me propose d'adopter ?
De quels messages ou de quels apports réguliers ai-je besoin pour que les nouvelles images et les nouvelles valeurs se mettent en place ?

Clôture
Dans une semaine, je relirai tout ce que j'ai écrit, j'inscrirai des notes dans la marge sur ce que j'ai observé et prendrai rendez-vous avec mon mentor pour discuter de mes réponses avec lui.

POINTS À RETENIR POUR LE FACILITATEUR

Il est en règle générale utile que chaque participant réponde à la première question, car cela a pour effet de rompre la glace pour chacun. Posez donc une question suffisamment simple pour que personne n'éprouve de difficultés à y répondre. Si votre première question est : «-À la lecture du rapport, quels passages ont particulièrement retenu votre attention ?-», commencez par quelque chose de convivial tel que : « Jacques, si tu veux bien, nous commencerons le premier tour de table avec toi. Dis-nous quels passages du rapport ont particulièrement retenu ton attention. » Une fois la réponse de Jacques achevée, posez les yeux sur la personne suivante et attendez sa réponse.

G4 Effectuer une réflexion interne lorsqu'on est facilitateur de groupe

Contexte

En plein milieu d'une séance de planification avec un groupe, le facilitateur se rend compte qu'une crise s'est installée. En posant les questions, il s'est aventuré en terrain miné et des invectives fusent de partout. Le facilitateur commence par faire une réflexion rapide pour reprendre les choses en main.

Objectif rationnel

Se faire une idée du problème et le régler.

Objectif d'évolution d'attitude

Faire face à la situation de façon responsable.

Conseils

Cette discussion (rumination interne) devra être rapide si l'on veut que le groupe revienne à la méthode du dialogue constructif.

Autres applications

Cette discussion peut être utilisée dans n'importe quelle situation nécessitant un processus pour observer, juger, peser le pour et le contre et décider. On peut aussi l'utiliser lors de réunions avec une équipe de directeurs faisant face à un processus plus long.

DISCUSSION

Ouverture

Ceci est une crise. Je dois faire quelque chose.

Questions d'observation

Que se passe-t-il en réalité ?

Quelles phrases ou quels mots ont été prononcés ?

De quelle information est-ce que je dispose en ce qui concerne les origines de la situation ?

Questions de réflexion

Quelles réactions ai-je remarquées en moi ?

Au sein du groupe ?

Questions d'interprétation

Pourquoi réagissons-nous de la sorte ?

Quelles sont certaines des causes possibles de cette situation ?

Quelles valeurs dois-je préserver à mesure que nous continuons ?

Questions de décision

Comment puis-je faire pour préserver ces valeurs ?

Quelle est l'étape suivante ?

Clôture

(Passez à l'étape suivante.)

G5 Peser le pour et le contre d'une responsabilité supplémentaire

Contexte

Un directeur demande à une de ses employées si elle serait prête à accepter une responsabilité supplémentaire. Elle promet d'y réfléchir sérieusement. L'employée rédige ensuite la série de questions suivante pour l'aider à se décider. Ensuite, elle répond aux questions par écrit.

Objectif rationnel

Étudier la situation dans son ensemble ainsi que les chances de succès reliées à cette tâche afin d'évaluer les motivations et les craintes qui entrent en jeu, considérer les circonstances, les principes, les avantages et les inconvénients qui sont inhérents à cette responsabilité, et prendre une décision.

Objectif d'évolution d'attitude

Pouvoir décider de façon libre et responsable en acceptant pleinement les conséquences de cette décision.

DISCUSSION

Ouverture

Rien n'est préétabli dans cette situation. Je peux accepter la responsabilité ou non. Je veux étudier tous les facteurs, puis décider librement.

Questions d'observation

En quoi consiste cette nouvelle responsabilité qu'on me demande d'accepter ? Quelles tâches sont incluses dans cette responsabilité ? Quelles sont les compétences requises ?

Qu'est-ce que cela implique en matière de temps et d'énergie ?

Qui d'autre que moi sera concerné ?

Combien de temps cette tâche me prendra-t-elle ou combien d'heures par jour devrais-je y consacrer ?

Questions de réflexion

Que me dit mon instinct sur cette responsabilité ?

Quels seraient les avantages si j'acceptais cette responsabilité ? Quels inconvénients y vois-je ?

Quelles seraient les nouvelles possibilités que pourrait m'offrir cette responsabilité ?

Quels risques pourraient l'accompagner ? Est-ce que ces risques en valent la peine ?

Si j'accepte, en quoi est-ce que cela influera sur mon poste actuel ?

Questions d'interprétation

Quelles idées commencent à se dégager à propos de cette décision ?

Jusqu'à présent, qu'indiquent mes réponses face à cette responsabilité ?

Si j'accepte, à quelles conséquences dois-je m'attendre ?

Si je refuse, à quels regrets devrais-je faire face ?

Questions de décision

Donc, dans quel sens se dirigent toutes mes réponses ?

Quelle est ma décision ?

Si je suis encore incapable de me décider, jusqu'à quand puis-je reporter ma décision ?

N'y a-t-il personne d'autre que je peux consulter ou à qui je peux parler ?

Clôture

Je suis contente d'avoir pu traiter cette décision de cette manière.

Voilà ce que je dirai à mon patron ; ou, j'ai besoin de parler à X, après quoi je reverrai cette discussion et en aviserai mon patron.

G6 Fêter une grande victoire

Contexte

Après avoir terminé un contrat en bonne et due forme, une équipe remporte tout de suite un contrat encore plus important. Le service veut fêter ça. Le chef du service a commandé du champagne et des amuse-gueules, et a fait décorer la pièce pour l'occasion. Le groupe est réuni et le directeur porte un toast. Ensuite, il invite l'équipe à discuter de la victoire.

Objectif rationnel

Dégager les éléments d'une victoire.

Objectif d'évolution d'attitude

Mettre l'équipe à l'honneur et la remercier pour la motivation dont elle a fait preuve dans son travail.

Conseils

Certains voudront peut-être servir le champagne et porter un toast après cette discussion.

Autres applications

Une discussion semblable pourrait être utilisée pour réfléchir sur ce qu'une équipe ou un service a réalisé au cours du dernier trimestre.

DISCUSSION

Ouverture

Nous sommes une organisation apprenante et, en tant que telle, nous essayons de tirer des leçons de chacun de nos succès, de nos erreurs et de nos échecs. Je vous invite tous à écouter les réflexions de l'équipe concernant cette victoire.

Questions d'observation

Bon, certains parmi vous ont travaillé sur ce contrat depuis le début. Qu'avez-vous donc fait pour pouvoir trinquer à ce succès ? L'un de vous pourrait-il nous raconter en quelques mots comment cela s'est passé ?
Les autres peuvent-ils me dire ce qu'il a oublié ?
Que voudriez-vous ajouter ?

Questions de réflexion

Comment vous êtes-vous sentis au moment de la victoire ?
Quelles déceptions avez-vous connues avant d'en arriver là ?
Quel est le plus grand défi auquel vous avez fait face ?

Questions d'interprétation

Qu'avez-vous appris de cette victoire ?
Qu'avez-vous appris tout au long du processus qui vous a menés à la victoire ?

Questions de décision

Quel nom donneriez-vous à cette victoire : un titre poétique peut-être ?
Quel conseil voudriez-vous donner aux personnes de cette section ?

Clôture

Et bien, c'était merveilleux. Je suis vraiment content de faire partie de cette équipe et de partager cet événement. Une fois de plus, nous vous félicitons tous et vous promettons qu'il s'agit de la première d'une longue série de victoires que vous décrocherez – Trois hourras pour l'équipe !

G7 Fêter le départ à la retraite n° 1 :
une discussion avec la personne en question

Contexte

Un membre du personnel prend sa retraite après avoir travaillé plusieurs ou seulement quelques années au sein de l'organisation. À la fête qui est donnée en son honneur, le maître de cérémonie fait tinter un verre avec sa cuillère pour attirer l'attention de l'assemblée et entame la discussion suivante avec le retraité ; le groupe est tout ouïe.

Objectif rationnel

Montrer sa reconnaissance à la personne qui s'en va.

Objectif d'évolution d'attitude

Permettre à la personne de constater l'importance des années passées dans l'organisation et de réfléchir à son avenir en dehors de celle-ci.

Conseils

Dans le cas présent, au moins deux discussions sont possibles. Celle-ci est une discussion où le retraité parle de sa vie, de son temps passé au sein de l'organisation, et de ses projets d'avenir, en présence du groupe. L'autre est une discussion avec le groupe sur le retraité. Il est important de ne pas mélanger les deux. Voir Discussion G8.

Autres applications

Cette discussion peut être utilisée, en la changeant légèrement, pour d'autres étapes importantes de la vie.

A. LE RETRAITÉ PARLE

DISCUSSION

Ouverture

C'est un réel plaisir que d'être réunis ici en l'honneur de Pierre Morin qui va bientôt prendre sa retraite. Je pense qu'il serait bon de nous arrêter quelques instants pour écouter ce que Pierre a à nous dire sur les dernières années qu'il a passées dans la firme et ses projets d'avenir. Et bien, Pierre, venez vous placer devant le groupe de sorte que tout le monde puisse vous voir.

Questions d'observation

Pierre, combien de temps êtes-vous resté parmi nous ?
Quels postes avez-vous occupés ?
Quels sont vos souvenirs quant aux premiers jours que vous avez passés dans l'organisation ?

Questions de réflexion

Qu'est-ce qui a été le plus satisfaisant pour vous quand vous travailliez ici ?
Quelle fut la responsabilité la plus difficile, quoique motivante, que vous ayez acceptée ici ?
Racontez une des choses les plus drôles qui vous soit arrivée ici.
Quand avez-vous eu envie de partir, mais ne l'avez pas fait ?

Questions d'interprétation

Qu'est-ce que cette organisation représente pour vous ?
Qu'est-ce que cela a représenté pour vous de travailler ici toutes ces années ?
Qu'est-ce que cela représentera de partir ?

Questions de décision

Qu'avez-vous très hâte de faire à la retraite ?
De quels projets pouvez-vous nous faire part ?
Que désirez-vous réaliser au cours de cette nouvelle étape de votre vie ?

G7 Fêter le départ à la retraite n° 1 : une discussion avec la personne en question (suite)

Clôture

Pierre, au nom de tous ici présents, je veux que vous sachiez tout ce que vos années avec nous ont représenté pour nous et pour l'organisation. Nous vous souhaitons une bonne retraite et comme symbole de notre gratitude, nous voudrions vous offrir ce cadeau *(Donnez le cadeau.)*. Nous voulons que vous sachiez que si l'envie vous prend de revenir passer quelques heures ici pour transmettre un peu de votre sagesse aux plus jeunes en tant que mentor, vous serez toujours le bienvenu. Vous n'avez qu'à nous le dire et nous arrangerons cela.

G8 Fêter un départ à la retraite n° 2 : réflexion de groupe

Contexte

Pierre Morin, un membre du personnel, prend sa retraite après avoir travaillé plusieurs ou seulement quelques années au sein de l'organisation. Plusieurs personnes ont le sentiment que « quelque chose devrait être fait » pour souligner les réalisations de cette personne et exprimer la gratitude du personnel. Le personnel décide d'organiser une fête pour ce départ à la retraite, faire une présentation et avoir une discussion sur ce que la personne a apporté à l'organisation.

Objectif rationnel

Montrer sa reconnaissance à la personne qui s'en va.

Objectif d'évaluation d'attitude

Mettre sa contribution et son avenir à l'honneur.

Conseils

Certaines questions de décision peuvent être adressées à Pierre Morin pour l'inviter à parler de ses projets d'avenir. Cette discussion est la deuxième des deux modèles de discussion pour fêter un départ à la retraite. Le premier modèle se compose de questions qui s'adressent au retraité plutôt qu'à tout le groupe.

Autres applications

Cette discussion peut être adaptée quelque peu pour fêter un anniversaire important, une cérémonie de remise de récompenses ou un événement marquant une étape importante de la vie.

B. LE GROUPE PARLE

DISCUSSION

Ouverture

C'est un réel plaisir que d'être réunis ici en l'honneur de Pierre Morin qui va bientôt prendre sa retraite. Par le biais de cette discussion, nous aimerions exprimer notre gratitude à Pierre et lui dire ce qu'il représente pour nous. Je vais poser ces questions à vous tous ici présents. Tout le monde peut répondre. Je vous en prie, n'hésitez pas à participer. Pas besoin de lever la main ni quoi que ce soit d'autre.

Questions d'observation

Quand avez-vous rencontré Pierre pour la première fois au travail ?
Depuis combien de temps Pierre est-il ici ?
Qui peut nous raconter une petite anecdote à propos de Pierre ?

Questions de réflexion

Qu'est-ce qui vous a toujours surpris chez Pierre ?
Quand vous pensez à Pierre, qu'est-ce qui vous vient à l'esprit ?
De quelles anecdotes amusantes vous souvenez-vous à propos de lui ?
Quelles sont les tâches dont il s'occupait ?
Qu'est-ce que Pierre vous a dit dont vous vous souvenez ?

Questions d'interprétation

Qu'est-ce que la présence de Pierre a représenté pour nous tous ?
Que dire de l'apport de Pierre à l'organisation ?
Qu'est-ce qui nous manquera quand il ne sera plus là ?

Questions de décision

Que souhaitons-nous à Pierre alors qu'il nous quitte pour prendre sa retraite ?
Quels sont nos souhaits et nos vœux quant à sa vie future ?

Clôture

Voilà, je pense que nous avons dit du fond du cœur ce que Pierre représentait pour nous et combien il était précieux au sein de cette organisation. Pierre, tous nos souhaits vous accompagnent.

G9 Célébrer l'anniversaire d'un membre du personnel

Contexte
Les membres d'une équipe se réunissent pour fêter l'anniversaire d'un de ses membres.

Objectif rationnel
Organiser un événement pour souligner le caractère unique et la contribution qu'un de ses membres a apportée à l'équipe.

Objectif d'évolution d'attitude
Donner aux gens l'occasion de remercier de vive voix une collègue pour ce qu'elle a offert et apporté à l'équipe.

Conseils
Avant d'organiser une fête pour cette personne, obtenez sa permission – surtout si c'est la première fois. La conversation peut être courte – cinq minutes suffisent. En tant que facilitateur, soyez prêt à répondre aux questions de réflexion et à commencer les vœux de façon à éviter de lourds silences.

Autres applications
Le même type de conversation pourrait être utilisé lorsque quelqu'un quitte l'équipe ou l'organisation. Elle pourrait aussi être adaptée et utilisée par un superviseur pour entamer une réflexion sur l'année passée avec un employé.

DISCUSSION

Ouverture
Surprise, surprise ! *(Chantez « Joyeux anniversaire ! » et distribuez la nourriture.)*

Questions d'observation
Bon, à présent, nous devons tous parler à Julie. Julie, quels ont été les événements-clés de votre dernière année – au travail, dans votre famille ou au sein de votre communauté ?
En tant que membre de l'équipe de Julie, de quelles images nous souvenons-nous ?

Questions de réflexion
De quels détails amusants vous souvenez-vous à propos de Julie ?
Parmi les tâches dont elle s'occupe quelles sont celles dont nous nous souvenons ?

Questions d'interprétation
Julie, qu'avez-vous hâte d'accomplir l'année prochaine ?

Questions de décision
Que souhaitons-nous à Julie pour l'année qu'elle s'apprête à entamer ?

Clôture
Julie, bon anniversaire et tous nos meilleurs vœux pour la prochaine année.

G10 Interviewer l'employé du mois

Contexte

Suzanne Ratel a été élue employée du mois pour avoir transformé la salle du courrier de la compagnie en un centre de profit. Elle a effectué cette opération dans un nouveau créneau commercial qui offre des services d'impression et de courrier à plusieurs clients. Comme elle se trouve en compagnie de nombreux autres employés pour recevoir sa récompense, le vice-président de la société l'invite à répondre à quelques questions sur la façon dont elle a procédé.

Objectif rationnel

Citer le travail de Suzanne en exemple pour qu'il serve de modèle d'initiative pour les employés.

Objectif d'évolution d'attitude

Mettre Suzanne à l'honneur et inciter les autres à prendre de pareilles initiatives.

Conseils

Donnez les questions à l'avance à Suzanne pour que l'assemblée puisse bénéficier de réponses mieux préparées.

Autres applications

Cette discussion peut être utilisée dans n'importe quelle entrevue qui vise à comprendre ce qui se cache derrière un succès.

DISCUSSION

Questions d'observation

Tout d'abord, comment avez-vous eu cette idée, Suzanne ?
Qu'a-t-il fallu faire pour mettre cela sur pied ? Racontez-nous quelques anecdotes.

Questions de réflexion

Qu'avez-vous ressenti quand vous avez décidé d'accepter cette tâche ?
Quand vous êtes-vous sentie découragée ?

Questions d'interprétation

Qu'avez-vous appris sur la façon de mettre sur pied une initiative ?

Questions de décision

Pouvez-vous nous dire deux mots sur votre prochaine action ?
À quoi pensez-vous pour la suite ?

Clôture

Et bien, je vous remercie d'avoir partagé vos idées. Je suis très impressionné par le genre de vision et de leadership dont font preuve nos employés et je suis toujours curieux de voir qui va relever le prochain défi. Applaudissons Suzanne une nouvelle fois pour l'excellence de son leadership.

Troisième partie

Annexes

Annexe A

Séries de questions de réflexion et d'interprétation

Les questions de réflexion et d'interprétation semblent constituer le principal défi pour ceux qui préparent les discussions. Les intervenants se plaignent souvent de la difficulté à trouver des questions de réflexion appropriées. Certains animateurs de discussion, sensibles aux exigences du milieu des affaires, veulent des exemples de questions de réflexion dénués de «-sentiments ». Mais comment peut-on poser des questions de réflexion autrement ? Vous trouverez sans doute utile la compilation suivante de questions de réflexion, adaptée de Gordon Harper (ICA Seattle).

Aussi, certains ont des difficultés à faire des variations sur des questions d'interprétation, ou à créer des questions supplémentaires. Toutes les questions d'interprétation dans la seconde partie de cette annexe les aideront.

LA COMPILATION DE QUESTIONS DE RÉFLEXION PAR HARPER

- Quelles expériences avez-vous faites dans le passé qui ressemblent à celle-ci ? Comment était-ce ? Où avez-vous vu auparavant une expérience semblable réussir ? Où avez-vous vu une expérience semblable échouer ?

- Où avez-vous vu de nouveaux liens entre ces données ? D'après vous, qu'est-ce qui est relié ou va ensemble ici ? Qu'est-ce qui n'est toujours pas en relation ? Qu'est-ce qui est encore difficile à cerner pour vous dans tout cela ?

- Quelles histoires ou quels événements passés vous viennent à l'esprit quand vous entendez cela ? À quel vieil adage cela vous fait-il penser ? Quelles paroles d'une chanson ou quelle réplique d'un film cela vous rappelle-t-il ?

- Que pensez-vous le plus apprécier maintenant dans cette expérience ? Quelle expérience vous semble être la plus irritante ou la plus frustrante dans tout ce projet ?

- Qu'est-ce qui vous semble être un élément récent dans tout cela ? Qu'est-ce qui vous semble plutôt familier ? Que voyez-vous ici et qu'est-ce qui vous fait dire « Hé bien, ils ont finalement compris ! » ?

- Qu'est-ce qui vous surprend dans ce rapport ? Qu'est-ce qui vous semble encourageant dans ce rapport ? Où flairez-vous une ouverture ou une occasion pour nous ? Qu'est-ce qui vous laisse sceptique ? Qu'est-ce qui vous inquiète ? Où voyez-vous un signal d'alarme ?

- Quel type de langage corporel avez-vous remarqué chez vous quand vous avez lu cela ? Quand avez-vous sourcillé ? Quand avez-vous froncé les sourcils ? Quand avez-vous remarqué que vous faisiez de grands yeux en lisant quelque chose ? Quand avez-vous remué sur votre chaise ? Quand avez-vous senti votre pouls s'accélérer, ralentir ? Où avez-vous dû arrêter votre lecture quand votre esprit s'est mis à vagabonder ?

- Quand vous êtes-vous surpris à dire « Bien vu ! » pendant cette conversation ? Quand avez-vous dit « Ah ! Ah ! » ? « Pffff ! » ? « Oui, oui ! » ? « Hum ! » ? « Jamais de la vie ! » ?

- Qu'est-ce qui vous donne envie de sortir le champagne après cette expérience ? Quel aspect de cette expérience aimeriez-vous oublier complètement ? Quels ont été pour vous les hauts et les bas de l'effort que vous avez fourni ?

- Qu'est-ce qui vous fait sourire dans ce film ? Qu'est-ce qui vous fait rire ? Qu'est-ce qui vous rend triste ? Qu'est-ce qui vous touche particulièrement ? Quand avez-vous eu peur ? Quand avez-vous été offensé ? Dégoûté ? Captivé ? Enchanté-? Déconcerté ? Mal à l'aise ? Quand vous êtes-vous ennuyé ?

UN ÉCHANTILLON DES QUESTIONS D'INTERPRÉTATION UTILISÉES DANS CET OUVRAGE

- De quoi s'agit-il ? Quels sont les trois ou les quatre aspects de ce thème ? Quels sont les principaux points abordés ? Qu'est-ce qui en ressort très clairement ? Quand avez-vous remarqué un dénominateur commun dans ce qui a été dit ? Quel nom donnerions-nous à ce dénominateur commun ? Quelles anciennes conceptions cet événement remet-il en question-? Quel a été le fait principal dans l'événement ? Comment définiriez-vous son importance ?

- Quel a été le point décisif dans... ? Quelle nouvelle position avantageuse cela nous a-t-il donnée ? Quels nouveaux éléments avez-vous retirés de ce qui s'est passé ? De quoi avez-vous pris conscience ? Quelle nouvelle image s'est forgée dans votre esprit à ce sujet ? Quel titre lui donneriez-vous ?

- Quels bénéfices en avez-vous tirés personnellement ? Et les autres ? Dans quelle mesure cela a-t-il répondu à vos attentes ? Comment allez-vous appliquer ce que vous avez appris ? Dans quelle mesure les gens pourraient-ils être différents après en avoir fait l'expérience ?

- Si c'était à refaire, que ferions-nous différemment ? Comment pourrions-nous comparer cela avec ce qui existait auparavant ? Quelles sont ses forces et ses faiblesses ? Qu'avons-nous besoin de faire pour préserver les forces et surmonter les faiblesses ?

- Comment quelqu'un résumerait-il les points névralgiques à traiter ? À quels défis faisons-nous face ici ? Quels sont les thèmes essentiels ou les principaux domaines qui sont problématiques ? Où a-t-on besoin d'aide ? Quelles questions devons-nous régler en tant que groupe ? Quelles sont les autres implications ? Quels sont les problèmes à long terme qui vous inquiètent ? Combien de temps cela prendra-t-il pour organiser le tout et répondre à ces questions dans les prochains jours ? Quels sont les premiers pas à faire ?

- Quelle lumière avons-nous jetée jusqu'à maintenant sur le problème auquel nous faisons face dans ce projet ? Quelles idées commencent à apparaître à propos des causes du problème ? Quelles autres causes avons-nous besoin d'envisager ? Combien de temps cela prendra-t-il pour garder ou remettre le projet sur la bonne voie ? Quel apprentissage pouvons-nous tirer de cet effort ?

- Quelles sont les recommandations qu'il faudrait faire ? Quels liens faites-vous entre les différentes parties du rapport ? Quels sont les principaux points qui ont été abordés dans le rapport ? Quelles questions, quelles objections, ou quels obstacles ces points soulèvent-ils pour vous ? Parmi les questions, les objections ou les obstacles que vous avez entendus jusqu'à maintenant, quels sont ceux ou celles dont la réponse nécessitera la plus grande attention ? Quelles implications (s'il y en a) cela aura-t-il sur la manière dont nous faisons notre travail ? Quelles seront les ressources nécessaires pour s'en occuper ?

• Quels sont, d'après vous, les problèmes sous-jacents à ces difficultés ? Quels modèles pouvez-vous voir ici ? D'après ce que vous avez remarqué, comment d'autres personnes ont-elles abordé ces problèmes ? Quelles sont nos options ? Quelles sont les valeurs principales qu'il faudrait conserver ? Quel est le pour et le contre de chaque option ? Quelle « percée » est nécessaire ?

• Quelle nouvelle conception cet événement nécessite-t-il ? Quelle est « la nouveauté » dans cette information ? Globalement, quelle différence cela fera-t-il pour l'organisation ? Quelles sont les décisions importantes que nous aurons à prendre ? Qu'aurons-nous besoin de faire différemment ? Quelle sera, selon vous, l'amplitude de ce projet ? Qu'est-ce que cela implique pour les semaines ou les mois à venir ?

La méthode dialogique de Bohm

Supposons que nous soyions capables d'échanger des avis librement sans ressentir une envie compulsive d'imposer notre opinion ou de nous conformer à celle des autres, et cela, sans déformation ni illusion sur nous-même. Cela ne constituerait-il pas une véritable révolution de la culture ?

David Bohm : *Changing Consciousness*

Dans les dernières années de sa vie, le physicien David Bohm explora le processus de réflexion dans un dialogue de groupe. D'abord, il travailla à Londres avec Patrick de Mare qui voyait le dialogue comme une thérapie de groupe. Dans sa biographie de Bohm, David Peat écrit ceci sur le concept de Patrick de Mare : « De Mare pensait que dans les étapes du développement social humain où l'homme était un chasseur et un cueilleur, quand les gens vivaient et voyageaient en groupes de 30 à 40 individus, ils s'occupaient des tensions sociales et psychologiques au fur et à mesure qu'elles surgissaient, en faisant appel à un processus de dialogue. La croissance en taille et en complexité des sociétés humaines... signa la disparition du pouvoir du groupe. Ainsi les êtres humains ne sont pas bien adaptés psychologiquement à la vie dans des sociétés complexes, pensait Patrick de Mare, et ils ont besoin d'une thérapie sociale active et continue. Les idées de Patrick de Mare attirèrent Bohm. » (David Peat- : *Infinite Potential*, p. 286). Bohm se joignit à un groupe de discussion pour thérapeutes. Il y trouva une nouvelle façon de synthétiser ses idées sur la conscience. Il fut fasciné par des exemples tels que celui-ci : Stéphane discute avec Estelle. Elle fait une remarque que Stéphane trouve stupide et biaisée, ou simplement fausse. Stéphane essaie de la corriger, mais n'obtient qu'une réaction hostile.

Stéphane tente de rester calme, mais tous deux sont entraînés vers une discussion animée. L'extrême banalité de cet exemple affligea Bohm. Il comprit que le processus était d'autant plus désastreux lorsqu'il survenait entre des nations.

David Peat continue :

> Les groupes de dialogue, se rendit compte Bohm, étaient une manière de ralentir le processus de réflexion et de l'exposer sur la place publique. Ils tenaient la solution qu'il avait cherchée pendant des années, une façon de provoquer la transformation radicale de la conscience humaine. Quand deux personnes se disputent, c'est souvent parce qu'un mot utilisé par l'un déclenche une série de réactions internes compliquées chez l'autre—entraînant un changement dans « l'humeur » du cerveau, comme il dit... Même quand nous nous comportons raisonnablement, notre pensée est toujours piégée dans sa propre chimie. Le problème essentiel est que le processus lui-même se produit si vite que nous ne remarquons pas le jeu entre le signal nerveux et la réaction. (David Peat-: *Infinite Potential,* p. 287)

Bohm constata que le dialogue agit à quatre niveaux. Au niveau le plus profond, le dialogue démontre le pouvoir transformateur de l'esprit commun. À un autre niveau, il expose le processus de réflexion lui-même, afin que son mouvement soit suffisamment ralenti pour permettre une observation du processus. Il permet l'expression de plusieurs points de vue, dont certains sont présentés d'une manière non négociable, en ayant recours à des mots comme « toujours », « jamais », « totalement », ou « aucun ».

(Bohm utilise le mot « dialogue » avec une lettre majuscule pour se référer à l'expérience de la communication qu'il avait été le premier à concevoir.) Le but du Dialogue était de créer un cadre qui permettrait de préserver ce type de conscience collective. Chaque auditeur devrait être capable de restituer à chaque orateur et au reste du groupe une vue des suppositions et des implications tacites qui ont été exprimées, y compris ce qui a été passé sous silence.

Dans le procédé de Bohm, on n'essaie pas de convaincre les autres qu'ils devraient se rallier au point de vue de l'orateur. Le groupe abandonne tout besoin de résultats spécifiques. Le jugement est suspendu. On ne cherche pas à défendre sa position contre celle des autres. Il y a plutôt un désir d'ouvrir la porte à de nouvelles visions de la réalité, et de voir les points de vue des autres, tout en construisant un climat de confiance et de franchise. Les participants doivent explorer une signification commune et poser des questions pour obtenir un éclairage supplémentaire.

En abandonnant le besoin d'accéder à des résultats prédéterminés, on permet à certains problèmes importants que souvent on n'aborde pas dans des réunions basées sur un ordre du jour, de faire surface. Les participants découvrent qu'ils font partie d'un ensemble de significations communes qui fait l'objet d'une croissance et d'une mouvance continuelles.

Un état commun de conscience naît, permettant une plus grande créativité et une plus grande perspicacité par rapport à ce qui est généralement accessible aux individus ou aux groupes qui échangent de manière plus courante. Un sentiment de camaraderie impersonnelle apparaît et il se met à primer sur le contenu superficiel de la conversation. Quand il est bien mené, le Dialogue peut même devenir un exercice spirituel, et un phénomène spirituel. De là, la maxime de Bohm : « Un changement de signification est un changement d'être. »

Bohm continua à organiser des groupes de Dialogue dans plusieurs villes de différents pays. Aujourd'hui, dans le monde entier, il existe de nombreux groupes de dialogue, issus de l'élan premier de Bohm.

Ceux qui utilisent cette méthode assurent que c'est avec un groupe de 20 à 40 personnes, se faisant face, assises en cercle, que le Dialogue marche le mieux. Un groupe de cette taille permet l'émergence et l'observation de différents sous-groupes et de diverses sous-cultures pouvant aider à révéler certaines suppositions ou certaines habitudes générales de communication qui sont tacites. On considère qu'écouter est aussi important que parler.

En organisant un Dialogue, les gens se mettent d'accord au début sur la durée de la séance. La durée optimale est d'environ deux heures. Plus le groupe peut se rencontrer régulièrement, plus le terrain sera exploré profondément et significativement. Un Dialogue a besoin de temps pour se mettre en route. Cela prend plus d'une réunion. Il est nécessaire d'être persévérant.

Un Dialogue est essentiellement une discussion entre égaux. Toute tentative de contrôle est contraire au but du Dialogue. Cependant, dans les premières étapes, un certain encadrement est nécessaire pour aider les participants à prendre conscience des différences subtiles entre le Dialogue et les autres formes de processus de groupe. On admet généralement que la présence d'au moins un facilitateur expérimenté est indispensable et que deux sont préférables. Leur rôle est d'attirer l'attention sur des situations qui sont susceptibles d'entraîner un désaccord au sein du groupe, mais ces animateurs participent aussi à la discussion.

David Peat résume les différentes opinions qui ont été exprimées sur la méthode de Bohm. Certains pensent que les groupes de Dialogue sont les éléments de base essentiels d'une transformation sociale. D'autres soutiennent que le Dialogue de groupe devrait être adapté à des fins pratiques immédiates-—comme une technique de gestion ou de résolution de problèmes, par exemple.

Des rapports indiquent que beaucoup de gens trouvent la méthode de Bohm extrêmement utile. Un ouvrage a été publié à ce sujet en 1998 : *The Art and Craft of Facilitating Dialogue* (John Wiley and Sons). Il existe aussi des groupes qui organisent des séminaires où l'on utilise la méthode de Bohm.

Avec le recul, Bohm, comme d'autres personnes sensibles, ont pris conscience qu'il y avait un principe presque physique qui s'opérait dans un Dialogue de groupe prolongé lorsque ce groupe traverse les différentes étapes. D'abord, il y règne une grande confusion accompagnée d'un sentiment de dissonance, d'inquiétude et de conflit. Ensuite, le groupe fait petit à petit l'expérience d'une cohérence croissante jusqu'à ce que la lumière se fasse. Un nouveau type de collégialité apparaît alors, où l'expérience du Dialogue devient plus importante que le contenu de la discussion.

Il devrait être possible d'instaurer ce genre d'événement dialogique au sein de tout groupe qui tente d'atteindre un climat de conscience et d'attention.

SUGGESTIONS DE LECTURES :

Bohm, David : *Unfolding Meaning : A Weekend of Dialogue with David Bohm*,
   Arc Paperbacks, New York, 1987
Bohm, David : " *On Dialogue* ", tiré des séminaires de David Bohm, P.O. Box 1452,
   Ojai CA 93023
Isaac, William : " Dialogue : The Power of Collective Thinking-", in *The System Thinker*,
   vol. 4, n° 3, Pegasus Communications, Cambridge 1993
Commentaires sur le Dialogue sur Internet : Misc. Business Facilitators Newsgroup.

Le pouvoir de la conversation dans le domaine des arts

Susanne Langer, dans son ouvrage, *Problems of Art*, parle du pouvoir qu'a l'art de libérer la pensée, de former le sentiment et d'inspirer l'imagination. L'art peut faire tout cela pour ceux qui savent le comprendre. Cependant, tout cela peut paraître trop beau. Quelle est la méthode qui fait de ces objectifs une réalité ?

Comme il en a été discuté dans l'introduction, depuis 45 ans, ICA utilise beaucoup la méthode de la discussion structurée dans ses travaux. Elle a été utilisée dans l'intervention éducative auprès de la petite enfance pour réfléchir sur les contes de fées et les comptines. On a découvert que beaucoup contenaient des vérités profondes sur la vie quand elles étaient soumises à une conversation plus approfondie.

Dans les écoles élémentaires et secondaires, cette méthode de conversation a été utilisée pour interpréter des histoires et pour analyser certaines parties d'œuvres littéraires.

Des éducateurs pour adultes ont employé la méthode pour déplacer tout le but de l'interprétation et de la critique artistique. Quand un groupe regarde un tableau, un ballet ou une pièce de théâtre et qu'on lui demande « Quel rapport ceci a-t-il avec votre vie ? », une porte s'ouvre tout à coup sur une nouvelle réalité. *(Voir introduction.)*

À l'origine, la discussion structurée fut créée pour permettre aux gens d'interpréter les moyens d'expression artistique : tableaux, films, poésie, danse, musique. Nous présentons ici, à titre d'exemple, une conversation autour du tableau *Guernica* de Picasso. Une grande reproduction du tableau est placée sur le mur de manière à ce que tout le monde la voit. L'animateur mène ensuite une réflexion basée sur le plan de conversation suivant :

Conversation sur un tableau

Ouverture

L'art, quand il s'agit d'œuvres de qualité, vous permet de vous confronter aux événements de votre vie. L'art a toujours joué un rôle révolutionnaire dans le processus civilisateur. Quand vous traitez d'art, vous ne demandez pas ce que cela signifie. Vous décidez vous-même du sens. La conversation que nous allons mener sur une forme d'art est une méthode que nous, en tant que groupe et individus, pouvons utiliser pour décider du sens de ce tableau. Cette conversation crée un trialogue entre le moi, l'artiste et le tableau.

LA CONVERSATION

Questions d'observation

1. Regardez le tableau. Quel objet voyez-vous ?
2. Quelles formes voyez-vous ?
3. Quelles couleurs ressortent pour vous ?

Questions de réflexion

4. Quelles couleurs ajouteriez-vous ?
5. Quelles couleurs enlèveriez-vous ?
6. Divisez le tableau en deux parties. Quelle partie garderiez-vous ?
7. Quelle partie jetteriez-vous ?
8. Quelle musique voudriez-vous entendre pendant que vous observez cette forme d'art ?
9. Quelle impression le tableau donne-t-il ?
10. Quelle ambiance ressort de ce tableau ? Ou : Quels sons entendez-vous sortir du tableau. Faisons le bruit tous ensemble : un, deux, trois.
11. Supposez que votre tante vous offre ce tableau. Où l'accrocheriez-vous dans votre maison ?
12. Qu'est-ce que cela vous ferait de vivre avec ce tableau?

Questions d'interprétation

13. Qu'est-ce qui se passe dans le tableau ? Que décrit la scène ?
14. À quel film cela vous fait-il penser ?
15. Où avez-vous déjà vu ce genre de chose ?

Questions de décision

16. Quel rapprochement pouvez-vous faire avec votre vie ?
17. Que répondriez-vous à ce tableau, si vous aviez l'occasion de ne lui dire qu'un seul mot ?

Clôture

Toute cette conversation a été faite à partir d'une reproduction du *Guernica* de Picasso, qu'il peignit pour montrer l'horreur du bombardement intensif qu'a subi le Pays basque espagnol pendant la guerre civile qui a ravagé l'Espagne dans les années 30.

Que se passe-t-il dans cette conversation ? D'abord, le groupe accepte ce qui est montré dans le tableau. Les participants comparent leurs observations. Chaque commentaire amène les esprits à découvrir un nouvel aspect de l'œuvre qui est exposée devant eux.

Ensuite viennent les questions évoquant les réactions émotionnelles. Plus de la moitié des questions de cette conversation sont des questions de réflexion. Elles nous mènent à des réactions émotionnelles de manière indirecte (par les couleurs, les sons).

Jusqu'ici, on n'a rien de plus que ce qu'un bon professeur des beaux-arts ferait. Mais les questions vont plus loin : « Qu'est-ce qui se passe ? Où avez-vous déjà vu ce genre de chose ? » Les gens répondent : « Je vois cela tous les jours quand je traverse en voiture un certain quartier » ou « Je vois cela chaque fois que je vais au service des urgences à l'hôpital. » Les gens commencent à se rendre compte que cette œuvre est en rapport avec la vie autour d'eux.

La question suivante les déstabilise : « Quel rapprochement pouvez-vous faire avec votre vie ? ». Beaucoup chercheront à éluder la question. Ils savent que s'ils y répondent, leur relation à l'art ne sera plus jamais la même. D'autres comprennent et disent : « L'horrible réunion de la semaine dernière » ou « Cela me fait penser à mon père et à ma mère quand ils se disputent. »

La dernière question concerne le rapport que les participants entretiennent avec la vie telle qu'elle est révélée dans le tableau. On obtient des réponses très différentes. Certains disent : « Sortez de là ! » D'autres : « C'est l'enfer ! » « Comment en êtes-vous arrivés à ce gâchis ? » D'autres disent simplement : « Oui » ou « Il faut que cela change. »

Quand on a recours à ce type de conversation pour dégager les sentiments que nous inspirent un tableau, un film, un ballet ou un poème, cela peut amener quelque chose d'extraordinaire. La forme d'art qui est étudiée peut éclairer de façon concrète la vie des observateurs. Elle a la possibilité de transformer la conscience de chaque personne dans le groupe.

ANNEXE D

Le Prince Cinq-Armes

(Cette histoire se rapporte à la conversation D1 de la section D)

Ayant reçu, comme symbole de sa distinction, le titre de Prince Cinq-Armes, notre héros accepta les cinq armes que son professeur lui offrit, fit une révérence et prit la route qui menait à la cité de son père, le roi. Sur le chemin, il arriva à une forêt. À l'orée de la forêt, les gens l'avertirent, « Monsieur le Prince, n'entrez pas dans cette forêt ; un ogre y vit, appelé Cheveux-poisseux. Il tue tous les hommes qu'il voit. »

Cependant, le prince était sûr de lui et courageux comme un lion. Il entra quand même dans la forêt. Quand il arriva au beau milieu de la forêt, l'ogre se montra. L'ogre avait augmenté de taille et il était aussi grand qu'un palmier. Il s'était créé une tête aussi grande qu'une maison avec des pinacles en forme de cloches, des yeux aussi immenses que des soucoupes, et deux défenses aussi longues que des bulbes géants. Il avait le bec d'un faucon ; son ventre était couvert de tâches rouges ; ses mains et ses pieds étaient vert foncé. Le Prince Cinq-Armes s'approcha, « Où vas-tu ? » demanda l'ogre. « Stop ! Tu es ma proie ! »

Le prince répondit sans peur et avec une confiance dans les arts et les artifices qu'il avait appris. « Ogre », dit-il, « Je sais ce que je fais dans cette forêt. Tu ferais mieux de faire très attention si tu m'attaques. Je transpercerai ta chair avec une flèche empoisonnée et je te terrasserai sur place ! »

207

Sur ces mots, le jeune prince arma son arc d'une flèche trempée dans un poison mortel et la lança. Elle alla simplement se coller dans les cheveux de l'ogre et n'eut aucun effet. Ensuite, il lança, l'une après l'autre, 50 flèches. Toutes se collèrent naturellement dans les cheveux de l'ogre. L'ogre secoua ses cheveux pour se débarrasser des flèches qu'il laissa tomber à ses pieds. Ensuite, il s'approcha du jeune prince.

Le Prince Cinq-Armes menaça l'ogre une deuxième fois, et, dégainant son épée, le frappa d'un coup magistral. L'épée, qui faisait un mètre de long, se colla encore aux cheveux de l'ogre. Alors, le prince le frappa avec une lance. Elle se colla aussi à ses cheveux. En voyant cela, le prince le frappa ensuite avec un gourdin. Il se colla également à ses cheveux.

Quand le prince vit que le gourdin était collé, il dit : « Vénérable Ogre, vous n'avez jamais entendu parler de moi auparavant. Je suis le Prince Cinq-Armes. Quand je suis entré dans cette forêt que tu as infestée, je n'ai pas tenu compte des arcs ou des armes. Quand je suis entré dans cette forêt, j'ai seulement tenu compte de moi-même. Maintenant, je vais te battre et je vais te réduire en poussière et en cendres ! » Ayant ainsi fait connaître sa détermination, il lâcha un cri de guerre et frappa l'ogre avec sa main droite. Sa main se colla aux cheveux de l'ogre. Il le frappa avec sa main gauche. Elle se colla aussi. Il le frappa avec son pied droit. Il se colla aussi. Il le frappa avec son pied gauche, qui se colla aussi. Finalement, le prince pensa, « Je vais te battre avec ma tête et te réduire en poussière et en cendres ! » Il le frappa avec sa tête. Chacune des parties du corps du Prince finit par être fermement collée à l'ogre.

Le Prince Cinq-Armes, solidement collé en cinq endroits, pendait du corps de l'ogre. Mais, malgré tout, il n'était pas découragé. Quant à l'ogre, il pensait, « C'est un lion, un homme de naissance noble-—-pas un simple homme ! Car, bien qu'il ait été pris par un ogre comme moi, il ne semble ni frémir ni trembler ! Pendant tout ce temps où j'ai attaqué sur cette route, je n'ai jamais vu un seul homme capable de l'égaler ! Pourquoi n'a-t-il donc pas peur ? » N'osant pas le manger, il lui demanda : « Jeune homme, pourquoi n'as-tu pas peur ? Pourquoi n'es-tu pas terrifié par la peur de mourir ? »

Le Prince lui répondit-: « Ogre, pourquoi devrais-je avoir peur ? Car, dans chaque vie, une mort est absolument certaine. Qui plus est, j'ai comme arme un coup de tonnerre dans le ventre. Il te déchiquettera les entrailles, et te tuera. Dans ce cas, nous périrons tous les deux. Voilà pourquoi je n'ai pas peur ! »

« Si ce jeune garçon dit vrai », pensa l'ogre, terrifié par la peur de mourir, « du corps de ce lion, mon estomac ne serait pas capable de digérer un seul morceau de chair, même aussi petit qu'un haricot. Je le laisse partir ! » Et il laissa le Prince Cinq-Armes partir.

Certaines versions de cette histoire racontent que le Prince Cinq-Armes le forma pour qu'il devienne son serviteur.

Note : Cette histoire fait partie des nombreux mythes entourant l'enfance du Bouddha. Elle est relatée par Joseph Campbell dans *The Hero with a Thousand Faces*.

Comment mener une discussion informelle

Certaines discussions nécessitent un cadre plus informel, par exemple :

- avec deux ou trois autres personnes-;
- un tête-à-tête avec une autre personne, particulièrement quand le facilitateur doit aussi bien poser les questions que participer à leur réponse-;
- certains cadres culturels, où l'informalité est de mise.

Dans de telles circonstances, l'organisation est très différente. On peut placer les sièges en cercle sans en mettre un en avant pour l'animateur. La discussion pourrait aussi se dérouler en marchant ou en conduisant une voiture.

Si vous êtes à la fois animateur de discussion et participant, écrivez les questions sur un chevalet de conférence ou sur une feuille. Ensuite, entamez la discussion en disant : «-Pourquoi ne discuterions-nous pas des questions relatives à la situation ? » De cette manière, la liste de questions prend la place d'un « étranger objectif. » Souvent, il est important d'attendre le bon moment, quand il y a peu de distractions.

Bien réfléchir aux questions à l'avance est aussi important ici que lors d'une discussion structurée plus formelle.

Une façon de mener la discussion de manière informelle est d'introduire les questions avec des mots tels que : « Je me demande... » qui minimisent tout semblant de questionnaire. Une autre façon est d'engager la discussion en apportant vos propres réponses à la question. Vous poursuivez ensuite avec une question ouverte, et continuez de la façon suivante :

1. J'ai entendu Myriam invoquer ces arguments. Quels autres arguments avez-vous entendus ? *(niveau de l'observation)*

2. Ce qui m'a enthousiasmé dans la proposition de Myriam, c'est l'impact potentiel du projet. Ce qui m'inquiète, c'est son coût élevé. Quelles sont vos réactions ? *(niveau de la réflexion)*

3. Certaines implications semblent risquer de nous faire dépasser nos possibilités financières. Quelles sont les autres implications ? *(niveau de l'interprétation)*

4. Il est clair que la recommandation qui émerge de tout cela est que nous aurions besoin d'un projet pilote. Quelle décision nous voyez-vous prendre ? *(niveau de décision)*

De telles discussions informelles sont délicates-—-on doit maintenir l'équilibre en étant à la fois l'animateur de la discussion et un véritable participant.

ICA : sa mission et ses bureaux

L'Institut des Affaires Culturelles est une association à but non lucratif qui se préoccupe de fournir aux gens les outils nécessaires pour faire avancer les choses au sein des collectivités et des organisations. Actuellement, son travail comprend la facilitation, la consultation, la formation, la recherche et les publications.

Depuis 45 ans, l'ICA a été présent dans l'éducation des enfants et des adultes, dans des projets de reformulation communautaires partout dans le monde, dans le développement organisationnel, dans la recherche et dans l'expérimentation d'outils intellectuels et de méthodes sociales dont les personnes participant au changement social ont besoin.

En 2016, l'ICA est présent dans 34 pays, sur 6 continents. Le bureau d'ICA de chaque pays est autonome. ICA International, dont le siège est à Toronto, agit comme bureau central pour l'information et comme centre de coordination pour les ICA nationaux.

Actuellement, plusieurs des bureaux ICA concentrent leurs efforts sur l'enseignement de la méthode de facilitation. Le cours de facilitation de groupe, qui comprend la méthode de discussion et la méthode de travail en atelier, est enseigné régulièrement dans les bureaux ICA.

ICA Canada
The Canadian Institute of Cultural Affairs
401 Richmond St. W., Suite 405
Toronto, ON Canada M5V 3A8
Tél. : (416) 691-2316
Télécopieur : (416) 691-2491
Sans frais : 1 877-691-1422
Courriel : ica@icacan.org
Internet : http://www.icacan.org

ICA Associates Inc.
Courriel : ica@ica-associates.ca
Internet : http://www.ica-associates.ca

ICA International
Courriel : president@ica-international.org
Internet: http://www.ica-international.org

Qui peut m'aider à concevoir une discussion ?

Que se passe-t-il si vous voulez que l'une de ces discussions soit adaptée/conçue pour vous ? Vous ne disposez peut être pas du temps nécessaire ou bien vous craignez que vos compétences dans cette matière ne soient pas suffisamment développées.

ICA Associés Inc. offre un service de conseil personnalisé dont peuvent profiter les facilitateurs qui font précisément face à ce genre de situation.

Ces services comportent :

• Une assistance dans la conception de discussions structurées mais également dans l'utilisation d'autres méthodes ToP™ -;

• Des réponses aux questions que vous vous posez par rapport à l'application de nos méthodes-;

• Une aide à l'évaluation et à la rétroaction.

Notre service de conseil personnalisé vous est offert au tarif de 50 $ pour une demi-heure. Un service similaire peut vous être offert par nos collègues d'autres bureaux ICA dont vous trouverez la liste dans l'Annexe F.

Les auteurs de cet ouvrage sont également particulièrement intéressés par l'utilisation que vous ferez de cette méthode et l'impact qu'auront ces discussions sur les groupes que vous fréquentez ainsi que sur votre environnement de travail. Nous serions très heureux de recevoir une copie des discussions que vous concevrez.

ICA Associates Inc..
401 Richmond St. W., Suite 405
Toronto, ON Canada M5V 3A8
Tél. : (416) 691-2316
Télécopieur : (416) 691-2491
Sans frais : 1 877 691 1422
Courriel : ica@ica-associates.ca
Site internet : http://www.ica-associates.ca

Comment mener une discussion structurée : Résumé

1. Cadre

Choisissez un cadre approprié pour une conversation-—-l'idéal serait d'avoir une pièce assez grande pour tout le groupe et d'asseoir les personnes autour d'une table. Assurez-vous de n'être pas dérangés . Si vous prévoyez avoir besoin d'un chevalet de conférence à un moment ou à un autre de la discussion, soyez certains qu'il soit dans la pièce. Si la conversation se base sur un document, faites-en sorte qu'il y ait une copie du document à la place de chaque personne. Tout dans la pièce doit indiquer que « c'est une réunion importante ».

2. Invitation

Invitez le groupe à prendre place. Asseyez-vous en avant, sur la chaise qui vous est réservée. Attendez que le groupe soit installé.

3. Attirez l'attention du groupe et faites vos remarques d' « ouverture »

Inévitablement, quand un groupe se rassemble, des conversations informelles naissent. Si le groupe est un peu lent à cesser la conversation, attendez une coupure naturelle dans leur conversation et commencez à parler. C'est mieux que d'essayer de les faire taire en parlant. Le plus souvent, le groupe obéira si vous dites : « Commençons. » Expliquez ensuite en ouverture la raison pour laquelle le groupe est réuni, le sujet de la réunion et tout autre contexte nécessaire.

4. *La première question*

Dans la plupart des cas, faites un tour de table dès la première question. Les réponses doivent affluer l'une après l'autre, et doivent être courtes. (Dissuadez toute personne qui essaierait d'épater la galerie ou de faire un discours.) Un commentaire comme « Il n'y a pas de mauvaises réponses dans cette discussion » peut détendre l'atmosphère.

Vous aurez peut-être besoin de rappeler aux participants d'élever la voix pour que, dans la pièce, tout le monde entende. Pour répondre, le groupe doit s'adresser à vous, l'animateur, ou au centre de la table, qui représente le consensus. Cependant, tout le monde dans la pièce a besoin d'entendre chacune des réponses.

5. *Les questions suivantes*

Posez d'autres questions à tout le groupe. Pour la deuxième question, indiquez que n'importe qui peut répondre en disant : « Maintenant, n'importe qui... ». Cela indique que vous ne ferez pas un tour de table, et que tout le monde peut répondre dans n'importe quel ordre. Il est souvent utile de répondre ou de confirmer les réponses («C'est bien », «-Bravo-», « Oui ») tant que vous n'en faites pas une obsession. Un simple signe de tête peut aussi faire l'affaire.

6. *Comment réagir face à des personnes qui s'écartent du sujet*

Si des participants s'écartent du sujet et commencent à parler d'autre chose, reconnaissez l'importance de ce qu'ils disent ; ensuite, récapitulez brièvement ce que le groupe avait dit jusque-là et répétez la question ou passez à la suivante.

7. *Comment réagir face à des réponses longues ou abstraites*

Si quelqu'un se lance dans une réponse longue ou abstraite, demandez-lui de donner un exemple précis, par exemple : « Yannick, je me demande si vous pourriez nous donner un exemple ? » Cela a pour effet d'arrêter net l'orateur et de fonder l'abstraction de manière à ce que tout le monde dans le groupe puisse suivre.

8. *Comment réagir face à une dispute*

Si une dispute se déclare entre des gens dans différentes parties de la pièce, rappelez au groupe que toutes les opinions doivent être respectées et que tout le monde possède une pièce du casse-tête. Ensuite, demandez s'il y a d'autres points de vue.

9. Comment s'assurer que le groupe réponde à la question posée

Assurez-vous que les gens répondent à la question posée et ne réagissent pas seulement à ce que quelqu'un d'autre a dit. Vous pouvez dire quelque chose comme : « Je comprends votre réponse, mais je ne suis pas sûr que cela réponde à la question... »

10. Comment mettre fin à la discussion

Pour terminer la discussion, utilisez la formule suggérée ou inventez-en une vous-même pour saluer la participation du groupe ou pour énoncer l'objectif des prochaines étapes. Si des notes ont été prises au cours de la conversation, faites savoir au groupe comment elles seront utilisées et dites-leur que vous vous assurerez de leur en faire parvenir une copie.

ANNEXE I

Comment préparer une discussion structurée				ICA Canada ©
Cible et but	**Remue-méninges**	**Préparer l'ouverture**	**Préparer la clôture**	**Remâcher**
Vérification : La discussion structurée est-elle l'outil dont vous avez vraiment besoin ? **1. Ciblez la discussion** : Établissez pour la discussion un point de référence distinct qui fixe les limites dans lesquelles le groupe discutera. **2. Écrivez le but de la discussion :** *a. Objectif rationnel :* l'objectif de la discussion tel que l'a défini l'animateur. *b. Objectif d'évolution d'attitude :* l'impact interne que la discussion doit avoir sur les participants d'après l'animateur. **3. Assurez un point de départ concret pour les questions d'observation** : Par exemple, si le thème de la discussion est : « Comment améliorer les relations d'équipe », votre question d'observation ne portera pas sur les «-relations », mais sur la réunion d'équipe de la semaine dernière.	**4. Travaillez sur les questions :** Pensez à une question qui concrétisera l'objectif rationnel et l'objectif d'évolution d'attitude. Travaillez sur les questions dans n'importe quel ordre, comme elles vous viennent à l'esprit. Écrivez au crayon. Nommez chaque question O (observation), R (réflexion), I (interprétation) ou D (décision). **5. Choisissez :** À la lumière de votre objectif rationnel et de votre objectif d'évolution d'attitude, choisissez les questions qui conviendront le mieux. Éliminez le reste. Copiez les questions dans quatre colonnes avec O, R, I ou D en tête des colonnes. **6. Mélangez l'ordre :** Réarrangez les questions au sein des étapes jusqu'à ce que l'ordre vous paraisse approprié. Écrivez vos questions sur des languettes adhésives pour vous éviter de devoir les réécrire. **7. Vérifiez encore une fois :** Vérifiez si des sous-questions ne seraient pas nécessaires à certains endroits, ou assurez-vous que les questions sont toutes sans contenu et ouvertes. **8. Répétez la conversation dans votre tête :** posez les questions et répondez-y vous-même. Modifiez-les si nécessaire.	**9. Préparez très soigneusement vos remarques d'ouverture :** Elles doivent inclure : • *une invitation :* invite le groupe à participer à une discussion. • *le but :* énonce le sujet de la discussion. • *le consensus :* relie la discussion au consensus ou au plan de groupe. • *le contexte :* donne la raison pour laquelle on tient cette réunion maintenant et explique le rapport qu'elle a avec les problèmes auxquels fait face le groupe à propos du travail. • *une anticipation des objections :* aborde les objections avant qu'elles ne surgissent.	**10. Écrivez les mots que vous utiliserez pour terminer la discussion :** Cela doit inclure : • une appréciation de l'apport du groupe. • une déclaration à propos de la manière dont seront utilisées les données. • une occasion d'apaiser ceux qui ont été contrariés. • une reconnaissance des problèmes non résolus, et la fixation d'une date à laquelle ils seront abordés.	**11. Pensez au groupe et à vous-même :** Prenez un peu de temps pour revenir sur le groupe, ce qui lui est arrivé dernièrement, quel genre de style lui permettra d'aborder le problème. Ressassez vos penchants, vos névroses et vos forces. Prenez note mentalement des habitudes que vous devez éviter. Finalement, n'oubliez pas l'après-remâchage. Là, aussi, les quatre étapes de la méthode de discussion peuvent être utilisées efficacement pour réfléchir sur ce qui s'est passé. Les questions essentielles sont les suivantes : « Ai-je atteint les buts que je m'étais fixés ? » et «-Que ferai-je différemment la prochaine fois que je mènerai ce genre de discussion ? »

Bibliographie

A. OUVRAGES

Adams, John D. ed.: *Transforming Leadership: From Vision to Results*, Miles River Press, Alexandria, 1986

Belden, G., M. Hyatt and D. Ackley: *Towards the Learning Organization*, self-published, Saint Paul, 1993

Block, Peter: *Stewardship: Choosing Service Over Self-Interest*, Berret-Koehler Publishers, San Francisco, 1993

* Bolman, Lee G. and Terrence E. Deal: *Leading With Soul: An Uncommon Journey of Spirit*, Jossey-Bass Publishers, San Francisco, 1994

* Buber, Martin: *Pointing the Way: Collected Essays*, Humanities Press International, Inc., New Jersey, 1957

Campbell, Joseph: *The Hero with a Thousand Faces*, University Press, Princeton, 1972

* Collins, James C. and Jerry I. Porras: *Built to Last: Successful Habits of Visionary Companies*, HarperBusiness, New York, 1997

* Covey, Stephen R.: *The Seven Habits of Highly Effective People: Restoring the Character Ethic*, Simon and Schuster, New York 1989

* Covey, Stephen R.: *Principle-Centred Leadership*, Simon and Schuster, New York, 1990

Cox, Harvey: *The Feast of Fools: A Theological Essay on Festivity and Fantasy*, Harvard University Press, Cambridge, 1969

* de Bono, Edward: *Parallel Thinking*, Penguin Group, Toronto, 1994

de Bono, Edward: *Practical Thinking*, Trinity Press, London, 1971

Dalla Costa, John: *Meditations on Business: Why "Business as Usual' Won't Work Anymore*, Prentice-Hall Canada, Scarborough, 1991

---

* Les ouvrages précédés d'un astérisque ont été traduits en français, vous trouverez les références de ces traductions à la fin de la bibliographie.

Dalla Costa, John: *Working Wisdom: The Ultimate Value in the New Economy*, Stoddart, Toronto, 1995

Dewey, John: *Art As Experience*, Minton, Balch & Co., New York, 1934

* Eliot, T.S.: *Collected Poems*, Harcourt Brace Jovanovich, New York, 1964

* Ellul, Jacques: *The Technological Society*, New York, Vintage Books, 1964

* Goleman, Daniel: *Emotional Intelligence*, Bantam, New York, 1995

Goodman, Gerald and Glenn Esterly: *The Talk Book*, Rodale Press, Emmaus, 1988

Hall, Brian P.: *Values Shift: A Guide to Personal and Organizational Transformation*, Twin Lights Publishers, Rockport, 1994

Handy, Charles: *The Empty Raincoat: Making Sense of the Future*, Hutchinson, London, 1994

Harman, Willis and John Hormann: *Creative Work: The Constructive Role of Business in Transforming Society*, Knowledge Systems, Inc., Indianapolis, 1990

* Hesse, Hermann: *Journey to the East*, Noonday Press, New York, 1956

Howard, V.A. and J.H. Barton: *Thinking Together: Making Meetings Work*, William Morrow and Co., Inc., New York, 1992

Jaques, Elliott and Stephen Clement: *Executive Leadership*, Cason Hall and Co., Arlington, 1991

Jenkins, Jon: *International Facilitator's Companion*, DigiTAAL, Groningen, The Netherlands, 1997

Kaner, Sam: *Facilitator's Guide to Participatory Decision-Making*, New Society Publishers, Gabriola Island, 1996

Kazantzakis, Nikos: *The Saviours of God: Spiritual Exercises*, Simon and Schuster, New York, 1960

Kierkegaard, Søren: *The Sickness Unto Death*, University Press, Princeton, 1980

Kloepfer, John: *The Art of Formative Questioning: A Way to Foster Self-Disclosure*, (PhD. thesis) Duquesne University, 1990

Langer, Susanne K., *Problems of Art*, Simon and Schuster, New York, 1985

Mahesh, V.S.: *Thresholds of Motivation: Nurturing Human Growth in the Organization*, Tata McGraw-Hill, New Delhi, 1993

* Maslow, Abraham: *Toward a Psychology of Being*, Van Nostrand, New York, 1968

Nirenberg, John: *The Living Organization: Transforming Teams into Workplace Communities*, Pfeiffer and Co., Toronto, 1993

Nelson, Jo: *The Art of Focused Conversation for Schools: More than 100 Ways to Think Clearly in Schools.*, 3rd Edition, iUniverse, Bloomington, 2011

Owen, Harrison: *Spirit: Transformation and Development in Organizations*, Abbott Publishing, Potomac, 1987

Peat, David: *Infinite Potential: The Life and Times of David Bohm*, Addison Wesley, New York, 1996

Renesch, John (ed.): *New Traditions in Business: Spirit and Leadership in the 21st Century*, Berrett-Koehler Publishers, San Francisco, 1992

Ross, Rupert: *Returning to the Teachings: Exploring Aboriginal Justice*, Penguin Books, Toronto, 1996

Saul, John Ralston: *The Unconscious Civilization*, Anansi Press, Concord, 1995

Schein, Edgar: *Process Consultation: Lessons for Managers and Consultants* Vol. II, Don Mills, 1987

* Senge, Peter M.: *The Fifth Discipline: The Art and Practice of the Learning Organization*, Doubleday, New York, 1990

Senge, Roberts, Ross, Smith and Kleiner: *The Fifth Discipline Field Book: Strategies and Tools for Building a Learning Organization*, Doubleday, New York, 1994

Spencer, Laura: *Winning Through Participation: Meeting the Challenge of Corporate Change with the Technology of Participation*, Kendall/Hunt Publishing Company, Dubuque, 1989

Stanfield, R. Brian: *The Workshop Book: From Individual Creativity to Group Action:*, iNew Society Publishers, Gabriola Island, 2002

Stanfield, R. Brian: *The Courage to Lead: Transform Self, Transform Society:*, 2nd edition, iUniverse, Bloomington, 2013

Staples, William: *Transformational Strategy: Facilitating ToP Participatory Planning*, iUniverse, Bloomington, 2013

* Thurow, Lester: *The Future of Capitalism*, W. Morrow, New York, 1996

West, George Randall: *Creating Community: Finding Meaning in the Place We Live:* iUniverse, Bloomington, 2013

Wheatley, Margaret: *Leadership and the New Science*, Berrett-Koehler, San Francisco, 1992

Williams, R. Bruce: *More Than 50 Ways to Build Team Consensus*, Skylight Publishing Inc., Palatine, 1993

B. ARTICLES ET ESSAIS

Argyris, Chris: "Good Communication That Blocks Learning," *Harvard Business Review*, July-August 1994

Crick, Robert: "An Experiment in Structured Conversation", Middlesex Polytechnic, 1973

Watts, Jean and John Kloepfer: "Basic Discussion Method for Group Integral Formation," manuscript, June 1997

Heifetz, Laurie, "The Work of Leadership," *Harvard Business Review*, January/February, 1997

Holmes, Duncan: "Proactive Public Meetings," *Edges*, January, 1996

ICA CentrepointeS: "The Art Form Method" on *Golden Pathways* CD-ROM, Chicago, 1996

Postman, Neil: "Science and the Story We Need", Internet Essay

RÉFÉRENCES DES OUVRAGES TRADUITS

Bolman, Lee G. et Terrence E. Deal: *Repenser les organisations pour que diriger soit un art*, Maxima, Paris, 1998

Buber, Martin : *Le chemin de l'homme*, Editions du Rocher, Monaco, 1989

Collins, James C. et Jerry I. Porras: *Bâties pour durer, Les entreprises visionnaires ont-elles un secret?*, First, Paris, 1996

Covey, Stephen R. : *Les sept habitudes de ceux qui réalisent tout ce qu'ils entreprennent*, First, Paris, 1996

Covey, Stephen R. : *L'étoffe des Leaders : les principes cardinaux du leadership*, First, Paris, 1996

Cox, Harvey : *La fête des fous : essai théologique sur les notions de fête et de fantaisie*, Éditions du Seuil, 1971

De Bono, Edward : *Réfléchir mieux*, Éditions d'Organisation, Paris, 1985

Eliot, T.S. : *Essais choisis*, Éditions du Seuil, Paris, 1999

Ellul, Jacques : *La technique ou l'enjeu du siècle*, Colin, Paris, 1954

Goleman, Daniel : *L'intelligence émotionnelle*, tomes 1 et 2, Robert Laffont, Paris, 1999

Hesse, Hermann : *Le voyage en Orient*, Calmann-Lévy, Paris, 1991

Maslow, Abraham : *Vers une psychologie de l'Être*, Fayard, Paris, 1997

Senge, Peter : *La cinquième discipline*, First, Paris, 1991

Thurow, Lester : *Les fractures du capitalisme*, Village mondial, Paris, 1997

Printed in the United States
By Bookmasters